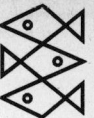

Vor 1933 lebte ungefähr eine halbe Million Juden in Deutschland. Nachdem sich zwischen 1945 und 1990 zeitweise bis zu 200000 Juden in Deutschland aufhielten, Überlebende der Vernichtungslager, die größtenteils in die USA oder nach Israel auswanderten, sind heute noch etwa 45000 in unserem Land.

Warum sind sie in Deutschland geblieben? Wie leben sie unter den Mördern ihrer Familien und deren Nachkommen? Wie empfinden sie das vereinigte Deutschland, in dem – nach einer Umfrage des »Spiegels« (4/1992) – fast ein Drittel der Bevölkerung der Meinung ist: »Die Juden sind mitschuldig, wenn sie gehaßt und verfolgt werden.« Dieser Band dokumentiert achtzehn ausführliche Gespräche, die Susann Heenen-Wolff geführt hat. Überlebende Opfer des Nazi-Terrors berichten über ihre Alltagserfahrungen, Hoffnungen und Ängste.

Susann Heenen-Wolff wurde 1956 geboren. Sie studierte Pädagogik, Psychologie und Soziologie in Frankfurt am Main und promovierte über »Die Freudsche Psychoanalyse zwischen Assimilation und Antisemitismus«. 1975–1976 lebte sie in Jerusalem. Neben ihrer publizistischen Tätigkeit ist sie als Psychoanalytikerin tätig.

Buchveröffentlichungen: »Wenn ich Oberhuber hieße«. Die Freudsche Psychoanalyse zwischen Assimilation und Antisemitismus. Frankfurt am Main, 1987. »Erez Palästina«. Juden und Palästinenser im Konflikt um ein Land. Frankfurt am Main, 3. Auflage 1990.

Susann Heenen-Wolff

Im Land der Täter

Gespräche mit überlebenden Juden

Fischer Taschenbuch Verlag

Veröffentlicht im Fischer Taschenbuch Verlag GmbH,
Frankfurt am Main, Juni 1994

Lizenzausgabe mit freundlicher Genehmigung
des Dvorah-Verlags, Frankfurt am Main
Die Originalausgabe ist 1992 unter dem Titel
»Im Haus des Henkers, Gespräche in Deutschland« erschienen.
© 1992 by Dvorah-Verlag,
dem Literaturprogramm des Alibaba Verlages GmbH
Druck und Bindung: Clausen & Bosse, Leck
Printed in Germany
ISBN 3-596-12080-2

Gedruckt auf chlor- und säurefreiem Papier

Vorwort

»Wie findet man die Leute?« wurde ich während meiner Recherchen für das vorliegende Buch von Freunden und Bekannten immer wieder gefragt. Die Frage ist naheliegend. Man weiß, daß die Nationalsozialisten bei ihrem Versuch, die Juden vom Planeten Erde zu tilgen, mit äußerster Gründlichkeit vorgegangen sind und in Deutschland nur noch sehr wenige Juden leben. Es war deshalb überraschend, wie leicht ich auf Anhieb Überlebende der Shoah in verschiedenen Städten Deutschlands gefunden habe.

Jeder Überlebende, mit dem man spricht, stellt paradoxerweise eine Irritation dar. Wie haben sie überleben können, wo doch eigentlich kein Entkommen, kein Überleben möglich war? Jeder Überlebende scheint die Beschreibungen des nationalsozialistischen totalen Vernichtungssystems Lügen zu strafen.

Aber die Gespräche zeigen, wie zufällig dieses Überleben war. Einmal war es die rechtzeitige Auswanderung, dann war es das Vorrücken der sowjetischen Armee und die folgende Evakuierung der Todeslager, ein anderes Mal war es – leider selten – der List und dem Mut von Verwandten und Freunden zu verdanken, daß in diesem totalitären System doch noch lebensrettende Nischen aufgetan werden konnten.

Die Gespräche, die ich geführt habe, handeln nicht in erster Linie vom Überleben in der Emigration, im Versteck, im Gefängnis, bei der Zwangsarbeit, im Konzentrationslager, im Vernichtungslager. Sie handeln vor allem von der Zeit danach.

Wie war es möglich, daß nach der Ermordung von Millionen jüdischer Menschen durch Deutsche Überlebende sich gerade wieder in Deutschland niederließen? Eine im Jahre 1945/1946 von der Flüchtlingsorganisation UNRRA (United Nations Relief and Rehabilitation Administration) durchgeführte Untersuchung unter etwa zwanzigtausend Juden in den Flüchtlingslagern ergab, daß 96,8% von ihnen den festen Willen hatten auszuwandern[1].

Nach dem Ende des Zweiten Weltkrieges, nachdem das Ausmaß der Verbrechen der Nationalsozialisten in vollem Umfang bekannt wurde, gingen Juden in aller Welt davon aus, daß Deutschland in Zukunft ein gebanntes Land sein würde, so wie einstmals Spanien nach der Vertreibung der Juden im Jahre 1492. In den Jahren 1945 bis 1950 hielten sich jedoch zeitweise bis zu zweihunderttausend jüdische DP's (displaced persons) in Deutschland auf, viele von ihnen in Übergangslagern, die die UNRRA vor allem im bayerischen Raum zur Verfügung stellte. Die Überlebenden der Shoah warteten dort auf Ausreisemöglichkeiten, – die einen nach Israel, das im Jahre 1948 gegründet wurde, die anderen nach Amerika, dem zweiten Gelobten Land, für das sich viele Überlebende nach der für sie günstigen Novellierung des Einwanderergesetzes entschieden. Aber einige deutsche Juden blieben, und vor allem osteuropäische Juden ließen sich in Deutschland dauerhaft nieder. Anfang der fünfziger Jahre zählte man fünfzehntausend Mitglieder der neu konsolidierten Jüdischen Gemeinden in der jungen Bundesrepublik.

Lange lebten diese Juden mit der ›Ideologie der gepackten Koffer‹, wie es scherzhaft unter Juden hieß, – mit dem festen Willen, bald doch noch auszuwandern, wenn nicht dieses Jahr, dann aber im nächsten – spätestens im übernächsten. Heute leben schätzungsweise fünfzigtausend Juden in Deutschland, dreißigtausend von ihnen sind Mitglieder der Jüdischen Gemeinden. In der DDR wurden 1961 eintausendfünfhundert Gemeindemitglieder gezählt, ihre Zahl wird jetzt auf wenige hundert geschätzt.

Eine Vielzahl von Veröffentlichungen nach 1945 hat sich mit den Folgewirkungen von Verfolgung und Lagerhaft unter dem Nationalsozialismus auseinandergesetzt[2]. Auch wurden Untersuchungen über die sogenannte ›zweite Generation‹ nach Auschwitz veröffentlicht, d.h. über die Kinder der ehemals Verfolgten[3]. In den achtziger Jahren schließlich erschienen erste Untersuchungen und Zeitzeugnisse über das Leben von Juden in Österreich, der Bundesrepublik, schließlich auch in der DDR[4].

Die Geschichte der Juden in Deutschland nach 1945 ist also erst in allerjüngster Zeit Gegenstand wissenschaftlichen Interesses geworden, und zwar hauptsächlich bei der jüdischen Minorität selbst (vgl. Monika Richarz, Juden in der BRD und in der DDR seit 1945, in: Jüdisches Leben in Deutschland seit 1945, Frankfurt 1986). Die Gruppe jener Juden, die sich nach 1945 auf deutschem Boden sammelten, setzte sich außerordentlich heterogen zusammen. Die wenigen deutschen Juden waren in der Regel völlig assimiliert, viele hatten nicht-jüdische Ehepartner, während der große Teil der aus Osteuropa stammenden Juden noch Jiddisch sprach und die ersten Erfahrungen mit (Reichs-)Deutschen bei der Selektion im Lager gemacht hatte.

Nach dem wirtschaftlichen Aufschwung der Bundesrepublik und der Verabschiedung des Entschädigungsgesetzes (»Wiedergutmachung«) kehrten in den fünfziger Jahren erstmals auch deutsche Juden in ihr einstiges Heimatland zurück. Aus Ungarn und der Tschechoslowakei wanderten Juden nach dem Aufstand von 1956 und dem Prager Frühling 1968 in die Bundesrepublik ein.

Es ist zunächst festzuhalten, daß es (außer persönlichen Lebenszeugnissen, Autobiographien) keine Dokumentationen bzw. Untersuchungen der Lebenserfahrungen von Überlebenden der Shoah nach 1945 in Deutschland gibt. Mir erklärt sich dies aus der Tendenz, die Tatsache jüdischen Lebens in Nachkriegsdeutschland zu verleugnen, und zwar in erster Linie von seiten der jüdischen Gemeinschaft selbst. Aus ihren Reihen stammen aber in erster Linie die Forscher jüdischer Lebensrealität vor dem Hintergrund der Shoah.

Der Historiker Dan Diner spricht von einer ›negativen Symbiose‹ zwischen Deutschen und Juden nach dem Nationalsozialismus (in: Babylon. Beiträge zur jüdischen Gegenwart, Frankfurt 1986). Damit kennzeichnet er die Tatsache einer – umgekehrt proportionalen – gemeinsamen historischen Erfahrung: »Für Deutsche wie für Juden ist das Ereignis der Massenvernichtung zum Ausgangspunkt ihres Selbstverständnisses geworden, eine Art von gegensätzlicher Gemeinsamkeit – ob sie es wollen oder nicht. Deutsche wie Juden sind durch dieses Ereignis neu aufeinander bezogen worden. Solch negative Symbiose, von den Nazis konstituiert, wird auf Generationen hinaus das Verhältnis beider zu sich selbst, vor allem aber zueinander, prägen.« (a.a.O.)

Nach der Vereinigung der beiden deutschen Staaten melden sich erste leise Zweifel an dieser Bestimmung deutscher Identität, zumindest bei einigen meiner Gesprächspartner.

Im Jahre 1991, also in dem Zeitraum, in dem die folgenden Gespräche stattfanden, sind die Überlebenden der Shoah, die noch bewußte Erinnerungen an die Nazi-Zeit verfügen, mindestens achtundfünfzig Jahre alt (Jahrgang 1933). Angesichts der geringeren Überlebenschancen von Kindern während der Shoah ist der größere Anteil der Überlebenden mindestens sechsundsechzig Jahre alt (Jahrgang 1925), das heißt, daß die meisten sich ihrem Lebensabend nähern.

Viele meiner Gesprächspartner sprechen Deutsch mit schwerem Akzent. In der Verschriftung geht dies leider verloren. Ich habe mich gleichwohl bemüht, den Wortlaut so wenig wie möglich zu korrigieren. Der Leser wird feststellen, daß häufig Brüche im Gesprächsverlauf zu verzeichnen sind. Ich habe auch darauf verzichtet, meine Fragen im Nachhinein zu schönen, und so wird man z. B. feststellen, daß ich nach dem Geburtsnamen frage, als mir erklärt wird, daß gerade die Nachricht vom Tod der eigenen Mutter kam. Es hat etwas Ungeheueres, bei Kaffee und Kuchen über Verfolgung und Vernichtung zu sprechen.

Bei den Gesprächen wurde viel geweint.

Nicht alle der von mir kontaktierten Überlebenden waren zu einem Gespräch bereit. Vielmehr wurde ich einige Male recht barsch abgewiesen, ohne daß ich überhaupt die Zeit gehabt hätte, zu erklären, um was es geht. Andere haben immer wieder Terminschwierigkeiten vorgeschützt, bis ich verstanden habe, daß sie lieber nicht über ihre Erfahrungen sprechen möchten. Die Namen meiner Gesprächspartner sind nur auf Wunsch verändert worden (zweimal), es geht aus dem Text hervor.

Susann Heenen-Wolff
Paris, im Winter 1991

---

[1] vgl. Idith Zertal: Verlorene Seelen. Die jüdischen DP's und die israelische Staatsführung, in: /ka/Babylon/ke/. Beiträge zur jüdischen Gegenwart. Heft 5, Verlag Neue Kritik, Frankfurt 1989
[2] Aus der unübersehbaren Anzahl von Titeln zu Folgewirkungen von Verfolgung und Lagerhaft seien einige genannt:
– Psychoanalytic Reflections on the Holocaust, Hrsg. v. Steven Luel & Paul Marcus, New York 1984

– William Niederland, Folgen der Verfolgung. Das Überlebenden-Syndrom, Frankfurt 1980
– Erwin Leiser, Leben nach dem Überleben. Dem Holocaust entronnen – Begegnungen und Schicksale, Königstein 1982
– Michael Pollack, L'Expérience concentrationnaire. Essai sur le maintien de l'identité sociale, Paris 1990
– Pierre Francès-Rousseau, Intact aux yeux du monde, Paris 1987
– Ka. Tzetnik 135633, Les visions d'un rescapé ou le syndrome d'Auschwitz, Paris 1990
[3] vgl. etwa:
– Helen Epstein, Die Kinder des Holocaust. Gespräche mit Söhnen und Töchtern von überlebenden, München 1987
– Claudine Vegh, Ich habe ihnen nicht Auf Wiedersehen gesagt, Köln 1978
[4] vgl. insbesonders:
– Lea Fleischmann, Dies ist nicht mein Land. Eine Jüdin verläßt die Bundesrepublik, Hamburg 1981
– Peter Sichrovsky, Wir wissen wohl, was gestern war, wir wissen nicht, was morgen wird, Köln 1986
– Elisabeth Brainin, Psychoanalyse des Antisemitismus nach 1945. in: Silbermann & Schoeps, Köln 1986, a.a.O.
– Dan Diner, Negative Symbiose. Deutsche und Juden nach Auschwitz, 1987
– Zwischen Aporie und Apologie. Über Grenzen der Historisierbarkeit des Nationalsozialismus, 1987 beide in: Diner (Hrsg.), Ist der Nationalsozialismus Geschichte? Zu Historisierung und Historikerstreit, Frankfurt 1987
– Alfons Silbermann & Julius H. Schoeps, Antisemitismus nach dem Holocaust, (Hrsg.) Köln 1986
– Robin Ostow, Jüdisches Leben in der DDR, Frankfurt 1988
– Wolfgang Herzberg, Überleben heißt Erinnern. Lebensgeschichten deutscher Juden, Berlin (Ost) & Weimar 1990

Moses Gercek

geboren in Numce/ Polen
Jahrgang 1915
Wohnort: München

Nach dem Krieg haben viele junge Männer gleich nicht-jüdische Frauen geheiratet. Mich hat das sehr gewundert. Tausende hat es gewundert, aber so war das. Warum die das gemacht haben? Ich schätze, die deutschen Mädchen waren sehr anschmiegsam, die waren sehr leicht zu bekommen, für eine Tafel Schokolade oder eine Packung Zigaretten. Jüdische Mädchen gab es viel weniger als jüdische Männer, weil die Männer robuster gewesen waren, sie haben mehr ausgehalten und sind deshalb eher am Leben geblieben.

Die jüdischen Mädchen wollten heiraten, die hatten noch die Einstellung von den osteuropäischen jüdischen Frauen, die sich nicht gehen ließen, sie sind nicht so schnell mit jemandem ins Bett gegangen. Und die deutschen Frauen haben den jüdischen, in der Liebe unerfahrenen Männern gezeigt, was Liebe ist. Das hat denen wahrscheinlich auch imponiert. Die haben ihnen eine gewisse Wärme gegeben, die ihnen so lange gefehlt hat, und so ist es passiert, daß sie dann auch geheiratet haben. Na ja, manche haben sich schwer getan, sehr schwer getan, also, ich rede für die Juden in München, denn ich bin gleich nach der Befreiung hierhergekommen.

Die Juden in München sind eine kompakt jüdische Gesellschaft. Wir waren jüdischer Gesinnung, und die meisten haben das jüdische Leben beibehalten. Deshalb haben wir auch die sogenannten Mischehen nicht richtig in der Gemeinschaft aufgenommen, obwohl bestimmt fünfundneunzig Prozent der Frauen früher oder später den jüdischen Glauben angenommen haben. Für die Kinder ist es dann leichter. Für die Kinder, die aus solchen Mischehen stammen und die sich als Juden fühlen, ist es einfacher. Sie finden leichter in die jüdische Gesellschaft als die Mütter, wenn sie das wünschen, aber es gibt auch Kinder, die sich völlig vom Judentum entfernen.

Man wundert sich über uns, daß wir dageblieben sind, das wollen Sie doch wissen! Ich war einmal auf einer Veranstaltung in der Jüdischen Gemeinde, da war ein promovierter Mann, der war sechzig oder siebzig Jahre alt, und da war auch so ein sehr schöner netter junger Mann. Und wir osteuropäischen Juden waren ihm fremd. Er hat einen Vortrag gehalten und wollte unbedingt von uns wissen: ›Wie fühlen Sie sich in Deutschland, Sie, die aus Osteuropa gekommen sind?‹

Wir waren damals vielleicht zehn Jahre in Deutschland. Der eine hat so geantwortet, der andere so, und ich habe dann gesagt: »Ich werde Ihnen eine Geschichte erzählen: Der Große Fritz belagert Danzig, das war damals polnisch, und er wollte die Stadt besetzen. Aber die Stadt hat sich gehalten. Und der Große Fritz konnte die Stadt nicht bezwingen. Und dann hat er Spione in die Stadt geschickt, aber die hat man erwischt. Dann hat er selbst spioniert und unterirdische Kanäle entdeckt, durch die Nahrungsmittel geschmuggelt wurden. Und das war der Grund, wieso die Stadt sich halten konnte. Beim Rückzug hat man ihn entdeckt, aber ein jüdischer Schmied hat ihm das Leben gerettet. Er hat ihn bei Nacht durch eine Geheimtür aus der Stadt herausgeführt. Und da hat der Große Fritz dem Juden gesagt: ›Wenn ich die Stadt eingenommen habe, kannst Du von mir haben, was Du willst.‹

Später, als es soweit war, hat er ihn rufen lassen und hat gefragt: ›Na, was willst Du haben? Du hast mir das Leben gerettet!‹

Und da hat der Jude geantwortet: ›Majestät, ich will gar nichts von Ihnen, aber sagen Sie mir, wie haben Sie sich gefühlt, als Sie bei mir zu Hause waren, und ich Sie vor ihren Verfolgern in meinem Bett versteckt habe, meine Frau sich oben drauf gelegt und geschrieen hat, als die Jäger kamen, die Sie gejagt haben?

Die haben gefragt: Warum schreit diese Frau? Und dann haben wir gesagt: Sie hat die Cholera! Und da sind sie erschrocken und sind weg.‹ Und so hat er sich retten können.

Also sagt der Jude: ›Wie hat sich Majestät gefühlt, als Sie bei mir im Bett und die Verfolger im Zimmer waren?‹

Sagt er: ›Verdammter Jude! Du wagst, mir eine solche Frage zu stellen? Aufhängen!‹ Und man hat ein Gestell gebaut …« Wie sagt man …?

Galgen.

»… einen Galgen, hat ihm den Strick um den Hals gelegt, und der Scharfrichter will schon den Hocker umstoßen, damit der Jude runterfällt, und da sagt der Fritz: ›Halt! Du hast mich gefragt, wie ich mich gefühlt habe. Wie fühlst Du Dich jetzt? So habe ich mich gefühlt bei Dir im Bett. Wenn ich Dir das erzählt hätte, hättest Du nichts verstanden.‹ «

Ich habe also diese Geschichte erzählt und habe dann gesagt: »Herr Doktor, Sie fragen uns, wie wir osteuropäischen Juden uns in Deutschland fühlen, Sie als deutscher Jude. Man hat den deutschen Juden ins Gesicht gespuckt, obwohl viele von ihnen gar nicht wußten, daß sie Juden sind, weil sie völlig assimiliert waren. Trotzdem mußten sie flüchten, um ihr nacktes Leben zu retten. Sie sind zurück gekommen! Sagen Sie: Wie fühlen Sie sich hier?«

Und da hat er gesagt: »Sie haben recht. Wir sind in der gleichen Lage.«

Warum wir hiergeblieben sind und wie? Darauf kann man sehr unterschiedlich antworten. Sehen Sie, meinen Freund Max hier in München kenne ich, weil er mit seinem Bruder in derselben Nacht in Auschwitz angekommen ist wie ich, im Januar 1943. Er kam aus der Tschechoslowakei, ich aus Polen. Er ist mit seinem Bruder der einzige Überlebende der Familie. Jeder ist nach der Befreiung seinen eigenen Weg gegangen. Aber eigentlich sind wir denselben Weg gegangen.

Jeder war hier und hat sich irgendwie eingeordnet. Alle Wege führen nach Rom. Es kommt alles auf das gleiche heraus. Ich habe kürzlich mit einem Mann verhandelt von einem großen Konzern, von BMW, ein höherer Angestellter. Wir haben uns zweieinhalb Stunden unterhalten, das Geschäftliche hatten wir in fünfzehn Minuten erledigt. Er hat mich ausgefragt, und ich habe ihm erzählt.

Und da hat er mich gefragt: »Herr Gercek, seien Sie mir nicht bös, ich meine das nicht bös, aber wie haben Sie hier bleiben können? Wie haben Sie, nach allem, was Sie durchgemacht haben, hier bleiben können?«

Und da habe ich gesagt: »Ich kann Ihnen verschiedene Antworten geben: Wenn alle Juden nach dem Krieg Deutschland verlassen hätten, wäre Deutschland judenrein. Und damit wäre der Traum von Hitler und den Nazis erfüllt: Deutschland judenrein! Diese Satisfaktion wollten wir den Deutschen nicht geben.«

»Aber«, sagte ich, »das ist Demagogie. Nur wegen dem sind wir nicht geblieben.«

Ich kann auch sagen: Wir sind geblieben als Zeitzeugen. Adenauer hat 1949 oder 1950 ein Abkommen gemacht wegen Entschädigung. Wenn hier keine Juden gewesen wären, hätte man die drei Milliarden gezahlt, die damals vereinbart waren. Und dann: Keine Juden mehr da, keine Gewissensbisse mehr da, man hat bezahlt für alles! Für die Leiden und für die Toten, man hat bezahlt, und es gibt nichts mehr, was erinnern soll. Wir sind dageblieben, um die Deutschen zu erinnern, daß mit Geld nicht alles zu bezahlen ist.

Ich habe schon manchem gesagt: »Wenn Sie mich sehen oder einen anderen Juden, sollen Sie wissen: Ihr seid Mörder, wenn nicht Sie, dann Ihr Vater, Ihr Bruder, ein Verwandter. Ein Mörder aus Ihrer Familie war dort.«

Denn Hitler hat nicht mit einer kleinen Bande die Juden ausgelöscht, sondern mindestens eine Viertelmillion der deutschen Bevölkerung hat selber Hand angelegt dabei. Aber wenn ich sage, wegen dem bin ich dageblieben, ist es auch Demagogie.

Vielleicht, verstehen Sie, gibt es eine gewisse Satisfaktion. Deutschland ist trotz allem nicht judenrein! Hitler hat nicht gesiegt. Wir können Stellung nehmen. Wir können reagieren, wenn die Deutschen zu sehr ihr wahres Gesicht zeigen. Wobei ich auch sagen will: nicht alle Deutschen.

Ich bin mit meinem Bruder übriggeblieben, wir waren sieben Geschwister. Alle sind umgekommen, mit ihren Frauen, mit ihren Kindern, Vater, Mutter. Wir sind zu zweit geblieben. Mein Bruder war damals bei der Befreiung zweiundzwanzig Jahre alt, ich war dreißig. Wir wollten aus Deutschland weg, aber das war nicht so einfach möglich.

Aliyah Beth (geheime Einwanderung nach dem damals britisch besetzten Palästina, S.H.-W.) wollten wir nicht machen, weil wir dafür zu schwach waren. Aber abgesehen davon: obwohl ich ein Zionist seit meinem zwölften Lebensjahr war, ich war im *Hachaluz haza'ir (national-jüdische Organisation zur Vorbereitung und beruflichen Ausbildung junger Juden für ein Arbeiterleben in Palästina, S.H.-W.*), mein Bruder war sogar als junger Bursche im *Betar (radikale jüdische Kampforganisation, S.H.-W.*), aber wir hatten Verwandte in Kanada, und wir sollten nach Kanada gehen.

Und zu Beginn des Sommers '48 – endlich! – haben wir Affidavits bekommen. Wir sind sofort zum kanadischen Konsulat. Wir sind dort untersucht worden, man hat uns geröntgt. Und wie bei Tausenden anderen auch hat man bei meinem Bruder kleine Flecken auf der Lunge entdeckt, bei mir Gott sei Dank nicht. Mein Bruder war zwar gesund. Aber er wurde zurückgestellt. Später hat mir ein Arzt gesagt, ganz saubere Lungen hätten nur die Hirten in der Schweiz, die das ganze Jahr auf der Alm leben. Naja, auf jeden Fall hat man meinen Bruder zurückgestellt. Und ein Monat später ist der Befreiungskrieg ausgebrochen. Israel war in einer sehr schlechten Situation. Mein Bruder hat gesagt, er schäme sich, nach Kanada gehen zu wollen.

»Ich gehe nach Israel«, hat er gesagt. Und zu mir sagt er: »Moische, es war doch Dein Traum, Israel! Jetzt können wir kämpfen. Wir haben doch davon geträumt, in Auschwitz, daß wir unser Leben geben würden, um uns ein eigenes Land zu erkämpfen. Jetzt haben wir die Möglichkeit!«

Gut. Ich habe gesagt: »Ich bleibe hier in Reserve, Gott behüte, sollte Dir etwas passieren, gehe ich an Deiner Stelle.«

Er ist also abgereist, vom Schiff sofort in ein militärisches Lager, um sich in den Beruf des Soldaten einzuarbeiten. Und dann wurde er an die Front geschickt. Unterwegs hat er ein Mädchen kennengelernt, das auch freiwillig gekommen war, und sie haben sich so verliebt, daß sie noch im Krieg geheiratet haben, Ende 1948 waren sie schon verheiratet, und Ende 1949 war schon ein Kind da. Mein Bruder wurde von der Armee freigestellt, Gott sei Dank hat er den Krieg ohne eine Schramme überstanden. Und jetzt ging es Israel also wirtschaftlich sehr schlecht, und mein Bruder war dort mit Frau und Kind.

Ich hatte mittlerweile einen kleinen Handel mit Schmuck, und da habe ich gesehen, ich habe nicht viel, mein Bruder hat gar nichts. Er muß leben, dort sind schwere Zeiten. Ich muß ihm helfen, auf eigenen Füßen stehen zu können. Ich habe gearbeitet, und ich habe ihm geholfen, sein Auskommen zu haben. Für mich war es auch schwer. Mein Werdegang als

Kaufmann war sehr schwer, ich bin kein Genie. Aber es ging dann langsam aufwärts, das Geschäft ist größer geworden, und ich habe die Teilhaber ausbezahlt. Inzwischen hatte ich geheiratet, und ich mußte mich einordnen.

> In welchem Jahr haben Sie geheiratet?

Das war 1951.

> Dann feiern Sie dieses Jahr vierzigsten Hochzeitstag.

Ja, in ein paar Tagen, aber wir kennen uns schon vierundvierzig Jahre. Wir haben uns kennengelernt, das war nicht einmal ein Jahr nach Kriegsende.

> Und wo haben Sie sich kennengelernt?

Im Lager in Landsberg am Lech. Ein DP-Lager (*DP = Displaced persons, S.H.-W.*). Am Anfang war ich in einem DP-Lager in Feldafing, aber dann bin ich gleich nach München. Ich bin dann ins DP-Lager in Landsberg gefahren, um Freunde zu besuchen, mit denen ich in Auschwitz gewesen war. Ich habe dort einen Freund getroffen, mit dem war ich im selben Block, habe mit ihm im selben Kommando gearbeitet.

Und da sagt er: »Komm rein, hier ist Rivtsche – das heißt Rivka –, Rivtsche.«

Sage ich: »Wer ist Rivtsche?«

Sagt er: »Kennst Du die nicht? Die ist doch aus unserer Stadt. Von Numce.«

»Nein.«

»Komm mit mir.«

Ich bin ihm also gefolgt, sie war bei einer Freundin zu Besuch, und ich habe mich gleich in sie verliebt. Das war ja so ein schönes Mädchen. Ihre Augen, die hatte Augen! Ich sage Ihnen, Frau Wolff, das war die jüdische Trauer und das jüdische Lachen, wie Scholem Alejchem sagt, mit dem einen Auge geweint, und mit dem zweiten gelacht. Es war so wie eine Sonne, die durch die Tränen scheint. Verstehen Sie, so einen Blick hatte sie. Sie war jung, gerade über zwanzig Jahre. Also, wir haben geheiratet, nachher hat sich herausgestellt, daß wir keine Kinder haben würden.

Mein Bruder hat noch ein Kind bekommen, Und 1956 hat die Familie die Amöbenruhr gekriegt, und ein Arzt hat gesagt, daß sie das Land verlassen müssen, weil einer den anderen angesteckt hat. Er ist dann nach Australien gegangen. Ich hatte damals schon etwas bessere Möglichkeiten, ihm bei seinem Start zu helfen.

Ich sage Ihnen, ich habe in all den Jahren gearbeitet, damit mein Bruder leben kann. Der ist nicht sehr unternehmerisch, er tut sich schwer.

Lebt er heute noch in Australien?

Nein. In Israel. Zwanzig Jahre hat er in Australien gelebt. Ich habe ihm eine gute Situation ermöglicht. Er hatte ein eigenes Haus. Ich habe ihm geholfen, ein Geschäft aufzubauen, und er hat gut gelebt. Seine beiden Töchter sind inzwischen groß geworden. Eine hat geheiratet, da habe ich noch geholfen, daß sie heiraten können, daß sie was hat. Sie hat einen Israeli geheiratet, der wollte aber nicht dort bleiben, also sind sie nach Israel.

Wie soll ich Ihnen das sagen? All die Jahre habe ich meinem Bruder geholfen, nachher seinen Kindern, und jetzt helfe ich seinen Enkelkindern. Der Älteste will schon wieder heiraten. Und ich sage zu meinem Bruder: »Hör mal, ich sehe schon, daß ich noch für Deine Urenkel sorgen werde!«

Mein Bruder ist 1978 zurück nach Israel gekommen, der hat so viel mitgebracht, daß er sich eine schöne Wohnung kaufen konnte, hatte trotzdem noch ein bißchen Geld übrig und konnte seine jüngste Tochter ausstatten. Aber die Last, die Familie zu erhalten und daß die Familie in Israel bleiben kann, liegt auf mir. Und ich habe mir gesagt, daß, wenn ich diese nicht übernommen hätte, wäre die Familie, wären die Töchter meines Bruders in Australien geblieben. Aber so lebt die Familie in Israel, die Töchter haben beide je vier Kinder.

Ich meine, um Israel zu helfen, war es meine Aufgabe, meiner Familie eine Zukunft im Land zu ermöglichen. Die leiden Gott sei Dank keinen Hunger. Ich habe ihnen geholfen, und jetzt können sie selber weiterkommen. Jetzt habe ich einen Fonds gegründet an der Bar-Ilan-Universität, für meine Begriffe mit einem ganz schönen Betrag. Von den Zinsen erhalten drei Studenten ein Stipendium, jeder erhält so dreihundert Dollar im Monat.

> Was haben Sie in Deutschland für Erfahrungen gemacht?

Wir sind empfindlich. Vielleicht bin ich empfindlicher wie mancher andere Jude, weil ich mir vorgenommen habe, nicht einzustecken, sondern zurückzugeben. Sie wissen, die Christen haben so ein Postulat, das Jesus in den Mund gelegt wurde: wenn einer dir eine Backpfeife gibt, halte ihm die zweite Backe hin. Der zionistische Führer Jabotinsky, ein Radikaler, hat gesagt, wenn dir einer eine Backpfeife gibt, dann gib zwei zurück. Ich bin nicht der Meinung, daß man zwei zurückgeben soll, aber eine gebe ich zurück – und das richtig.

In jedem Fall, wenn ich was höre, – zum Beispiel meine Angestellte, die ist schon über siebzig, die ist nicht Antisemitin, aber – blöd. Die ist Buchhalterin, eine gute Buchhalterin. Sie hat auch meine Leserbriefe geschrieben.

Und einmal hat sie gesagt: »Als Christin kann ich sowas doch gar nicht schreiben, ich bin doch Christin!«

Und da habe ich gesagt: »Aber ich bin Jude, und Sie sind meine Angestellte. Ich zahle Ihnen dafür, daß Sie schreiben.«

Oder letztens (*während des Golfkrieges, als Israel vom Irak aus bombardiert wurde, S.H.-W.*) hat eine ehemalige Verkäuferin angerufen, und weil meine Sekretärin mich nicht stören wollte, hat sie selbst mit ihr gesprochen. Da hat die Verkäuferin gefragt: »Die große Familie von Herrn Gercek aus Israel ist doch bestimmt schon da?«

Und da hat sie gesagt: »Nein, niemand ist gekommen.«

»Ja, wieso denn, dort ist es doch jetzt so gefährlich?«

Na, und meine Sekretärin erzählt mir von dem Anruf. Und da habe ich gesagt: »Gefährlich. Was heißt gefährlich? Sind die Deutschen im Ersten oder Zweiten Weltkrieg auch alle geflüchtet, weil es gefährlich war?«

Wissen Sie, was die geantwortet hat? »Ja, die Deutschen hatten kein Geld.«

Verstehen Sie den Gedankengang? Was bei denen im Kopf ist, das ist nicht: die Deutschen waren Patrioten und wollten das Land nicht im Stich lassen, oder daß die Leute wehrpflichtig waren. Sie denken noch nicht einmal an das einfachste, daß nämlich die Grenzen gesperrt waren. Das alles existiert nicht. Die Deutschen hatten kein Geld! So. Und die Juden natürlich haben Geld.

Und da sagt Sie: »Sie sind aber empfindlich. Das habe ich doch gar nicht gemeint.«

»Nein, Sie haben nicht gesagt, die Juden haben Geld, aber gemeint haben Sie es!«

Ihre Reaktion war typisch deutsch. Und typisch antisemitisch. Ich habe ihr gesagt: »In Ihrem Gehirn ist das überlieferte Bild des Juden so eingraviert, daß Sie sich überhaupt kein anderes Bild machen können.«

Sagt sie: »Herr Gercek, ich kann mich nicht ändern. So wie ich bin, so bin ich halt.«

Sag ich: »Wenn Sie zum Beispiel von Natur aus geizig wären, und Sie hätten Geld, aber Sie wollen niemandem helfen, weil Sie sehr geizig sind, würde ich sagen: Ihre Natur, Sie können nicht Ihre Natur ändern, oder umgekehrt: Großzügige haben immer kein Geld, weil sie immer das letzte geben, so sind sie, sie können sich nicht ändern. Aber wenn Sie einen für einen Mörder gehalten haben, und man beweist Ihnen, daß er kein Mörder ist, da brauchen Sie doch nicht Ihre Natur zu ändern. Sie brauchen doch nur die Wirklichkeit einzusehen, und wenn Sie das nicht einsehen wollen, sind Sie der Ewiggestrige. Sie können nicht, weil Sie nicht wollen!«

Wissen Sie, manche von meinen Freunden lassen das so durchgehen. Sie tun so, als hätten sie nicht verstanden oder als hätten sie nicht gehört. Ich will nicht so tun; ich höre, und ich gebe denen gleich zu verstehen, daß ich es verstanden habe und reagiere.

Sind Sie nach dem Krieg jemals in die Situation gekommen, daß sie in einem Prozeß oder auf der Straße ehemalige Bewacher wiedergetroffen haben?

Nein. Ich habe niemanden getroffen. Mein Bruder hat einen ehemaligen Kapo getroffen, einen Ober-Kapo sogar.

In Deutschland?

Hier in München auf der Straße! Der hat ihn erkannt, das war ja alles nicht lange her. Mein Bruder war ja nur die ersten drei

Jahre nach der Befreiung hier. Er hat ihn gesehen: »Ah, Du bist da!«

Das ist eine Geschichte! Man hat 1944 die deutschen Kapos, Ober-Kapos und Blockältesten genommen, hat ihnen SS-Uniformen angezogen und sie an die Front geschickt. Und viele von ihnen sind gleich umgekommen. Aber der ist eben nicht umgekommen, der ist vielmehr bald zurückgekommen, als SS-Mann, und unser Obersturmbannführer, der der Leiter von dem Betrieb war, in dem wir gearbeitet haben, das war ein großer Betrieb von zwölfhundert Mann, mußte also ihm, dem ehemaligen Häftling, Gustav hieß er, ein deutscher Berufsverbrecher, die Hand geben, also jemandem, der ihm vorher auf Gedeih und Verderb ausgeliefert gewesen war. Jedenfalls hat er sich dann irgendwas zuschulden kommen lassen, und schließlich haben sie ihm die Uniform wieder ausgezogen, Häftlingskleider an, und er war wieder in Auschwitz. Wir sind zusammen im Januar 1945 evakuiert worden.

Ach so, und zu mir ins Geschäft ist zufällig Otto gekommen, auch ein Kapo aus Auschwitz. Da hat er große Augen gemacht, als er mich erkannt hat. Ich hatte ihm aber nichts vorzuwerfen. Aber ich habe mal einen jüdischen Kapo getroffen, und den habe ich zusammengeschlagen. Ich habe ihn blutig geschlagen. Das war ein russischer Jude, das war ein Mörder, wirklich ein Mörder.

Haben Sie ihn auch in Deutschland getroffen?

In München.

Und wie hat er reagiert, als Sie ihn zusammengeschlagen haben?

Ich habe ihn auf einem Platz zusammengeschlagen, wo viele Juden waren, na, es war eben der Schwarzmarkt, das war 1946 oder 1947. Ich weiß noch, ich hatte einen neuen Anzug an. Als ich ihn gesehen habe, habe ich rot gesehen. Ich habe angefangen zu schlagen, das war fürchterlich. Zehn Leute haben mich dann festgehalten: »Was willst Du denn noch, er blutet ja schon!«

Aber dafür hatte ich keine Zeit. Ich habe geschlagen. Und

dann haben sie mich überwältigt: »Was ist geschehen? So kennen wir Dich gar nicht.«

»Das ist ein Kapo, ein Mörder!«

»Ja, warum hast Du das denn nicht vorher gesagt?«

Da habe ich gesagt: »Ich hatte keine Zeit!«

Jedenfalls ist dieser Mann dann verschwunden. Ich bin ihm später noch einmal auf dem Marienplatz begegnet, da habe ich ihn wieder geschlagen. Die Polizei ist gekommen. Die haben gesagt: »Ja, wir können Sie gut verstehen, aber Sie müssen Zeugen suchen und ihm einen Prozeß machen.«

Ich habe dann Zeugen gesucht, aber ich habe keine gefunden. Ich hätte Zeugen von unserem Kommando gebraucht, von meiner Stube, wo er Kapo war, verstehen Sie? Ich habe keine gefunden. Jedenfalls, so ungefähr hat sich das Leben für viele Juden hier in Deutschland abgespielt.

> Was ist denn aus dem Kapo geworden?

Der ist gestorben. (*Herr Gercek lacht*)

> Da haben Sie sich gefreut!

Der hat in der Umgebung von München gewohnt, aber er ist in München gestorben. Er hat mit einer Nicht-Jüdin gelebt.

Es sind so viele Sachen passiert. Zu uns ins Geschäft ist zum Beispiel ein deutscher Unternehmer gekommen. Und da hat sich herausgestellt, daß er als Unternehmer nicht weit von Auschwitz, in Kattowitz, tätig war. Und in sein Unternehmen sind Häftlinge von unserem Lager, von Auschwitz, zum Arbeiten gekommen.

»Ach so«, sagt er, »Sie waren auch in Auschwitz! Bei mir haben doch viele Juden von Auschwitz gearbeitet, bei mir hatten die es gut!«

Soll ich ihm beweisen, daß sie es nicht gut hatten bei ihm? Verstehen Sie, es ist schwierig, so zu reagieren, daß es auch ernste Folgen hat danach. Man muß alles beweisen. Deutschland ist ein Rechtsstaat, heißt es, man muß alles beweisen können. Wissen Sie, vor zehn Jahren oder noch länger hat man zum ersten Mal den Film ›Holocaust‹ gezeigt. Haben Sie ihn gesehen?

Ja, das war 1979, vor zwölf Jahren.

Das war damals für die Deutschen eine Offenbarung, eine negative. Sie haben sich das doch gar nicht vorstellen können. Es ist doch eine bekannte Tatsache: Sechs Millionen spielen keine Rolle, aber wenn man eine Familie zeigt, die Zores von einer Familie, das wirkt! Und dann gab es überall Diskussionen. Und dann habe ich in der Zeitung gelesen, daß hier in der Nähe, in einem evangelischen Zentrum, eine Diskussion über den Holocaust stattfinden sollte. Und da denke ich mir, ich möchte sehen, wie Deutsche über den Holocaust diskutieren. Ich bin da also hin.

Da war ein großer Saal, ein Podium, und ein evangelischer Pfarrer hat die Diskussion geleitet.

Und auf einer Bank saß ein älterer Mann mit zwei jungen Leuten: »Lüge, Lüge! Nestbeschmutzer! Man will uns als Mörder hinstellen! Eine Lüge! Aufhören damit!«

Ich bin nicht dahin gegangen, um das Wort zu ergreifen, ich war dort nur aus Interesse, wie Deutsche diskutieren. Aber mir ist das so auf die Nerven gegangen, daß ich aufgestanden bin und mich zu Wort gemeldet habe. Da hat der Pfarrer gesagt: »Bitte, kommen Sie herauf.«

Auf dem Podium habe ich meine Jacke ausgezogen, habe meinen Ärmel hochgekrempelt, und ich habe ihnen gesagt, den Schreiern: »Ihr seht die Nummer, das ist die Nummer von Auschwitz. Wenn einer mir sagen will, daß Auschwitz eine Lüge ist, dann ist er ein gemeiner Lügner. Ich habe das selber miterlebt, ich war über zwei Jahre dort, in der schlechtesten Zeit.«

Wieviel man auch schreibt, wieviel man auch sagt, – viel zu wenig!

Und dann habe ich weitergesprochen, und die drei haben einen Tumult angefangen: »Genug! Der hat genug gesprochen!«

Da ist der Pfarrer aufgestanden und hat gesagt: »Dem Herrn habe ich das Wort erteilt, ich lasse ihn reden, solange er will. Und wem das nicht paßt, der kann rausgehen.« Und zu mir sagt er: »Warten Sie, geben Sie den Leuten Zeit, raus zu gehen.«

Na und ich habe gemeint, die drei werden rausgehen. Wissen Sie, wieviele rausgegangen sind? Siebzig! Dreißig sind geblieben.

Bei den Deutschen ist das so eingewurzelt, die sind nicht imstande, anders über Juden zu denken, die sehen den Juden meistens so in der Art, wie er vom *Stürmer* gezeichnet wurde, oder wie die Kirche den Juden gezeigt hat.

> Tut es Ihnen leid, daß Sie damals in Deutschland geblieben sind?

Wissen Sie, was ein Gleichnis ist? Juden reden mit Gleichnissen. Kennen Sie Anatevka, den Fiddler auf dem Dach? Da singt doch der Tevje ein Lied: Armut ist keine Schande, aber etwas, weswegen man sich rühmen soll, ist es auch nicht. »Gott im Himmel«, sagt er, »Ich war doch arm. Armut ist keine Schande, aber stolz kann man darauf auch nicht sein.«

Ich schäme mich nicht, daß ich in Deutschland geblieben bin, aber stolz darauf bin ich auch nicht. Ich bin nicht geblieben, weil ich Deutschland so liebe. Ich bin nicht geblieben, weil mich die Not all die Jahre dazu gezwungen hätte. Ich bin dageblieben, weil ich es als meine Aufgabe gegenüber meiner Familie angesehen habe. Wenn ich nach Israel gegangen wäre, hätte ich meiner Familie nicht helfen können. Ich hätte nicht spenden können für den Aufbau von Israel. Ich habe die Satisfaktion, daß ich mein Hierbleiben nicht leichtsinnig vergeudet habe. Ich habe wirklich mit aller Kraft versucht, etwas für meine Familie zu tun, für mein Land, und mein Land ist Israel.

> Sie wären bestimmt nicht jemand, der sagen würde: Ich liebe Deutschland!

Nein, das würde ich nicht sagen. Aber, es bleibt nicht aus, wenn man so viele Jahre in einem Land ist – ich liebe die Natur. München hat eine wunderbare Umgebung. Sie fahren fünfzig Kilometer raus, und Sie sind schon im Gebirge, die Seen, die Auen, die Wälder, das Grün. Ich liebe die Natur. Aber Deutschland? Ich habe zuviele Menschen hier getroffen, die unbelehrbar sind. Die große Masse steht abseits von dem, was mit den Juden geschehen ist. Die nehmen überhaupt keinen inneren Anteil daran. Das geht die nichts an. Es berührt sie nicht. Auch die jüngeren wollen davon nichts wissen. Die sagen, das haben unsere Eltern gemacht, unsere Großeltern, wir können nichts dafür, fertig.

> Wie war das für Sie, als die Mauer zwischen der Bundesrepublik und der DDR aufgemacht wurde und es sich abzeichnete, daß es zu einer Vereinigung Deutschlands kommen würde?

Ich war zu der Zeit gerade in Israel, in Herzliah. Und abends saß ich auf meinem Zimmer. Ich mache das Fernsehen an und sehe die Geschichte. Das war für mich wie *Tischa be'Aw (Trauertag wegen der Zerstörung Jerusalems 586 v. und 7 nach d.Z., S.H.-W.).* Für mich war das ein *Tischa be'Aw.* Ich habe geglaubt, ich werde verrückt. Und wissen Sie, warum?

Ich habe gesagt, Gott, – wenn einer da ist – dann ist er mit den Schlechten. Am 9. November, in der Nacht, wo auch die Kristallnacht war, ist die Mauer aufgebrochen worden, die die beiden Deutschlands getrennt hatte, und das Volk hat sich wieder vereint! Das war wie ein Hohn! Ein Lohn für die Kristallnacht!

Als Mensch kann ich verstehen, daß das deutsche Volk danach gelechzt hat, daß sie davon geträumt haben. Aber daß das denen so leicht in den Schoß fiel, als Geschenk, das kann ich nicht verdauen.

> Glauben Sie an Gott?

Bedingt. Ich bin, sagen wir, traditioneller Jude. Die, welche mich oberflächlich kennen, hielten mich sogar für fromm. Das bin ich nicht. Wissen Sie, ich habe über manche Momente in Auschwitz geschrieben, über Geschehnisse, die mich so berührt haben, die mir nachgegangen sind. Als wir in Auschwitz ankamen, mußten wir im Frost stehen, es war noch Nacht, das war vielleicht dreißig Grad minus. Wir mußten da stehen, und wir haben Gott gebeten, daß wir tot umfallen, weil wir das nicht mehr ertragen können. Und dann haben wir einen Kamin gesehen, einen riesigen Kamin, Rauch und Feuer, und die Leute haben so angefangen, die Nase zu rümpfen. »Es stinkt hier irgendwie wie verbranntes Fleisch!«

Und da war ein Russe, der hat gesagt: »Was? Ihr wißt nicht, was das ist? Dort verbrennt man Eure Mütter und Väter, Brüder und Schwestern! Dort werden die Vergasten verbrannt.«

Wissen Sie, ich war früher wirklich fromm, gläubig! Aber in dem Moment ist mir der Glaube so verschwunden, als wenn ich niemals einen Glauben gehabt hätte, als wenn ich niemals einen Gott gekannt hätte. Bei einer Selektion habe ich Kameraden gehört, die die Gefahr gefühlt haben, und sie haben den *Sch'ma Israel* (›Höre, Israel!‹, *Stammgebet der Juden*, S.H.-W.) gesagt. Aber mir ist der *Sch'ma Israel* all die Jahre nicht mehr über die Lippen gekommen.

Ich habe nicht vergessen, den *Sch'ma Israel* zu sagen. Ich wollte das nicht sagen!

Ich war überzeugt, das ist eine Stimme, die ruft in der Wüste, aber niemand hört sie. Und heute bin ich zurückgekehrt zum jüdischen Leben, nicht weil ich unbedingt an Gott glaube. Aber ohne Glauben bin ich mir vorgekommen wie ein Vieh, das ißt und trinkt, die Arbeit tut, die man ihm zuteilt.

Ich habe mein Geschäft, ich esse, ich trinke, aber innen ist es leer. Ich war doch von so einem ganz frommen jüdischen Zuhause. Und ich bin dann ganz langsam, ganz langsam wieder zurückgekehrt zum jüdischen Leben. Ich führe ein religiöses jüdisches Leben. Meine Küche ist eingerichtet, wie nur wenige fromme Juden sich eine Küche einrichten. Geteilt, auf der einen Seite fleischig, auf der anderen Seite milchig. Ich gehe jeden Samstag in die Synagoge, und ich bete auch, ich bete!, weil ich es so gewöhnt bin. Und mit einem Mal höre ich meine Stimme. Und ich denke mir, Moische, zu wem? Wer hört Dich?

Und wenn man mir sagt, es gibt einen Himmel, du wirst dort nachher Rechenschaft ablegen müssen, antworte ich: »Ich habe eine Verrechnung mit dem lieben Gott. Sollte er mich vor Gericht stellen, werde ich Gott herausfordern, und ich werde ihn fragen, wer hat eine größere Schuld auf sich geladen? Ich? Daß ich nicht an ihn glaube? Oder er, welcher allmächtig ist und das zugelassen hat?«

> Sie haben gesagt, der 9. November war für Sie wie Tischa be'Aw. War die Mauer in Berlin wie ein umgekehrter Tempel?

Die Mauer in Berlin war für mich irgendwie wie ein Zeichen des Schicksals, eine Ausgleichsgerechtigkeit. Das, was die mit uns getan haben, ist doch einmalig in der menschlichen Geschichte. Daß die wenigstens etwas davon spüren! Da fragt man sich: Wo ist die Gerechtigkeit?

Wissen Sie, ich kann mit den Deutschen gut reden. Ich kann mich mit den Leuten gut verstehen. Und ich muß sagen, irgendwie mögen die mich. Mich, den kleinen ostpolnischen Juden mit meinem harten Akzent im Deutschen. Aber was passiert? Da sagt einer: »Kann man die Nummer im Arm nicht wegmachen lassen, das sieht doch nicht schön aus!«

Oder einer kommt in mein Geschäft: »Verzeihen Sie, bei Ihrer Aussprache sind Sie doch kein geborener Deutscher? Von wo sind Sie?«

»Aus Polen.«

»Also sind Sie Pole?«

»Nein.«

»Wieso nicht, wenn Sie doch aus Polen sind?«

Sage ich: »Wenn Sie es unbedingt wissen wollen, ich bin polnischer Jude.«

»Ach so«, sagt er zu mir, »ich kenne viele Ihrer Freunde!«

Habe ich gesagt: »Hören Sie mal, Sie sehen mich das erste Mal, und Sie kennen schon meine Freunde?«

Sagt er: »Ich meine, ich kenne Ihre Genossen.«

Sage ich: »Ich bin in keiner Partei. Ich habe keine Genossen.«

»Ja«, sagt er, «Ich kenne Ihre Glaubensgenossen.«

»Ah so«, sage ich, »Sie wollten sagen, Sie kennen auch andere Juden?«

»Ja, aber ich wollte Sie nicht beleidigen.«

»Na Donnerwetter, Sie sind gut. Wenn ich Sie frage, ob Sie Deutscher sind, fühlen Sie sich dann beleidigt?«

Sagt er: »Wieso ich? Warum?«

Sag ich: »Ja wieso ich? Ich als Jude habe mehr Gründe, stolz zu sein auf mein Judentum wie Sie auf Ihr Deutschtum. Und Sie fühlen sich so stolz, daß Sie mich beleidigen würden, wenn Sie mich direkt fragten, ob ich Jude bin? Wo denken Sie hin?«

> Also, wenn man jemanden fragt: Sind Sie Jude?, das wäre wie eine Beleidigung?

Ja. Man muß einen Bogen machen, das umkreisen. Nichts wird direkt angesprochen. Wir haben auch Verbrecher. Wenn

Herr Müller ein Verbrecher ist, heißt es, Herr Müller ist ein Verbrecher. Aber wenn Moses Gercek ein Verbrecher ist, sagt man: »Die Juden sind Verbrecher.« Da war ein Bankdirektor, und vor vielen Jahren war hier ein jüdischer Kaufmann, der hat sich verkalkuliert. Das war kein schlechter Mensch, nicht so einer, der Konkurs machen wollte, um mit dem Geld abzuhauen. Der hat bei dem Versuch, seinen Laden zu retten, immer größere Schulden gemacht. Und als er keinen Ausweg mehr gesehen hat, ist er aus Schande geflüchtet, nach Südamerika. Und der hat Schulden zurückgelassen. Ich hatte davon gehört, in München gibt es schließlich nicht hunderttausend Juden. Und der Kaufmann war bekannt als sehr anständiger und spendabler Mensch. Der hatte immer ein offenes Ohr und eine offene Hand für arme Leute gehabt. Und dann, eines Tages, komme ich in die Bank, um mit dem Direktor etwas zu besprechen, und da sagt er: »Herr Gercek, haben Sie von der Geschichte gehört?«

Sage ich: »Ja.«Sagt er: »Wissen Sie, was der gemacht hat?«

»Ja«, sage ich, »der ist geflüchtet wegen seiner Schulden. Hat der bei Euch viel Schulden gelassen?«

Sagt er: »Hunderttausend oder zweihunderttausend Mark.«

Sage ich: »Na hören Sie mal, die Hypo-Bank wird doch nicht wegen dem untergehen!«

»Aber«, sagt er, »das ist nicht gut für Euch!«

Sag ich: »Was heißt für Euch?«

> Waren die Deutschen nach dem Krieg fleißig genug, die alten Verbrecher aufzuspüren?

Aber wo! Die haben die gedeckt, wo sie nur konnten. Die haben die gedeckt mit aller Kraft.

Man hat mich und meine Frau gezwungen, in einem Kriegsverbrecherprozeß auszusagen. Wir haben uns gesträubt mit Händen und Füßen, denn auf der Anklagebank hat der Gestapochef von Bialystok gesessen, das war eine große Stadt in Polen, in der man ein Ghetto eingerichtet hat. Und da habe ich gesagt: »Ich war nicht im Ghetto Bialystok, ich habe ihn nie gesehen«.

Da hat der Staatsanwalt gesagt, er wäre auch in dem Gebiet, wo ich war, zuständig gewesen. Da habe ich gesagt: »Wenn die

Gestapo kam, haben wir uns versteckt, ich habe ihn nie gesehen!«

Wir mußten trotzdem zu dem Prozeß. Die haben uns Stunden um Stunden ausgefragt. Und der Rechtsanwalt, der Verteidiger, wollte mich unbedingt in die Enge treiben.

Und da habe ich ihm gesagt: »Sie sind mir etwas zu jung, daß Sie mich ins Kreuzverhör nehmen können und ich Ihnen das sagen soll, was Sie hören wollen. Ich kann nur das sagen, was ich gesehen habe, was ich erlebt habe.«

Und in der Pause bin ich auf den zu und habe ihn gefragt: »Hören Sie, Sie wissen doch, daß das Verbrecher sind, Mörder, Massenmörder. Wie können Sie solche Männer verteidigen? Und wie können Sie mich, das Opfer dieser Mörder, in die Enge treiben wollen. Ich soll Ihnen Material liefern zur Verteidigung dieser Mörder. Haben Sie überhaupt ein Gewissen?«

Und da hat er gesagt: »Das ist unsere Pflicht.«

Man hat die Mörder gedeckt, man hat alle Richter in ihrem Amt gelassen, und wenn wieder einmal einer als ehemaliger Nazirichter entdeckt wurde, der Menschen zu Tode verurteilt hat, hat man ihn im schlimmsten Fall in den vorzeitigen Ruhestand versetzt. Und der lebt jetzt mit einer guten Pension. Da war doch der Filbinger!, Ministerpräsident von Baden-Württemberg, der hat doch noch drei Tage vor Kriegsende ein Todesurteil ausgesprochen! Da hatten schon große Teile der deutschen Armee aufgegeben. Da war doch der Zusammenbruch schon absehbar. Und er hat noch einen Soldaten zum Tode verurteilt, weil er desertiert war, – hat es geheißen.

Was hat man gemacht? Man hat ihn beseitigt aus seinem Amt als Ministerpräsident. Wenn er noch nicht gestorben ist, lebt er noch heute und bezieht eine große Pension. Die Entnazifizierung hier war viel zu lasch. Man hat alles durchgehen lassen. Der Stasi in der DDR z.B., also der Staatssicherheitsdienst, hat sich viel weniger zuschulden kommen lassen, die haben nicht das deutsche Volk ermordet, die haben auch nicht andere Völkerschaften ermordet, aber man spürt ihnen mit viel mehr Fleiß nach als damals den Massenmördern.

Sind Sie eigentlich jemals wieder nach Polen gefahren?

Ich? Nein.

Warum nicht?

Für mich ist Polen ein großer Friedhof. Von meiner Familie ist niemand am Leben geblieben. Aus meiner Stadt, das war eine kleine Stadt von zwanzigtausend Einwohnern, da hat man uns einfach rausgetrieben. Wir mußten laufen, unter Schlägen, und die Polen haben dagestanden und die Deutschen noch angefeuert. Das waren unsere Mitbürger!

> Sind in Ihrem Gefühl die Polen schlimmer als die Deutschen gewesen?

Das würde ich nicht sagen. Der Haß, den man während Jahrhunderten gegen die Juden gesät hat, der ist vielleicht bei den Polen noch tiefer gegangen, weil die primitiver wie die Deutschen waren. Aber das sind nicht solche kalten Mörder, wie die Deutschen sein können. Und sie sind nicht solche gehorsamen Untertanen wie die Deutschen. Verstehen Sie? In Polen haben sich mehrere Tausend Juden gerettet, weil Polen sie versteckt haben. Und es ist nicht wichtig, ob sie das wegen Geld gemacht haben oder aus Menschenliebe.

In Deutschland haben vielleicht dreitausend Juden überlebt, obwohl die so assimiliert waren, so viel untereinander geheiratet wurde. In Polen waren wir dagegen ein Staat im Staate. Und trotzdem haben sich viel mehr Juden in Polen gerettet!

> Wir sprechen über verschiedene Länder, und ich wüßte gerne, ob Sie sich schon einmal überlegt haben, in welchem Land Sie gerne begraben wären?

Ach so, ich habe gerade vor ein paar Wochen eine Grabstätte gekauft.

> Wo?

Wo soll ich kaufen? In Herzliah, Pituach. Kirjat Sha'ul, das ist der große Friedhof von Tel Aviv.

> Und warum wollen Sie in Israel begraben sein und nicht in Deutschland?

Weil in Israel doch ab und zu eines meiner Kinder an unser Grab kommen wird oder ein Enkelkind. Wer würde hier an

29

mein Grab kommen? Ich habe Ihnen gesagt, ich bin nicht aus Liebe geblieben, sondern weil ich mir überlegt hatte, daß ich meiner Familie so besser helfen kann als wenn ich auch in Israel bin. Natürlich spielt auch eine Rolle, daß man sich mit der Zeit daran gewöhnt hat, man hat sich eingeordnet, man hat Freunde, jüdische und andere, aber ich habe hier keinen einzigen Verwandten. Meine Frau auch nicht.

Wenn ich sterbe, kommen zwar Leute zu meiner Beerdigung, aber danach wird kein Hahn mehr nach mir krähen, nach mir. In Israel liege ich in jüdischer Erde, und dort ist meine Familie, dort sind Nachkommen. Und das Gefühl, daß ich mich mit israelischer Erde vermischen werde, ist beruhigend.

> Sie wollten mir noch etwas zeigen, haben Sie gesagt?

(*Herr Gercek zeigt die wenigen Photos seiner ermordeten Familie.*)

So wie das Leben halt ist, man muß damit leben. Zuletzt wurde mir das schwer. Jetzt wurde mir das schwer, die letzte Zeit gerade. Man wird alt, man wird einsamer, ein Freund nach dem anderen stirbt. Und mit jedem, der stirbt, stirbt ein Stück von unserem Leben. Die Generation geht weg, es kommt die nächste Generation.

Frau Wolff, Sie müssen das verstehen, es ist keine Kontinuität der gleichen Kultur, der gleichen Sprache. Unser Leben, das wir in Polen hatten – ob reich oder arm, wir hatten unser reiches geistiges Leben.

Sie haben keine Ahnung, was das osteuropäische Judentum die letzten siebzig, achtzig Jahre vor dem Krieg an Kultur, an Literatur, an Dichtung geschaffen hat. Sogar in der Malerei, in jeder Richtung. Das war gigantisch. Es sind dabei Genies herausgekommen, Scholem Alejchem, das ist der Vater der jiddischen Literatur, Mendele Moicher Sforim, Jizchak Perez, – Giganten waren das! Schalom Asch, das war ein wunderbarer Erzähler.

Man hat vieles geschaffen, das war so reich! Wir haben unser Leben gehabt, das Schtetl, das jüdische Schtetl mit seinen Eigenschaften, seinen Eigentümlichkeiten, mit seinem Klang, seinem Gesang, mit seinem Rhythmus, mit den Familien!

Der Schabbes!

Wissen Sie, was ein Schabbestisch ist?

Die Mutter hat eine Tischdecke aufgelegt, die war blau-weiß irgendwie, und die war gebügelt mit so richtig scharfen Kanten, und meine Mutter hat sechs Kerzen hingestellt, Leuchter, und die Kinder haben um den Tisch gesessen, jeder mit großer Achtung für die Eltern.

Es ist eine Heiligkeit, die untergegangen ist!

Schabbat sind wir spazieren gegangen, und alle trafen sich. Der war hier engagiert, der war dort engagiert, das Kulturelle!, wir haben Referate gehalten.

Das Streben, die Ideale, wofür man gekämpft hat! Das war ein so volles Leben. Voll, trotz der Armut. Das wurde vernichtet! Auf Nimmerwiedersehen. Die heutige Generation kennt das nicht. Die wissen gar nicht, was wir alles verloren haben.

Ich habe mir ein kleines Grundstück gekauft in Herzliah Pituach. Wenn mir noch die Zeit bleibt und die Möglichkeit, werde ich vielleicht noch ein paar Jahre in Israel leben können. Ich würde sagen, das Meinige habe ich getan. Ja.

Trude Simonsohn

geboren in Olmütz, Tschechoslowakei,
Jahrgang 1921
Wohnort: Frankfurt am Main

> Wann bist Du nach Deutschland
> gekommen?

1950. Ich war vorher in der Schweiz.

> Und vorher?

In der Tschechoslowakei. Und vorher im Lager. Ich bin in Mähren, in Olmütz, geboren und habe eigentlich bis zu meiner Deportation dort gelebt, von ein paar Abschnitten *Hachschara* (*landwirtschaftliche oder handwerkliche Ausbildung des zukünftigen Palästina-Pioniers, S.H.-W.*) in anderen Gegenden abgesehen. Nach der Befreiung habe ich auch dort gelebt, bis März 1946. Dazu ist wichtig zu sagen, daß ich Berthel (*Berthold Simonsohn, später Pädagoge an der Universität Frankfurt, S.H.-W.*) in Theresienstadt kennengelernt habe und er deutscher Jude war, der aus Deutschland deportiert worden war. Und es war nicht sehr einfach für ihn in der Tschechoslowakei, ohne ein Wort Tschechisch zu leben. Es war aber trotzdem eine sehr schöne Zeit.

> Wann warst Du auf Hachschara?

Nach dem Einmarsch der Deutschen, nach dem 15. März. Ich habe Landwirtschaft gelernt. Und dann ist im September meine Hachschara-Gruppe illegal – also illegal bezogen auf die Einreise – nach Palästina gegangen. Ich konnte wegen bürokratischer Sachen, die nicht abgewickelt waren, nicht mit und habe dann Jugendarbeit in Olmütz gemacht. Und zwischendurch bin ich immer wieder auf ein Gut, auf Hachschara, solange es noch möglich war. Und dann bin ich eben verhaftet worden.

> Bist Du in Olmütz verhaftet worden?

Nein, ich bin auf Hachschara verhaftet worden, im tiefsten Böhmen und wurde durch fünf verschiedene Gefängnisse gebracht, bis ich wieder in Olmütz landete. Inzwischen war meine Mutter nach Theresienstadt deportiert worden. Mein Vater war bereits am 1. September bei Kriegsausbruch nach Buchenwald als Geisel genommen worden. Ich bin dann auch nach Theresienstadt deportiert worden, und für mich war das eine Erlösung, denn ich war als politischer Häftling, wegen Hochverrat, verhaftet worden. Den Hochverrat konnte man mir zwar nicht nachweisen, aber das war in der Zeit natürlich völlig gleichgültig. Ich sollte nach Ravensbrück als politischer Häftling kommen. Und dank einer Fürsprache des Judenältesten und des deutschen Polizeipräsidenten von Olmütz – muß man dazusagen – kam ich dann von der Abteilung 2a, politische Häftlinge, in die Abteilung 2b, rassisch Verfolgte, und dadurch bin ich nach Theresienstadt gekommen.

Warum war das eine Erlösung?

Weil die Haft furchtbar war. Ich war am Schluß in Einzelhaft, und ich habe gedacht, ich kann alles ertragen, wenn ich mit Menschen bin, die zu mir gehören. Theresienstadt war der Vorhof zur Hölle, aber es war kein Vernichtungslager. Ich habe meine Mutter wiedergesehen, ich habe einige *Chawerim* (*Genossen, S.H.-W.*) wiedergesehen, die hatten sich großartig benommen. Sie haben alles getan, daß meine Mutter nicht in den Osten kam, solange ich nicht aus dem Gefängnis raus bin. Und da habe ich eben auch Berthel kennengelernt. Er war einer der wenigen deutschen Juden, der aus Hamburg deportiert worden war. Und wir haben in Theresienstadt geheiratet und sind 1944 gemeinsam nach Auschwitz.

In Theresienstadt konnte man heiraten?

Ja, rituell, beim Rabbiner.

Mit dem Wissen der deutschen Bewacher?

Das war denen völlig gleichgültig. Wir hatten eine Selbstverwaltung. Sie haben ja gewußt, was sie am Schluß mit uns machen würden. Im September '44 sind wir nach Auschwitz deportiert worden.

Berthel und Du zusammen?

Ja. Also, ich habe mich freiwillig zu ihm gemeldet, aber ich wäre beim nächsten Transport bestimmt dran gewesen.

> Aber in Auschwitz seid Ihr doch wahrscheinlich sofort getrennt worden?

Sofort, sofort, ja. Wir haben gesagt, falls wir überleben, gibt es einen einzigen Ort, wo wir uns wiedertreffen können, und das ist Theresienstadt, denn ich war Tschechin, er war Deutscher, wo hätten wir uns treffen können?

Wir haben überlebt, durch hundert Wunder, und haben uns tatsächlich in Theresienstadt wiedergetroffen und haben das Ghetto aufgelöst mit allem, was dazugehört, ich bereits als Beamtin des Sozialministeriums, der Repatriierungsabteilung, Berthel als Angestellter. Da mußte man ja nicht Tschechisch können.

Ich bin nach Prag und habe weiter für das Ministerium gearbeitet, und Berthel, ohne ein Wort Tschechisch, aber er war der einzige, der rekonstruieren konnte, wo deutsche alte Menschen hingekommen sind.

Nach dem Krieg kamen die Soldaten aus den alliierten Armeen, weil Gott sei Dank ein großer Teil der Kinder der deutschen Juden rechtzeitig emigriert war, und wollten wissen, was mit ihren Eltern passiert war. Und da gab es eine völlig groteske Geschichte: Der Mann, der in der Evidenz in Theresienstadt gearbeitet und dem man befohlen hatte, alle Listen zu vernichten, hat die deutschen Deportationslisten vernichtet, die tschechischen aber nicht. So daß der Berthel nur rekonstruieren konnte durch die Memo-Bücher, wo also der Tod eingetragen war und durch die Deportationslisten nach Auschwitz, die aber nicht nach Nationalitäten geordnet waren, sondern nach Transporten. Und die ganzen Anfragen aus dem Ausland, von den englischen und französischen Organisationen, die hat also Berthel bearbeitet.

> Was habt Ihr erfahren, was Eure eigenen Angehörigen anbetraf?

Das ist genau der Grund, warum wir überhaupt in die Schweiz kamen. Ich wußte, daß meine beiden Eltern umgekommen waren, meine Mutter in Auschwitz. Berthels Vater war bereits vor dem Krieg tot und seine Mutter ist in Theresienstadt gestorben. Seine Schwester ist mit diesem Transport, – das wissen so wenige Leute: der Himmler wollte sich noch schnell einen guten Punkt '45 machen und hat mit dem Grafen Bernadotte und von jüdischer Seite mit Masur aus Stockholm einen Transport von tausend Juden im Februar 1945 in die Schweiz gebracht. Und die Schwester meines Mannes, die einfach in der Kartei, als wir alle nach Auschwitz deportiert wurden, verlorengegangen war, zum Glück, war in Theresienstadt geblieben und ist mit diesem Transport in die Schweiz. Und das war nun der Grund, warum wir gesagt haben, wir möchten sie gerne sehen. Ich habe mir Urlaub geben lassen vom Ministerium, wir sind in die Schweiz gefahren und haben sogar unser tschechisches Geld, das damals noch das Kriegsgeld war, in gute Schweizer Franken umtauschen können. Und wir sind also im März 1946 mit dem ersten Zug, der Personen mitnahm, in die Schweiz gefahren, eigentlich nur, um meine Schwägerin zu sehen. Sie war in Davos.

In Davos sind wir mit der Flüchtlingshilfe in Kontakt gekommen, und Berthel kannte den Leiter noch aus Deutschland vom *Hechaluz (Organisation zur Vorbereitung und beruflichen Ausbildung junger Juden für ein Arbeiterleben in Palästina, S.H.-W.)*. Wir hatten uns drei Monate Ferien geben lassen. Und der Leiter der Flüchtlingshilfe hat uns also sehr gedrängt, daß wir in Davos bleiben. Er hatte die Idee, ein Sanatorium für lungenkranke *Chaluzim* zu eröffnen. Und 1946 setzte sich kein Mensch freiwillig nach Davos, der nicht selbst eine Tb hatte. Es war nicht möglich, Personal zu bekommen. Er hatte das Geld für das Sanatorium, er hatte die Patienten in Belsen, in der Tschechoslowakei und wo immer, und er bekam keine Krankenschwester und keinen Verwalter. Ich hatte einen Kurs des Roten Kreuzes in der Tschechoslowakei gemacht und hatte mich sehr für Medizin interessiert, auch im Spital gearbeitet und wollte eigentlich immer Ärztin werden, und da hat er uns gefragt, ob ich nicht als Krankenschwester arbeiten könnte und Berthel als Verwalter, damit das Sanatorium endlich eröffnet werden kann. Und wir hatten dann das Gefühl, was versäumen wir in Prag? Für Berthel war es schwer gewesen ohne Tschechisch.

Hast Du damals Deutsch gesprochen?

Ich bin deutsch-tschechisch großgeworden. Ich habe tschechische und deutsche Schulen besucht, das war damals eigentlich üblich.

Und so sind wir in Davos geblieben, haben das Sanatorium eröffnet, und die *Chawerim* konnten kommen. Wir konnten wirklich viel für diese Leute machen, die gekurt haben, damals mußte man ja noch kuren, aber wir haben eben immer auch darauf geachtet, daß sie einen Beruf erlernen, der sie ernährt, wenn die Tb verheilt ist. Und sie sind bis auf wenige Ausnahmen, Gott sei Dank, alle nach Israel.

Jetzt gab es aber folgendes Problem. Ich habe die Höhe nicht vertragen. Nun mußte ich manchen Patienten alle drei Stunden eine Penicillin-Spritze geben. Und wenn ich in der Nacht deswegen aufstand, konnte ich nicht wieder einschlafen. Und so habe ich bei der sehr guten Kost in der Schweiz innerhalb von neun Monaten vierundzwanzig Pfund abgenommen, und das endete mit einem totalen körperlichen Zusammenbruch. Daraufhin habe ich die Arbeit aufgegeben. Berthel hatte inzwischen ein Stipendium vom Jüdischen Studentenbund bekommen und studierte nochmal in Zürich. Und nun kam '48 der Umbruch in der Tschechoslowakei, und die Tschechen haben gesagt, entweder ich kehre zurück oder sie nehmen mir meinen Paß weg. Ich bin nicht zurückgekehrt, daraufhin haben sie mir den Paß genommen, und ich war also das, was die Schweizer einen ›Halber Staatenloser Usländer‹ nennen, was also ganz schlimm war. Ich durfte nicht nach Zürich zuziehen. Ich hatte vor der Schweizer Fremdenpolizei große Angst, und sie haben uns wirklich sehr schikaniert.

Nach der Währungsreform kam der Leiter der Jüdischen Gemeinde in Hamburg zu uns in die Schweiz und hat Berthel gebeten, nach Hamburg zu kommen, um die Gemeinde wieder aufzubauen. Sie bräuchten Leute, und so. Und da die Schweizer uns derartige Schwierigkeiten gemacht haben, und ich endlich einmal leben wollte wie ein normaler Mensch und mir ein Kind gewünscht habe, habe ich mich sehr gewehrt, nach Deutschland zu gehen, weil ich Deutschland ja nur hinter Stacheldraht kennengelernt hatte.

Ich war nie in Deutschland gewesen. Berthel war schon immer sehr politisch gewesen, vor dem Krieg war er Mitglied in der SAP, er war ein Antifaschist. Er hatte sehr gute Freunde in Deutschland, die ihn nie enttäuscht haben. Er hatte also auch andere Erfahrungen als ich, ihm fiel es nicht so schwer, und wir sind dann 1950 nach Deutschland. Ich habe dann sozusagen Bedingungen gestellt: Wohnung, Kind und Auto, so ungefähr, und in dieser Reihenfolge.

Sie haben uns gleich eine Wohnung zur Verfügung gestellt und Mischa, mein Sohn, wurde ein Jahr später geboren.

> Was waren denn Deine ersten Eindrücke, als Du nach Deutschland gekommen bist?

Ich bin nach Hamburg ohne große Erwartungen gekommen und habe dann aber eine ganze Reihe großartiger Menschen kennengelernt; Leute, die im Widerstand waren, die auch verfolgt waren, und habe festgestellt, und dazu stehe ich: In jedem Land hat man nur einen kleinen Kreis von Freuden, und wenn man die hat, dann kann man leben, was auch immer passiert.

> Es war also sehr schnell unproblematisch für Dich, in Deutschland zu sein?

Unproblematisch kann ich nicht sagen, aber es hat einen Kreis von Leuten gegeben, die sehr genau gedacht haben, zum Teil noch viel kritischer als ich waren, also nichtjüdische Leute. Wir waren zunächst Ostern auf Besuch in Deutschland, zu Leuten, die mit uns im KZ waren, nach Bremen, und haben in Stuttgart Station gemacht. Und den ersten Abend haben wir gleich mit Richard Schmid verbracht, diesem berühmten Staatsanwalt, der im Zuchthaus war. Ich habe also die Zeit verbracht mit lauter deutschen Zuchthäuslern, und da habe ich nicht einen Moment das Gefühl gehabt: Ihr und wir. Das war ein sehr einschneidendes Erlebnis.

In Hamburg ging das so weiter. Berthel hat dann übrigens in Hamburg den Musterprozeß geführt, daß für die Zeit, wo Juden gezwungen waren, den gelben Stern zu tragen, auch Entschädigung gezahlt werden muß. Und er hatte das Gefühl, jetzt macht er etwas, was wichtig ist zu tun.

Wir wußten natürlich, daß es nicht gut angesehen war, als Juden wieder in Deutschland zu leben, aber ich habe immer den Standpunkt vertreten: bei dem Schicksal, das wir hatten, lasse ich mir von niemandem vorschreiben, wo ich zu leben habe. Für uns war klar, wir treten für das ein, was wir politisch für richtig halten, egal, was die Juden im Ausland oder sonstwer dazu sagen. Und das haben wir auch gemacht.

> Hat Dich beschäftigt, wenn Du Leute getroffen hast, was sie während des Krieges genau gemacht haben?

Ja, das hat mich sehr beschäftigt. Ich habe Probleme mit Deutschen gehabt.

Wir waren als Juden ja ›in‹. Es war immer sehr gut, wenn man einen Juden einladen konnte, nicht? Und dann war ich eingeladen zum *International Women's Club*, und ich ging auch hin. Da waren Leute aus Amerika und jüdische Leute, und ich habe da ein Fiasko erlebt nach allen Seiten. Die wollten, daß ich Mitglied werde, und ich habe gesagt: »Ich werde in keiner deutschen Sache irgendwo Mitglied.«

Und daraufhin sagte die Dame, die das leitete, zu den jüdischen amerikanischen Frauen: »Reden Sie doch der Frau Simonsohn zu, daß sie Mitglied wird.«

Und daraufhin haben die in ihrer unbedarften Art, und ich bekomme noch heute eine Wut, gesagt: »Wir verstehen Sie gar nicht. Wir sind doch in Amerika auch Mitglied.«

Ich muß sagen, da hat sich ein Abgrund vor mir aufgetan.

> Ein Abgrund wegen des Unverständnisses?

Ja. Zu vergleichen! Sie sind in Amerika im *International Women's Club* und warum ich denn nicht in Deutschland!

> Das waren Jüdinnen.

Ja, sonst hätte ich mich ja nicht so aufgeregt.

> Warum willst Du in keinem deutschen Verein Mitglied sein?

Das war damals so. Das war 1952. Das ist lange her. Ich hatte damals kein Vertrauen.

In diesen Vereinen war meine Generation. Das darfst Du nicht vergessen. Du bist jung.

> Du hast gesagt, die Juden waren ›in‹. War das überall so?

Ja, oberflächlich gesehen ja. Man mußte jemanden dabeihaben, dann war man sozusagen in Ordnung. Ich habe mir nie eine Illusion gemacht, warum man mich wo eingeladen hat. Es hat aber auch Leute gegeben, die das sehr ehrlich gemeint haben.

> Wie lange seid Ihr dann in Hamburg geblieben?

Bis 1955. Berthel hat dann die Zentralwohlfahrtsstelle der Juden in Deutschland neu begründet. Da mußten wir nach Frankfurt umziehen. Wir haben uns schwergetan, aus Hamburg wegzugehen.

> Und wie waren Deine ersten Eindrücke von Frankfurt?

Da kann ich mich nicht mehr dran erinnern, weil Mischa 1956 so krank wurde, daß die Ärzte ihn aufgegeben hatten. Er hatte einen Hirntumor. Trotz aller Prognosen ist er Gott sei Dank durchgekommen.

> Du und Berthel, Ihr wart im Lager. Und dann wird Dein Sohn so krank.

Ja, das war noch schlimmer als Auschwitz. Es wurde immer in Relation dazu gesetzt. Vergleichspunkt an Grausamkeit, an Schmerz, an Schmerz, nicht?

Ich hatte eine Sache gehört, die mich sehr belastet hat. In Theresienstadt hatte ich Encephalitis. Das war eine Epidemie dort. Ich hatte sie gar nicht mal so schwer gehabt. Nun hatte mir eine gute Bekannte aus Theresienstadt, die später in Wien war, gesagt, daß ein anderes Kind einer verfolgten Frau, die auch Encephalitis hatte, dasselbe hatte. Da war natürlich ein Zusammenhang – für mich. Nachgewiesen wurde es nie, und es haben Tausende von Menschen in Theresienstadt Encephalitis gehabt, aber das war mit das Härteste.

Worüber wir in der Familie oft gesprochen haben – und Berthel und ich, wir waren uns darüber immer sehr bewußt -, daß wir mit unserem Schicksal eine Belastung für unseren Sohn sind. Jedes Elternpaar, das das erlebt hat, ist eine Belastung für die Kinder, ob es will oder nicht. Und da hat Mischa eines Tages gesagt, sehr nett: »Nun hör schon auf, Du hast es Dir doch nicht ausgesucht.«

> Seit 1978 sprichst Du auch in der Öffentlichkeit über Deine Erfahrungen während der Schoah. Was war dafür der Auslöser?

Berthel war gestorben. Und man fragte mich, ob ich zum fünfzigsten Geburtstag von Anne Frank an der Anne-Frank-Schule über meine Biographie sprechen würde. Das habe ich dann auch gemacht, und wurde dann immer weitergereicht. Etwas später war für mich ganz entscheidend die Lektüre des Buches von Samuel Pisar *Das Blut der Hoffnung*, das Gefühl, als Überlebender hast Du die Pflicht, für alle die zu reden, die nicht mehr reden können. Ich habe mich nie irgendwohin gemeldet, sondern bin immer aufgefordert worden.

Wir haben uns ja mit diesen Dingen unendlich beschäftigt. Wir haben alle Bücher gehabt. Ich glaube, daß, je weiter Auschwitz weg ist, desto näher ist es. Es ist wie mit der Spitze eines Berges. Wenn man oben steht, sieht man den Gipfel nicht; den sieht man, wenn man wieder den Berg heruntergestiegen ist.

> Hat das Deiner Meinung nach auch bezogen auf Deutschland allgemein eine Bedeutung, also daß Auschwitz immer näherrückt, je länger es zurückliegt?

Ich weiß nicht. Aber ich habe den Eindruck, daß die junge Generation, je weiter sie weg ist, sich desto mehr dafür interessiert. Ich hatte gedacht, daß nach dem 9. November 1985, daß Schluß sein würde, daß mich keiner mehr holen würde, aber das ist nicht der Fall. Leute beginnen sich zu interessieren und wollen auch wissen. Sicher kein so großer Teil, aber das macht ja nichts.

Ich habe Erlebnisse bei meinen Vorträgen, da könnte ich ein Buch drüber schreiben. Ich habe zum Beispiel bei der Universität des Dritten Lebensalters gesprochen. Da ist ja nur meine Generation, und das ist hart, nicht?

Dem war eine Podiumsdiskussion mit Albert Speer vorausgegangen, das war 1978 oder 1979. Und da hat Speer, also der Rüstungsminister, gesagt: »Also, wer wissen wollte, konnte wissen.« Wir waren da drei Tage zusammen in Arnoldshain an der Evangelischen Akademie. Ich hatte zum ersten Mal Berührungsängste, das hatte ich mir nicht so vorgestellt.

Erzähl doch mal genau, wie das war.

Der Vorsitzende der Evangelischen Akademie, Martin Stöhr, den ich so schätze wegen seiner klaren Haltung, hat mich eingeladen. Und als es dann hieß, ja, Albert Speer kommt auch, da dachte ich, das würde sein Sohn sein. Und dann rief Stöhr mich an und sagte:

»Nein. Das ist der Rüstungsminister. Und ich muß Ihnen leider sagen, daß sich das Fernsehen, die Medien angemeldet haben.«

Ich hatte also sehr viel Vertrauen zu Martin Stöhr und dachte, wenn er mich einlädt, dann kann ich kommen. Er hat auch noch gesagt – und ich denke, daß er recht hat: »Ich bin glücklich, daß sich so ein Zeitzeuge uns zur Verfügung stellt, um darüber zu reden.«

Es war Faschingsdienstag – werde ich nie vergessen –, und er konnte nur 125 Leute aufnehmen für dieses Seminar. Es hatten sich unendlich mehr angemeldet für diesen Faschingsdienstag. Wir waren zu mehreren auf dem Podium. Wir kamen also da hin und wurden vorgestellt. Das war furchtbar. Man muß sich das mal vorstellen. Wir wurden also bekannt gemacht, und ich konnte doch nicht sagen, naja zum Beispiel: »Freut mich« oder so.

Ich kann Dir das gar nicht beschreiben. Ich weiß nicht genau, aber ich glaube, ich habe ihm bestimmt nicht die Hand gegeben. Obwohl der Speer ja nun kein Mensch ist – es gibt Leute, die erinnern Dich an die SS, aber nein, nichts, ein großbürgerlicher Mensch mit tadellosen Manieren. Und dann, ich habe das im Moment gar nicht richtig realisiert, sondern erst nachher: Ich konnte mich nicht neben ihn setzen! Also, ich habe mich über mich selber gewundert.

Und dann war man halt drei Tage zusammen gewesen. Ich habe natürlich auch gesprochen. Ich weiß es nicht genau, aber ich glaube, daß Speer zum ersten Mal mit einem Auschwitzhäftling zusammen war. Er war sehr offen und hat eben gesagt: »Wer wissen wollte, konnte wissen. Ich wollte nicht wissen.«

Er hat sich den Leuten zur Verfügung gestellt. Und am Schluß habe ich mich von ihm verabschiedet und gesagt: »Sie haben sicher gemerkt, wie furchtbar schwer es mir gefallen ist, Sie kennenzulernen, aber jetzt bin ich eigentlich froh, daß es passiert ist«, nicht?, so ungefähr.

Ich fuhr nach Hause und habe dann erst begonnen nachzudenken. Und er hatte mir von einem Buch erzählt, das er geschrieben hat. Und plötzlich bekam ich das Buch. Mit einer sogenannten Widmung. Da hatte er also geschrieben, und ich fand das richtig: »Ich schicke Ihnen das Buch. Ich weiß nicht, ob Sie es lesen werden. Aber wenn Sie wieder vor jungen Leuten sprechen, sagen Sie ihnen, wo Zucht und Ordnung hinführen und was für ein dünner Firnis das ist.«

Also, ich bin dagesessen und habe gedacht: ›Jetzt fehlt Berthel. Berthel fehlt immer, aber jetzt möchtest Du mit ihm sitzen und ihn fragen.‹

Und dann habe ich mir gesagt: ›Was sitzt Du da und zerbrichst Dir den Kopf. Du mußt bestätigen, daß Du das Buch gekriegt hast, mußt Dich bedanken und schreibst genau, was Du denkst.‹ Und ich habe ihm dann geschrieben, daß ich das Buch bekommen habe, daß ich danke, daß ich es bestimmt nicht lesen werde, weil es mich viel zu sehr belastet, und daß ich immer noch nicht begreifen könnte, daß sich der frühere Rüstungsminister von Hitler und ein Auschwitzhäftling in Arnoldshain getroffen haben.

Ich bekomme den Bogen nicht zusammen. Er war auf der Höhe seiner Karriere, als ich kein Mensch mehr war.

»Aber da wir uns in Arnoldshain getroffen haben, würde ich das als Zeichen von Hoffnung sehen.« Aus.

Und dann ist er halt gestorben.

Die ganze Geschichte hat mich unwahrscheinlich mitgenommen. Und als er dann sagte:

»Ich war ein sehr tüchtiger Rüstungsminister. Der Krieg ist durch meine Tüchtigkeit um ein oder ein halbes Jahr verlängert worden«, da habe ich gedacht:

›Um Gottes willen. Wie viele Menschen sind da noch draufgegangen.‹

Speer war der einzige, der sich im Nürnberger Prozeß schuldig bekannt hat. Er hat dann zwanzig Jahre gesessen. Und er sagte wortwörtlich in Arnoldshain:

»Ich war immer ein Angepaßter. Und die Tatsache, daß ich heute in dieser ehrenhaften Runde spreche, beweist, daß ich wieder angepaßt bin.«

Und wie fandest Du das?

Ehrlich! Aber andere haben mich beschimpft! Die haben gesagt: »Du fällst drauf rein. Der hat genau gewußt, das ist eine Lücke, und deshalb hat er das Buch geschrieben.«

Ich kann dazu nichts sagen.

Und der Ginzel, das ist ein jüdischer Journalist aus Köln, der war auch da und hat also dann etwas gesagt, was mich sehr bewegt hat. Er hat einen Satz aus dem Talmud zitiert im Hinblick auf Speer: »Wenn man einem Menschen die Rückkehr verweigert, hat man ihn damit ermordet.«

Das fand ich einen ganz hervorragenden Satz, ein großartiges Wort.

Ich habe zu den anderen gesagt: »Kinder, zwölf Jahre Haft ist nicht so einfach. Ich war in Haft!«

»Ja, wie kannst Du Deine Haft mit der von Speer vergleichen!«

Habe ich gesagt: »Das ist richtig. Aber eingeschlossen sein – das kann man vielleicht erst dann begreifen, wenn man es mal war.«

Sicher, es gibt natürlich auch verschiedene Grade.

Und wenn Du jetzt daran denkst, daß Du Albert Speer getroffen hast, daß Du so aktiv bist und dauernd eingeladen wirst zu Vorträgen: Ist das eine Art Ventil für Dich?

Es ist nicht ein Ventil! Es ist die Trauerarbeit, die wir nicht gemacht haben. Hillel Klein, das ist ein Psychoanalytiker aus Jerusalem, der selber Verfolgter war, hat uns das klargemacht. Auch wir haben die Trauerarbeit nicht gemacht. Hillel Klein hat in einer weltweiten Studie mit der zweiten Generation klargemacht, daß die Trauerarbeit, die wir nicht gemacht haben, unsere Kinder machen. Die Störungen unserer Kinder, das ist die Trauerarbeit, die wir nicht gemacht haben. Für mich ist das das. Ich tue mir überhaupt nicht leid. Das ist nicht ein Ventil. Das ist eigentlich die ewige Konfrontation, es immer wieder zu durchleben. Und das ist richtig! Viele können es nicht, aber es ist absolut richtig.

Aber ich habe dem Hillel damals gesagt: »Hillel, wenn wir '45 die Trauerarbeit begonnen hätten, dann hätten wir nicht weiterleben können!« Ich glaube nicht. Und es gibt vor allem die Verpflichtung, als Überlebender darüber zu reden. Wenn einer hören will!

In Arnoldshain waren junge Leute, die waren gut vorbereitet und haben doch gesagt: »Wir haben alle Bücher über Faschismus und Nationalsozialismus gelesen, aber es hat uns nicht so viel gegeben wie ein Zeitzeugenbericht.«

Man muß das deswegen noch so lange machen, wie wir am Leben sind.

> Also, Du hast keine Ermüdungserscheinungen oder das Gefühl, das wiederholt sich?

Nein. Überhaupt keine Routine, allerdings manchmal das Gefühl, jetzt kann ich nicht mehr. Jetzt muß ich eine Pause haben, nicht? Das ja.

> Was passiert dann, wenn Du eine Pause brauchst?

Daß ich nicht mehr kann, daß es über meine Kräfte geht, nicht? Das passiert. Das passiert.

Letztlich war ich eingeladen, mit Lehrern zu sprechen. Da ging es gar nicht in erster Linie um mein Schicksal, die wollten mit einem jüdischen Menschen über Juden in Deutschland sprechen. Da habe ich gesagt:

»Mich trifft nach Auschwitz Antisemitismus kaum, mich selber. Was mich vollkommen aus dem Konzept bringt, ist Solidarität und Mitgefühl.«

Das habe ich bei einem Vortrag in einer Schule in Darmstadt erlebt, wie ich es nie wieder erlebt habe. Ich habe eine Antenne entwickelt.

Im dunkelsten Raum spürst Du, da kommt Antipathie oder Sympathie auf Dich zu, Mitgefühl, nicht? Eine Antenne, wo ich immer sage: ›Da ist mir schlecht vor mir selber.‹

Was ist denn in Darmstadt passiert?

Ich kam nicht zu Ende. Da ist so viel an ... – jetzt heule ich schon wieder –

– wenn Du dran denkst?

./. Pause ./.

Da ist so viel an Mitgefühl gekommen, daß ich nicht zu Ende kam. Von allen! Von den Lehrern und den Schülern.

Berührt Dich das jetzt so, weil es so selten ist und weil Dir das so gut getan hat?

Ich weiß es nicht. Im Augenblick, wo es passiert, tut es mir bestimmt nicht gut, weil ich mich irgendwo schäme, daß ich heule, ja?

./. Pause ./.

Das passiert immer, wenn – das spürt man so ungeheuer. Und wie die dann auch reagiert haben, auch als ich nicht mehr geweint habe. »Was können wir tun? Sollen wir mit den jungen Nazis reden? Was können wir jetzt sofort tun?«

Sie haben mir auch einen wunderbaren Brief geschrieben.

Aber für mich, je ekelhafter die Leute sind, desto leichter ist es mir.

Weil Du dann abgegrenzter bist?

Da habe ich dann den Gegenpart. Mit sowas kann ich umgehen. Aber so mit Menschlichkeit ...

Hast Du eine Erklärung dafür?

Nein, aber ich habe auch noch gar nicht danach gesucht. Ich habe es immer nur festgestellt.

Da müssen sich andere den Kopf zerbrechen.

Ich kann Dir eine Szene erzählen, da kann man sehen, daß ich mir offenbar immer gleich geblieben bin. Ich war ja zunächst illegal in Deutschland nach dem Krieg. Und da sind wir getreckt mit deutschen und französischen Kriegsgefangenen. Und ich kannte einen Franzosen, der wußte dann, daß wir Auschwitzhäftlinge sind. Wir hatten darüber lange zunächst nicht gesprochen, weil wir Angst hatten.

Und es hat geregnet, und er hat mir seinen Mantel umgehängt.

Ich habe einen Weinkrampf gekriegt.

Und er hat mich gefragt: »Warum weinst Du?«

Und ich habe gesagt: »Daß es jemandem nicht egal ist, daß ich friere!«

./. Pause ./.

Ich kann über mich sprechen, wenn ich Distanz habe, und durch dieses Mitgefühl verliere ich dann die Distanz. Ich wurde mal gebeten, über die Kinderoper, die in Theresienstadt aufgeführt wurde, zu sprechen. Und da habe ich auch gesagt: »Solange ich über mich spreche, kann ich einigermaßen für mich garantieren.«

Ich habe eine solche Angst, wenn ich über diese Kinder sprechen muß, diese Melodien waren so bekannt, jeder hat sie gepfiffen. Das ist eine wunderschöne Kinderoper. Ich rede im allgemeinen frei, aber da habe ich mir ein Manuskript gemacht, ich habe nicht ein Wort frei reden können, und ich bin auch nicht zu Ende gekommen.

./. Pause ./.

Nicht nur nicht zu Ende. Wenn ich an die Kinder denke ...

./. Pause ./.

... daß nur zwei Kinder überlebt haben von denen.

> Von wievielen?

Von denen, die bei der Oper mitgemacht haben. Und von fünfzehntausend haben hundert überlebt, in Theresienstadt.

./. Pause ./.

Du hast mich ja nach Deutschland gefragt. Berthel hat von Anfang an gesagt, Gott sei Dank, wir müssen uns immer damit konfrontieren, sonst können wir nicht damit leben.

Wir haben uns alle Filme angeguckt, aber in dem Moment, wo Mischa geboren wurde, konnte ich nicht mehr. Da ist es mir so gegangen, daß ich Vergangenheit und Gegenwart nicht mehr unterscheiden konnte.

> Was heißt das genau, wenn Du sagst, Du konntest Vergangenheit und Gegenwart nicht mehr unterscheiden?

Ich habe gedacht, Mischa ist in der Zeit.

> Und dann ist er so krank geworden.

Nein, das war früher. Er ist ja erst später krank geworden.

> Hattest Du das bereits wieder
> getrennt, als Mischa krank gewor-
> den ist?

Nein. Ich habe mich einfach mit nichts anderem mehr beschäftigt, nur mit ihm, ja? Ich saß bei ihm. Ich war nur in der Gegenwart. Nein. Das war nur, als er geboren wurde.

> Guckst Du Dir heute wieder Filme
> zu dem Thema an?

Ich gucke mir viel zu viele Filme an. Und dann bin ich manchmal wütend auf mich und sage mir: »Warum guckst Du Dir
die Filme an? Sollen sich das doch die anderen angucken!«
    Aber man wird ja nicht frei davon, nicht? Manches lasse
ich auch aus. Ich habe mir zum Beispiel den Film *Schoah*
nicht vollständig angesehen. Und es ist mir auch klargeworden, daß ich viel Schlimmes erlebt habe, aber ich habe auch
viel, Gott sei Dank, nicht erleben müssen, was in der Zeit
möglich war.

> Bist Du eigentlich jemals in die
> Tschechoslowakei zurückgefahren?

Ja. Voriges Jahr. Ich war mit Freunden in meiner Heimatstadt.
Weißt Du, ich habe in meiner Biographie drei Blackouts. Das
eine Mal in Auschwitz. Ich weiß nicht, wie lange ich da war.
Ich kann mich nur noch erinnern an die Ankunft, Duschen,
Kahlscheren, durch den Kordon der SS nackt gehen, dann
irgendwelche Lumpen kriegen, und dann noch, daß eine
Freundin aus Olmütz, die Kommunistin war, mich aufgesucht hat, und dann nur noch an das Appellstehen und an die
Musik. Aus.
    Ich weiß nicht, wie lange ich da war. Es war kurz, aber ich
weiß nicht, wie lange.
    Der zweite, und das war viel schlimmer, das war, als ich in
meine Heimatstadt fuhr nach der Befreiung und ich noch
nicht wußte, daß Berthel überlebt hat.

Und da kam ich also in der Stadt an und wußte nicht, wo ich gewohnt hatte, ich wußte nicht mehr, warum ich gekommen war. Das war der schlimmste Augenblick überhaupt, den ich nie verwunden habe, nie. Und deswegen hatte ich immer eine wahnsinnige Angst gehabt, hinzufahren. Ich bin deswegen auch nicht allein, sondern mit Freunden gefahren. Und meine Freunde haben sich an so viel erinnert, sie waren nicht im Lager gewesen, und ich an so wenig. Für mich ist es, wie wenn es ein anderes Leben gewesen wäre. Ich habe überhaupt nicht das Gefühl, das ist mein Geburtsort, wo ich achtzehn Jahre lang gelebt habe. Und das war eigentlich eine sehr glückliche Jugend. Aus ... Irgendwo ist das, als ob es nicht wahr gewesen wäre. Also, dieses Ankommen damals war furchtbar. Man weiß nicht, wo man gewohnt hat. Ich bin damals acht Stunden von Prag nach Olmütz gefahren. Acht Stunden habe ich Zeit gehabt nachzudenken. Und es ist auch später nicht mehr zurückgekommen.

Und der dritte Blackout?

Ja, der war dann in Israel. Das ist eine ganz private Sache. Ich habe da jemanden getroffen, mit dem ich mal liiert war. Und da habe ich auf einmal immer nur gedacht: ›Wieso ist er Dir denn so fremd? Wieso ist er Dir so fremd? Das war doch der Mann, von dem Du einmal geglaubt hast, daß Du Dein ganzes Leben mit ihm verbringen würdest.‹

Er ist dann nach Mauritius gegangen, und ich kam ins KZ. Und da hat er eine Bemerkung gemacht. Wie jeder in Israel gibt er Dir doch einen Kuß, wenn Du Dich verabschiedest. Und dann sagt er: »Der erste Kuß seit 1939.«

Und ich sagte sehr verlegen: »Ja?«

Und in dem Moment wußte ich, etwas ist falsch, und das liegt bei mir, aber ich weiß nicht, was.

Und an der Universität waren da noch Feierlichkeiten zum Jubiläum der Hebräischen Universität, und ich hatte also keine Gelegenheit, weiter darüber nachzudenken. Ich habe mir gesagt: »Du mußt da einmal drüber nachdenken, wenn Du Zeit hast.« Und dann bin ich nach Hause gekommen, bin mein Tagebuch durchgegangen und kam auch zu diesem Punkt. Und plötzlich wurde mir ganz klar: er erinnert sich an mich, wie ich achtzehn war, und ich habe keine Ahnung. Ich habe keine Ahnung.

Ich weiß, daß ich ihn sicher sehr geliebt habe, und er mich auch, und ich weiß nichts. Es war absolut weg! Bis heute. Ich habe keine Erinnerung.

> Betrifft es die Erinnerung an die Zeit von vor der Deportation, die verschwunden ist?

Nein. Ja, ja, diese Sache war ja vor der Deportation. Aber ich kann genau festmachen, wieso das passierte. Das war während der Einzelhaft, als ich dieses vollkommene Verlassenheitsgefühl hatte, was wirklich nicht zu beschreiben ist. Einzelhaft haben ältere Leute als ich nicht durchgestanden.

Ich war nur einen Monat lang in Einzelhaft, aber wenn Du das Gefühl hast, daß Du für niemanden mehr auf der Welt wichtig bist, willst Du nicht mehr leben. Und als ich aus der Einzelhaft entlassen wurde, habe ich nur noch das Gefühl gehabt, es gibt niemanden mehr, zu dem ich gehöre. Es ist schwer zu sagen, es gibt nur noch meine Mutter und – aus. Und ich habe in der Haft den Tod von meinem Vater erlebt. Das alles zusammen, nicht? An andere Dinge von früher, zum Beispiel aus der Schule, erinnere ich mich dagegen sehr gut.

> Glaubst Du, daß Dein Leben anders verlaufen wäre, wenn Ihr zum Beispiel nach Holland gegangen wäret?

Ich weiß es nicht. Ich bin überall entwurzelt. Ich habe keine Wurzeln und habe das akzeptiert. Ich würde in jedem Land zu einer Minderheit gehören, auch in Israel. Es würde für mich überall das gleiche sein. Natürlich kommen mir bei bestimmten Anlässen Gedanken: »Was mache ich in diesem Land? Ist das nicht schlimm?«, nicht?

Und dann frage ich mich: »Wie wäre es woanders?« Du wirst das besser wissen als ich. Du lebst in Paris und weißt, was sich da abspielt. Hier kann ich wenigstens sagen, was ich will! Also, ich mache mir keine Illusionen über andere Länder, überhaupt keine.

> Hast Du in Deutschland eher das Recht, was zu sagen, als in anderen Ländern?

Ja sicher! Ich bin ein Opfer von den Deutschen! Ich kann ihnen was sagen. Ich kann in Frankreich schwer sagen: »Ihr habt zugeguckt, wie man uns abgeschlachtet hat.«

> Warum nicht?

Ich kann das sagen, aber sie werden sagen: »Das stimmt nicht.«
Und das kann man in Deutschland nicht sagen. Verdrängen tun alle. Und jetzt gibt es erst eine Diskussion in Frankreich über die Résistance, wie es wirklich war, und wer kollaboriert hat, nach vierzig Jahren! Auch die haben vierzig Jahre gebraucht.

> Also, das heißt: In Deutschland gibt es wenigstens die Feststellung, daß das Verbrechen passiert ist?

Ja, daß es passiert ist, daß man dagegen angehen kann, daß man als Opfer sozusagen legitim das Recht dazu hat. Das sage ich nicht als Alibi, das fühle ich so.

> Ist man hier als Opfer anerkannter als in einem anderen Land?

Ja. Und zwar, weil die Leute ja doch ein schlechtes Gewissen haben.

> Und wenn jetzt die sowjetischen Juden freikommen, möchtest Du, daß sie nach Deutschland kommen?

Ich habe damit keine Probleme, wenn sie nach Deutschland kommen. Ich gehöre zu den Leuten, die wissen, was es heißt, ein Flüchtling zu sein!
Und ich werde niemandem Vorschriften machen, wo er zu leben hat, wenn ich erstens hier selber lebe; und zweitens können nur die Leute so reden, die nicht wissen, was es heißt, ein Flüchtling zu sein, und nicht wissen, was es heißt, wenn man nichts hat, wo man hingehen kann! Also, da habe ich überhaupt keine Probleme. Ich finde es nur sehr, sehr schlimm, daß Menschen wieder flüchten müssen.

> Was machst Du für Erfahrungen mit deutschen Behörden? Kriegst Du da Assoziationen?

Ja! Ja, ja! Bei der Polizei war ich unlängst, weil ich ein Rotlicht überfahren hatte. Und da habe ich gesagt: »Muß es denn dafür gleich drei Punkte in der Verkehrssünderkartei geben?« Und da sagte der, ganz typisch und ich kann mir nicht verzeihen, daß ich nicht reagiert habe – aber ich war zu perplex: »Ja, Ihre Leute versuchen ja immer zu handeln.«

Danach habe ich mir dann überlegt, was ich hätte sagen sollen: »Mag wohl stimmen, aber so handeln wie Ihre Leute das tun, daß sie sagen, es waren nicht sechs Millionen, sondern nur eine Million, das machen wir nicht.«

Rosa Fischer

geboren in Radom/Polen
Jahrgang 1923
Wohnort: Hannover

Ich war Schülerin in Polen, ich war sechzehn Jahre alt, als der Krieg ausgebrochen ist. Radom, meine Geburtsstadt, gehörte damals zum Kreis Kielce. Wir waren drei Geschwister, die weitere Familie zählte an die siebzig Personen nach den Aussagen meiner Cousine.

1941 wurde in Radom das Ghetto eingerichtet.

Ich kann darüber gar nicht erzählen, das war furchtbar.

Das ist schlimm, wenn ich davon reden muß.

> War Radom eine große Stadt?

Nein, eine Kleinstadt, aber es haben viele Juden dort gelebt. Ich bin dann zeitweise in eine noch kleinere Stadt gegangen, weil meine Eltern dachten, daß ich da sicherer wäre. Bevor ich noch nach Radom zurückgegangen bin, sind meine Eltern ›ausgesiedelt‹ worden. Mein Vater kam nach Auschwitz; meine Mutter mit meinem kleinen Bruder, er war damals elf Jahre alt, nach Treblinka.

> Sie haben Ihre Eltern nie wiedergesehen?

Nein, nein. Und meine Schwester auch nicht; sie ist auch in ein Lager gekommen.

Ich habe dann auf einem Bauernhof Zwangsarbeit gemacht. Wir mußten Kartoffeln ausmachen, da hatten wir wenigstens zu essen. Von da aus sind wir nach Skarzysko-Kamienna gekommen, das hieß da schon »KL« (*Konzentrations-Lager, S.H.-W.*). Wir mußten alle mit roter Schrift »KL« auf unserer Kleidung markieren. Das war eine Munitionsfabrik, in der wir arbeiten mußten. Es gab drei Werke, Werk A, Werk B und Werk C. Wir haben in Baracken geschlafen, wir haben unsere tägliche Brotzuteilung bekommen, natürlich nicht reichlich.

Es war dort sehr streng. Wir wurden morgens von den Barakken mit Werkschützern gebracht, das waren Litauer und Ukrainer. Wir mußten uns in Reihen zum Appell aufstellen, und dann ging es ins Werk. Abends kamen wir wieder in die Baracken, in das Lager. Und das Lager wurde von jüdischer Polizei bewacht.

Also, das war noch schlimmer wie im Ghetto.

> Hat die jüdische Polizei aufgepaßt,
> daß keiner wegläuft?

Nein, sie haben aufgepaßt, daß Ordnung ist. Die jüdischen Polizisten waren schlimm. Sie hatten Vorteile dadurch, daß sie für die Deutschen arbeiteten.

Ich hatte das Glück, im Werk A zu sein. Die Leute im Werk C haben mit irgendwelchen giftigen Materialien arbeiten müssen. Sie waren alle gelb, sie waren schlimmer dran als wir, sie sahen alle aus, als hätten sie die Gelbsucht. Sie kamen immer, wenn wir in die ›Sauna‹ gingen, das war die Entlausung. Sehr viele von ihnen sind gestorben, sofort.

In der ›Sauna‹ haben sie uns Petroleum in die Haare geschüttet, vielleicht war das gut, aber es gab trotzdem viele Infektionskrankheiten, nicht? Typhus vor allem.

Wir waren dort bis 1943, dann sind wir nach Tschenstochau gekommen, Ende 1943.

Da war jemand, der hieß »Battenschläger«, das war der größte Mörder, der rumgelaufen ist. Er hat morgens beim Appell die hübschen Mädchen rausgesucht, und dann wurden sie mißbraucht von den Deutschen. Der Battenschläger war wie ein Krüppel, aber er hat uns jeden Morgen mißhandelt. Wir haben uns immer gefragt, ob wir das überleben.

Im Winter sind wir, leider Gottes, nach Bergen-Belsen abtransportiert worden. Wir mußten furchtbar lange in der Kälte stehen. Aber in Bergen-Belsen selbst war es dann noch schlimmer. Wie die Idioten hatten wir noch unsere Sachen mitgenommen – eine Decke, was Warmes anzuziehen. Wir hatten schon gehört, daß das nicht viel Sinn hat, aber wir haben es nicht geglaubt.

Wir konnten es nicht glauben. Natürlich mußten wir alles abgeben. Ich weiß noch, ich stand da mit einem weißgepunkteten Sommerkleid, in Holzpantinen, ohne Schlüpfer.

Damals, im Ghetto in Radom, hatten wir von polnischstämmigen deutschen Flüchtlingen schon viel gehört, was so passierte, aber wir haben es nicht geglaubt, wir haben gedacht, die lügen, wir konnten es nicht glauben. Wir konnten nicht glauben, daß sie fliehen mußten. Mein Vater, das war furchtbar, hat immer gesagt: »Die Leute lügen! Wie kann ein Volk«, das werde ich nie vergessen, » – wie kann ein Volk, das einen Goethe und einen Schiller hervorgebracht hat, mit so einer Kultur, so was machen!?«

In Polen gab es keinen Mittelstand, es gab Analphabetismus, da hat mein Vater gesagt: »Deutschland kann man doch nicht mit dem hier vergleichen, mit dieser Barbarei.« Also, mein Vater hat wirklich gesagt: »Alles Lüge.«

Und dann haben wir es am eigenen Leibe erfahren.

Meine Schwester ist auch nach Treblinka deportiert worden, aber nicht zusammen mit meiner Mutter, da sie aus einer anderen Stadt deportiert wurde.

Meine Geschwister, meine Mutter, wenn Sie die gesehen hätten! Sie waren strohblond und blauäugig. Sie hätten nie geglaubt, daß das Juden sind.

Ich sagte immer: »Was kann mein kleiner Bruder mit elf Jahren dafür?«

Was kann er dafür, daß er ein jüdisches Kind ist? Warum mußte er damals gehen?

Als wir damals von Tschenstochau weg mußten, ist die Stadt in derselben Nacht von den Russen befreit worden. Und uns hat man noch in Viehwaggons nach Bergen-Belsen geschleppt. Das war '44, im Dezember. Das war so kalt! Es schneite so, nicht? Wie die Viecher wurden wir zusammengezwängt in diesen Waggons. Wir hatten nichts zu trinken, wir konnten nicht auf die Toilette. Als wir ankamen, haben sie die Türen aufgemacht, die Toten rausgeholt. Unterwegs hatten wir Station in Buchenwald gemacht. Da waren Männer, die haben geschrien: »Haltet durch! Haltet durch! Der Krieg ist bald zu Ende, haltet durch!«

Wir haben gedacht, die spinnen, aber hinterher haben wir erfahren, daß Tschenstochau in derselben Nacht befreit worden war.

Und wir, wir haben noch bis zum 14. April in Bergen-Belsen gelebt! Und das war wirklich das Schlimmste, was wir erlebt haben. Man kann gar nicht erzählen, was Bergen-Belsen war, auch wenn es keine Gaskammern gab wie in Auschwitz.

Vierzig Jahre später bin ich wieder nach Bergen-Belsen gefahren. Ich bin diese herrlichen grünen Wege entlanggegangen, aber ich habe nur diese Berge von Toten gesehen. Jeden Morgen mußten die, die noch etwas Kraft hatten, die Toten rausschleppen und vor die Tür legen. Sie wurden gestapelt!

Ich hatte Flecktyphus, ich war lange ohne Besinnung, hatte hohes Fieber. Heute bin ich dick, aber damals habe ich 38 Kilo gewogen. Ich hatte eine Freundin, die heute auch in Hannover wohnt. Ohne sie hätte ich Bergen-Belsen wahrscheinlich gar nicht überlebt. Ich wollte nicht mehr leben und bin nie meine Suppe holen gegangen, weil sie sich immer so geschlagen haben, um die Suppe zu bekommen. Meine Freundin war Hilfs-Stubenälteste. Sie hat mich gefragt: »Warum kommst Du nicht Deine Suppe holen?«

Und da habe ich gesagt: »Ich will nicht mehr leben.«

Da hat sie gesagt, und sie erzählt das heute noch oft, ich hätte so große Kulleraugen gehabt und ganz traurig geguckt. Da sagt sie also: »Guck mal, das darfst Du nicht machen.«

Ich habe gesagt: »Ich weiß nicht, wenn ich niemanden mehr habe, wo soll ich denn danach hingehen?«

In Bergen-Belsen wurden wir nur gequält, wir brauchten nicht arbeiten. Jeden Morgen mußten wir um vier Uhr zum Zählappell. Ich kann manchmal gar nicht glauben, daß ich das alles mitgemacht habe, woher ich die Kraft hatte, das zu überleben.

Die Aufseherinnen waren viel schlimmer als die Männer. Sie waren richtige Bestien. Später habe ich mich gefragt: »Wie kann eine Frau sowas machen? Eine Frau, die doch später vielleicht Mutter sein wollte?« Das kann ich heute noch nicht fassen. Da war so eine, die hatte ein richtiges Engelsgesicht, Irma Grese hieß sie. Sie hatte einen Hund. Und der Hund war der Mensch, und der Mensch war der Hund. »Mensch, beiß den Hund!«

Wenn sie durch das Lager ging, war keiner sicher; sie hat die Hunde auf uns gehetzt.

Wissen Sie, was aus ihr geworden ist?

Ja, sie wurde noch geschnappt und wie der Lagerleiter in Nürnberg gerichtet. Gott sei Dank. Aber viele andere haben sie nicht geschnappt. Da gab es noch einen anderen Aufseher, Fritz, ein SS-Mann. Aber der hat manchmal einen Kessel Essen für die Häftlinge reingegeben, dem hätten sie nichts getan. Aber er hat sich das Leben genommen, obwohl er manchen Häftlingen das Leben gerettet hat.

Es gab einen Arzt, der sich später in Hannover niedergelassen hat. Ohne ihn hätten wir alle nicht überlebt. Das war ein SS-Arzt. Er hat uns in den letzten Tagen gewarnt, daß wir das Brot nicht essen sollen, das vergiftet war. Wir haben später dann für ihn ausgesagt. Seine Frau kommt heute noch zu uns in die Gemeinde, er ist inzwischen gestorben.

> Hannover ist nicht weit von Bergen-Belsen.

Ja eben. Nach dem Krieg waren wir ja alle krank. Wir sind befreit worden am 15. April, das ist mein Geburtstag. Ich saß da und weinte, daß ich schon wieder ein Jahr älter werde, ohne daß ein Ende für uns absehbar war. Und da kam meine Freundin in unseren Block und rief: »Kinder, wir sind frei! Die Engländer sind da!«

Da haben sich die Mädchen auf sie gestürzt und gesagt: »Mach nicht solche Witze, sonst schlagen wir Dich tot.«

Verstehen Sie, sie haben es nicht geglaubt, es war unfaßbar für uns. Keiner hat geglaubt, daß diese *Gehenne (Jiddisch: Hölle, S.H.-W.)* einmal ein Ende haben würde.

Die Engländer haben dann einen großen Fehler gemacht. Wir waren alle wie die ›Muselmänner‹, wir waren wie Skelette. Und da haben uns die Engländer die Wehrmachtskonserven zu essen gegeben, fette Sachen. Viele haben die Ruhr davon bekommen, und meine Freundin ist drei Tage – sie hatte Bergen-Belsen überlebt – aber drei Tage nach der Befreiung ist sie gestorben. Wir waren immer zusammen gewesen. Sie stammte auch aus Radom. Wir waren in sämtlichen Lagern zusammen gewesen. Wir hatten immer gesagt, wenn der Krieg einmal zu Ende geht, wenn wir das überleben, wenn wir wieder normale Menschen sein können, werden wir alles gemeinsam machen.

Ich sprach damals ein bißchen Englisch, von der Schule her, kein Wort Deutsch. Und als ich eine Zeit im Krankenhaus gewesen war, habe ich für die Engländer bei der Entlausung gearbeitet. Und dann hieß es, daß die Engländer jüdische Mädchen suchen, die etwas Englisch können. Und so bin ich nach Hannover gegangen. Zuerst habe ich im englischen Offiziers-Shop gearbeitet, mit sechsundzwanzig deutschen Mädels. Mit denen habe ich heute noch guten Kontakt. Sie haben mir sehr geholfen. Ich hatte ja nichts. Sie haben mir mal einen Büstenhalter gebracht, einen Schlüpfer. Bald habe ich dann auch verdient.

Danach habe ich für die UNRRA gearbeitet, und dann für die Jüdische Emigrations-Organisation, die die Ausreise von Juden nach Israel vorbereitete.

> Wann haben Sie erfahren, daß von Ihrer Familie niemand überlebt hatte?

Nach dem Krieg. Wir standen auf der Liste der Überlebenden von Bergen-Belsen, und es wurde über das Rote Kreuz und andere Organisationen nach Verwandten gesucht.

> Sie sind nicht nach Polen gefahren, um zu suchen?

Nein. Ich habe gesagt, ich will nie wieder nach Polen, weil wir so schlimme Erfahrungen mit den Polen gemacht haben. Verstehen Sie, sie haben für drei Kilo Zucker die jüdischen Kinder ausgeliefert, die bei ihnen illegal untergebracht worden waren. Sie haben von den Juden das Geld für die Unterbringung genommen und dann das Geld von den Deutschen für die Auslieferung. Mein Fuß wird nie wieder polnische Erde betreten. Ich kann nicht verstehen, wie heute da jemand hinfahren kann. Die Polen sind solche Antisemiten! Bis heute! Mein Mann ist in Theresienstadt befreit worden, und er ist gleich nach Polen gefahren. Man hat ihn nicht in seine eigene Wohnung gelassen. Die haben gesagt: »Was willst Du, Du Jude, hier, willst Du, daß man Dich auch umbringt? Mach, daß Du wegkommst.«

In meiner Stadt, Radom, war gleich nach dem Krieg ein Pogrom, in Radom und in Kielce.

Meinen Mann habe ich in der Jüdischen Gemeinde in Hannover kennengelernt. Dort wurden Pakete von der

UNRRA ausgegeben. Man war allein, und da haben wir geheiratet.

Mein Mann hat niemanden mehr. Er hat überhaupt keinen. Er hat niemanden!

Ich hatte doch auch Tempotücher. (*Frau Fischer weint schon seit einer ganzen Weile*)

Ich habe genügend Taschentücher.

Obwohl ich diese Mädels kennengelernt und gemerkt hatte, daß es auch andere Deutsche gibt, haben wir doch sehr unter uns gelebt. Wir Überlebenden haben unter uns gelebt, nicht wie im Ghetto, aber wir kamen nicht mit Christen zusammen.

Wir wollten eigentlich nach Kanada auswandern. Aber dann sind wir sitzengeblieben. Mein Mann sagte, was soll ich in Kanada machen? Er machte hier kleine Geschäfte, hatte so einen Straßenstand für Textilien. Und er sagte: »Du kannst Englisch, ich nicht. Nachher wird es in Kanada so sein, daß Du mir meine *Parnosse (jiddisch: Verdienst, S.H.-W.)* gibst, Du wirst für mich arbeiten müssen, und das möchte ich nicht.«

Jedes Mal hat er mich vertröstet. Ich habe gesagt: »Ich kann hier nicht leben, diese verfluchte Erde, ich kann das nicht.«

Dann fing es auch an mit der Wiedergutmachung. Mein Mann und ich, wir haben nicht für unsere Eltern Wiedergutmachung beantragt, obwohl man das konnte. Ich habe gesagt: »Ich bin gestraft, daß ich hier lebe. Das kann ich nicht machen.«

Ich bin heute noch keine deutsche Bürgerin. Ich habe gesagt: »Das kann ich meinen Eltern nicht antun.«

Meine Tochter ist hier in Deutschland geboren. Mein Schwiegersohn hat mir am Anfang Vorwürfe gemacht! Ich hatte meiner Tochter freigestellt, sich mit achtzehn zu entscheiden, ob sie die deutsche Staatsangehörigkeit annehmen will. Aber sie wollte auch keine Deutsche werden. Sie ist auch keine Deutsche. Und deshalb muß sie für jede Reise ein Visum beantragen. Ich auch, ich muß sogar ein Visum beantragen, wenn ich nach Israel fahre! Ist doch komisch, ein Visum für einen Juden.

Wir sind also geblieben, ein Jahr, noch ein Jahr, und noch ein Jahr.

Mit der Zeit haben wir dann auch deutsche Freunde gefunden und richtig Deutsch gelernt.

Aber heimisch habe ich mich nie gefühlt.

Seit 1980 arbeite ich nicht mehr in unserem Laden und habe jetzt ehrenamtliche Posten in der Jüdischen Gemeinde.

> Wann ist Ihre Tochter zur Welt gekommen?

Die Gabi ist 43 Jahre alt. Sie hat als Kind viele schlechte Erfahrungen in Deutschland gemacht. Sie hat Antisemitismus in der Schule erlebt, und da haben wir sie aus der Schule herausgenommen und nach Paris auf die Schule geschickt. Dann ist in Frankreich de Gaulle an die Macht gekommen, und da wollte mein Mann, daß sie wieder zurückkommt. Da habe ich sie in die Waldorf-Schule gegeben, weil ich dachte, der Rudolf Steiner war kein Antisemit. Was meinen Sie, was sie da erlebt hat? Man hat ihr in die Bank Hakenkreuze geritzt. Und da habe ich sie wieder nach Frankreich geschickt.

> Wo hat sie gewohnt?

In Neuilly, in einem jüdischen Heim. Sie hat dann in den Ferien hier in Hannover ihren Mann in der Jüdischen Gemeinde kennengelernt und ist nicht mehr nach Paris zurückgegangen.

> Warum sagen Sie, Sie wären gestraft, daß Sie in Deutschland leben?

Ich fühle mich nie heimisch, obwohl ich Freunde habe, obwohl es einen Dialog gibt. Ich fühle mich schuldig, daß ich hier sitze. Die deutsche Staatsangehörigkeit nicht zu haben, ist irgendwie eine Erleichterung, obwohl das hirnverbrannt ist. Aber ich könnte nie deutsche Bürgerin werden. Ich fühle mich hier nicht zuhause, bis heute nicht, leider Gottes.

Unsere Hoffnung ist: wir wollen eine Wohnung in Israel kaufen, und ich bin froh, daß meine älteste Enkelin eine große Zionistin ist, sie ist jetzt *Madricha (hebr.: Jugendleiterin, S.H.-W.)* und ist sehr aktiv in der Gemeinde und fährt oft nach Sobernheim *(Jüdische Kultur- und Freizeitstätte, S.H.-W.)* und betreut die jüngeren Kinder. Meine Hoffnung ist, daß sie vielleicht einmal nach Israel geht.

Ich fühle mich gegenüber den Umgekommenen schuldig, daß ich hier sitze.

Neun Jahre nach der Befreiung habe ich erfahren, daß eine Cousine von mir ebenfalls überlebt hatte. Sie hatte noch einen Bruder, der ist leider tot, und zwei Schwestern, eine in Kanada, die andere in Amerika. Ich konnte es erst gar nicht fassen, daß ich noch Verwandte habe.

Es war ein reiner Zufall. Wir waren am Timmendorfer Strand, mit der blonden Gabi. Und da gehen zwei Damen vorbei und sagen auf polnisch: »Wenn ich nicht wüßte, daß das ein deutsches Kind ist, hätte ich geglaubt, daß es eine Cousine von einer Freundin von mir ist. Sie sah genauso aus mit ihrem blonden Pony.«

Und da habe ich auf polnisch geantwortet: »Wieso, wer bist Du denn?«

Und da sagt sie zu mir: »Ruschka!«

> Sie haben sich zufällig am Timmendorfer Strand getroffen!

Ja. Das war eine ehemalige Schulfreundin von mir. Und sie wußte, daß eine Cousine von mir in Paris lebt.

Wenig später bekomme ich einen Anruf aus Paris, und da heißt es: »Ruschkele« – das war mein Kosename zuhause –, »Ruschkele, weißt Du, wer mit Dir spricht? Ich bin die Tochter von Deines Vaters ältestem Bruder. Ich habe Dich zuletzt gesehen, als Du zweieinhalb Jahre alt warst.« Sie ist damals zum Studium nach Paris gegangen. Wir sind sofort mit Gabi nach Paris gefahren. Dieses Wiedersehen können Sie sich nicht vorstellen. Und dann hat mich ihr Bruder angerufen, ihre Schwester. Und dann hatten wir Kontakt.

Meine Tochter hatte immer gefragt: »Warum habe ich keinen Opa, keine Oma, keine Tante, keinen Onkel – niemanden?« Alle anderen hatten Verwandte.

Und da war sie so glücklich: »Jetzt habe ich auch Tanten und Onkels!«, obwohl meine Cousine ja eigentlich gar nicht ihre Tante ist.

So habe ich erfahren, daß ich noch jemanden habe. Aber mein Mann hat niemanden mehr, niemanden!

Ich hatte doch auch Tempotücher.

Nehmen Sie doch bitte meine.

Man kann das nicht glauben, daß man das alles mitgemacht hat. Wissen Sie, mein Mann wacht nachts auf, schreiend. Wir haben das verdrängt die ganzen Jahre. Wir haben immer gedacht: nur nicht daran denken, nur nicht davon sprechen.

Das war vielleicht nicht gut. Vielleicht wäre es heute nicht so gravierend bei uns.

Ihr Mann wacht nachts schreiend auf?

Ja, sicher. Ich auch. Die Träume. Aber das sind nicht nur wir, ich glaube, daß es vielen so geht. Bloß nicht davon reden, viele Jahre war das Thema tabu. Mein Schwiegersohn ist eines Tages gekommen und hat gesagt: »Du mußt reden, Du mußt. Wenn du nicht redest, wer erfährt dann, was war?«

Man kann das selbst kaum glauben, daß man stark genug war, das alles zu überleben, daß man wieder gehen kann, leben kann.

Und dann sagen Leute, daß das alles erlogen ist. Deshalb sagt mein Mann, daß es keinen Zweck hat, darüber zu sprechen.

Er ist ganz verschlossen, ich brause inzwischen auch einmal raus und kann schon mal losheulen. Er kann das nicht. Das ist viel schlimmer. Ich wollte so gerne, daß er mitkommt zu diesem Gespräch. Aber er wollte nicht. Besuchen Sie uns doch noch einmal.

Ja.

Das Schlimmste war nach der Befreiung, daß man sich immer gefragt hat: wofür? Wen hast Du noch? Alles war wie ein Zwang. Man hat sich angezogen wie unter Zwang, weil es eben sein mußte, man hat gegessen, aber was sollte das alles?

Dem Leben wieder einen Sinn abgewinnen?

Ja. Wir waren sehr gleichgültig, sehr gleichgültig geworden. Wir Überlebenden haben versucht, uns zu betäuben. Wir wußten nicht, daß es ein Unterbewußtsein gibt, daß es weiter in uns gearbeitet hat; daß die Psyche das nicht verkraften konnte, wußte keiner. In der ersten Zeit haben wir dauernd gefeiert und gemacht, aber es war sinnlos, was wir getan haben. Wir sind ausgegangen, aber es war alles sinnlos, es war eine Betäubung, wie wenn man eine Droge nimmt.

Jedes Jahr, wenn ich Geburtstag habe, denke ich, ich bin neu geboren. Es war ja mein Geburtstag am Tag der Befreiung. Und ich habe mich gefragt: frei, wofür? Die anderen Mädchen hatten mehr Mut wie ich, auch schon im Lager. Die anderen haben gekämpft, aber ich wollte gar nicht überleben.

Wenn ich heute zurückdenke: was hatten wir alles! Ich hatte sehr nette Eltern, aber was hatte ich von Ihnen? Meine Mutter war, als sie umgekommen ist, so alt wie meine Tochter jetzt, Anfang vierzig. Sie war relativ jung, hatte schon mit achtzehn geheiratet.

Meine Cousine war auf ihrer Hochzeit gewesen, das war 1921. Sie war damals dreizehn Jahre alt. Sie hat erzählt, es war so eine schöne Hochzeit. Das erzählt sie mir. Sie hat mir so viel von meinen Eltern erzählt. Ich wußte ja viele Dinge gar nicht, über die Verwandtschaft.

Haben Sie noch Photos aus der Vorkriegszeit?

Nein. Meine Cousine hat Photos von ihren Eltern, aber von meinen hat sie keines. Ich habe die Bilder meiner Eltern mitgetragen, ich habe sie mitgetragen in alle Lager, aber in Bergen-Belsen ist uns alles abgenommen worden, als wir zum Baden gehen mußten bei der Ankunft.

(Frau Fischer sucht in ihrer Tasche nach Tempotüchern.)

Ich habe genügend Taschentücher. Nehmen Sie bitte.

Sie hat mir erzählt von meinem Vater, der war so bildhübsch, so groß. Er war so stolz auf mich, ich war die Älteste. Und wenn wir spazieren gingen, haben die Leute gesagt: »Ach Gabriel, ist das Deine Tochter?«

Hieß Ihr Vater Gabriel?

Ja.

Heißt Ihre Tochter deshalb Gabi?

Gabriela, ja.

Manchmal denke ich, daß ich meiner Mutter Unrecht getan habe, weil ich meinen Vater so vergöttert habe. Er hat mich so verwöhnt. Ich komme eigentlich aus einem religiösen Elternhaus, und meine Mutter hat immer gesagt: »Wenn Du so weitermachst, wird sich Deine Tochter noch taufen lassen!« Wissen Sie, das wäre eine Schande gewesen. »Das wirst Du ihr auch noch erlauben!«

Er hat mich so verwöhnt und mir alles nachgegeben. Heute sehe ich die Haltung meiner Mutter ganz anders als früher, ich bin ja inzwischen selbst Mutter geworden. Aber leider hatte ich sie zu kurz da, nicht? Gerade, wo man angefangen hat, etwas mehr zu verstehen, kam diese Gehenne.

Meine Enkeltochter ist gerade fünfzehn geworden, und dann sehe ich mich, wie ich damals war.

Unsere Familie, die Enkel halten uns am Leben. Damals habe ich nicht geglaubt, daß ich eine Familie haben würde. Es war auch nicht leicht. Mein Mann hat am Anfang geglaubt, daß ich kein Kind bekommen könnte. Im Lager hatten wir Frauen keine Blutung mehr, das war vielleicht ganz gut.

Warum?

Na, woher sollten Sie Watte nehmen, was hätten sie machen können im Lager? Also, einesteils war es gut, aber viele von uns haben keine Kinder mehr bekommen. Mein Mann war so lieb. Er hat immer gesagt: »Dann wirst Du immer mein Kind sein.« Aber ich habe auch gedacht, es könnte ja an ihm liegen.

Dann war ich doch schwanger. Aber danach nie wieder. Wir wollten eine große Familie. Ich hätte mich operieren lassen müssen. Aber mein Mann hat gesagt: »Wir haben ja – Gott sei Dank – ein Kind. Da brauchst Du Dich nicht operieren lassen. Nachher passiert noch was bei der Operation.«

Die Enkelkinder sind unser Ein und Alles. Die sind so besorgt um uns. Sie glauben gar nicht, wie die uns vergöttern! Wir fahren zweimal im Jahr zusammen in den Urlaub.

Ich bin so froh, daß Sie überlebt haben.

Jetzt bin ich auch froh, aber anfangs war ich gar nicht froh. Jetzt sind wir froh, daß wir eine Familie geschaffen haben.

Aber wenn meine Eltern die Geburt ihrer ersten Enkelin erlebt hätten – was hätten sie alles für sie getan! Wissen Sie, bei allem haben wir immer gesagt, ach wenn das die Eltern noch erlebt hätten, wenn das meine Schwester, mein Bruder noch erlebt hätten!

> Was tragen denn Ihre Enkelkinder für Namen?

Die Große heißt nach der Oma väterlicherseits und nach meiner Mutter, die Kleine heißt nach der Mutter meines Mannes.

> Die Kinder tragen die Namen der Umgekommenen?

Ja, sie tragen die Namen der Umgekommenen.

Hans Radziewski

geboren in Berlin
Jahrgang 1924
Wohnort: Berlin (West)

Ich könnte Ihr Vater sein.

> Ja.

Meine Tochter ist 1959 geboren.

> Wo sind Sie geboren worden?

In Berlin. Ich bin in eine jüdische bürgerliche Familie hineingeboren worden. Meine Eltern waren nicht sehr fromm. Sie sind
dreimal im Jahr in die Synagoge gegangen. Ich bin hier in Berlin Bar Mitzwah geworden, in der Grunewald-Synagoge.

> Waren beide Eltern Juden?

Ja. Mein Vater war Kriegsteilnehmer im Ersten Weltkrieg.
Schwerkriegsbeschädigter. Er hat sich später zum Innenarchi-
tekten ausbilden lassen. Er konnte aber dann in seinem Beruf
nicht mehr tätig werden wegen der nationalsozialistischen Ver-
folgungsmaßnahmen ab 1933. Er hat in jüdischen Firmen in
untergeordneten Stellungen gearbeitet. Er hat ›Vertrauensposi-
tionen‹ gehabt, als Pförtner an der Tür, und solche Sachen.

Bis 1938 war er bei jüdischen Firmen tätig. Im November
’38 kam dann die Verhaftungswelle. Mein Großvater, mein
Vater und ich wurden nach Sachsenhausen gebracht. Ich kam
nach vierzehn Tagen wieder raus, mein Vater nach vier
Wochen, Großvater auch ungefähr nach vier Wochen, mit der
Auflage der Auswanderung. Aber das war zu dem Zeitpunkt
schon schwierig.

Für jüdische Menschen gab es in Berlin nur noch Arbeit in
Hilfsarbeiterpositionen. Wir lebten zu Hause praktisch von
der Hand in den Mund. Als ich 1941 zur Zwangsarbeit eingesetzt wurde, hatte ich beinahe mehr Verdienst als mein Vater.

Was haben Sie für Zwangsarbeit leisten müssen?

Da muß ich folgendes dazu sagen: Es gab bis April '41 in Berlin und in Deutschland sogenannte Umschulungskurse für jüdische Jugendliche, damit die vorbereitet werden zur Auswanderung. Diese Kurse wurden im April sämtlich geschlossen, und die Teilnehmer mußten sich geschlossen beim Arbeitsamt für Juden melden und wurden von da aus vermittelt zu irgendwelchen Hilfsarbeiten wie Straßenbau, Gleisbau, Grünanlagen usw. Ich war in der ersten Woche im Gleisbau, Kohlen ausladen, Straßenbau. Ich habe dann gesagt, ich bin jüdischer Mischling, und ich will in die Berufsschule gehen. Da wurde ich entlassen, weil man die jüdischen Arbeitskräfte die ganze Woche über haben wollte. Da bin ich wieder zum Arbeitsamt gegangen und wurde in eine Küchenmöbelfabrik vermittelt. Da blieb ich bis zum 27. Februar 1943.

Wieso Mischling?

Ich habe das eben erzählt.

Das stimmte aber nicht?

Nein, aber man mußte den Leuten was erzählen, damit man da wieder wegkam. Wir haben achtzehn Pfennig Stundenlohn gehabt! Wir mußten arbeiten wie die Kümmeltürken, wir hatten keine Arbeitskleidung. Das paßte mir nicht. In der Möbelfabrik wurde ich anerkannt, wurde ausgebildet und habe denselben Lohn erhalten wie die anderen. Ich habe im Akkord gearbeitet.

Bis 1943?

Bis zum 27.2.43. Dann kam die Fabrik-Aktion in Berlin. Da wurden sämtliche jüdischen Arbeitskräfte aus den Fabriken und den Arbeitsstellen herausgeholt und deportiert. Da war ich vier, fünf Wochen illegal und wurde dann doch verhaftet.

Und jetzt muß ich einschieben: Meine elterliche Familie wurde bereits im Oktober 1942 nach Riga deportiert, und zwar mit mir zusammen. Ich bin aber vom Transport in Höhe der Oder aus dem Zug gekommen und bin nach Berlin zurückgegangen. Da war ich wieder in Berlin, und ich habe wieder in der Möbelfabrik gearbeitet. Ich wußte, das sind anständige Leute. Sie haben mich auch genommen, weil sie jede Arbeitskraft brauchten.

Sind Sie vom Zug abgesprungen?

Aus dem Güterwagen, ja. Mein Vater hat mir dabei geholfen.

In Berlin habe ich versucht, auszuwandern und falsche Papiere zu bekommen. Aber es ging nicht so, wie ich wollte, und dann wurde ich wieder verhaftet.

Was ist aus Ihren Eltern geworden?

Man weiß noch nicht einmal, wo der Transport hingekommen ist. Eltern und Geschwister sind seit der Zeit Vermißte.

Wieviele Geschwister hatten Sie?

Drei jüngere Geschwister. Sie waren alle auf demselben Transport. Ein Großcousin hat überlebt. Er war versteckt bei Berlin. Ein Cousin hat das KZ überlebt, heute lebt er in den USA. Sonst hat aus meiner Verwandtschaft niemand überlebt.

Ich bin bis Anfang '43 in Berlin umhergeirrt, ich hatte wenig Geld und wußte nicht, wohin. Ich bin aufgefallen und wurde verhaftet. Am Alexanderplatz war ich im Bunker, habe acht Tage gewartet, ich wurde verhört. Dann wurde ich der Gestapo übergeben. Man hat mir dort Gründlichkeit und Anstand beigebracht, ich wurde ordentlich verkloppt.

Haben die gewußt, daß Sie Jude sind?

Das haben sie dann gemerkt, ja.

Woran haben die das gemerkt?

Nun ja, man mußte ja den Namen sagen. Sie haben nach dem Stern gefragt, und wenn alles nichts nützte, mußte man die Hose runterlassen.

Es gibt aber doch auch nichtjüdische Männer, die beschnitten sind.

Ja. Aber sie haben damals Möglichkeiten gehabt, von arabischer Seite aus, daß da Wissenschaftler, die mit der SS zusammengearbeitet haben, gekommen sind, und die konnten also genau sagen: »Der Schnitt ist am achten Tag, und der ist am achtundzwanzigsten Tag gemacht worden.«

Hm.

Und unter Gelächter haben sie einem dann erklärt, daß man lügt. Und man bekam Dresche.

Von da aus kam ich in ein Sammellager und von dort nach Auschwitz. Das war Ende Juni 1943.

> Waren Sie bis zur Evakuierung des Lagers in Auschwitz?

Ja. Ich war nicht in Auschwitz selbst, sondern in Buna, in Monowitz-Buna. Das war mein Glück. Ich habe in den Buna-Werken gearbeitet. Wir kamen auf dem Güterbahnsteig in Auschwitz an. Dort wurden die aussortiert, die nicht arbeiten konnten, Frauen und Kinder. Ich wurde gefragt, wie alt ich bin. Ich habe mich zwei Jahre älter gemacht, und als Beruf habe ich Schlossergeselle angegeben. Man konnte ja nicht sagen: Rabbinatskandidat, das hätte nichts geholfen. Und dann kamen wir nach Birkenau. Dort wurde uns die Nummer eintätowiert, und wir haben in Pferdeställen geschlafen. Die anderen Häftlinge haben gesagt: »Ihr braucht keine Angst zu haben, da bleibt ihr wenigstens erstmal am Leben, wenn ihr die Nummer gekriegt habt.« Am nächsten Tag sind wir nach Auschwitz gelaufen. Wir haben dort etwas zu essen bekommen, und von dort ging es weiter nach Buna. Ich wurde zu den verschiedensten Arbeiten in den Buna-Werken eingeteilt.

Als die Front näherrückte, wurden die Lager aufgelöst in Richtung Westen, nach Gleiwitz. Dort wurden wir in offene Güterwagen verladen, nach Mauthausen. Mauthausen hat uns nicht angenommen, und dann sind wir ungefähr acht Tage später wieder in Berlin-Sachsenhausen gelandet. Sachsenhausen hat uns angenommen. Von dort habe ich mich freiwillig zur Arbeit nach Bayern gemeldet und kam mit einem Transport nach Flossenbürg. Ich habe mich wieder freiwillig zur Arbeit gemeldet. Ich konnte zwar gar nicht arbeiten, aber ich wollte von Flossenbürg weg. Ich kam nach Niederbayern in die Nähe von Landau an der Isar. Da sollte ein Feldflughafen gebaut werden. Dort haben wir in Erdhöhlen gewohnt.

Am 29. April 1945 bin ich von amerikanischen Einheiten befreit worden.

Wir haben uns alle furchtbar gefreut. Ich kam erstmal ins Krankenhaus nach Straubing zu den Barmherzigen Brüdern. Bis September '45 blieb ich dort. Ich hatte Erfrierungen an meinen Beinen, Körpergewicht war 35 Kilo. Ich hatte Wasser in beiden Lungen und wurde notdürftig wiederhergestellt. Ich bin dann auf eigenen Wunsch entlassen worden, um nach Berlin zu fahren. Ich wollte sehen, wer von den Verwandten überhaupt noch da ist.

Aber da hatte sich keiner mehr gemeldet. Nur meinen Großcousin habe ich noch gefunden. Er lebt heute noch in Berlin, er ist über achtzig. Mein Cousin ist '47 nach Amerika ausgewandert.

> Haben Sie auch mit dem Gedanken gespielt, nach Amerika zu gehen?

Ja, ich hatte das in Bayern eingereicht. Ende '46 habe ich mich in München im Generalkonsulat vorstellen dürfen und wurde dort untersucht. Und da stellte man eine Lungentuberkulose fest. Ich hatte davon nichts gewußt. Wenn ich das gewußt hätte, hätte ich mich doch nicht selber vor den Apparat gestellt, sondern hätte einen anderen hingeschickt. Dann wäre das vielleicht in Amerika festgestellt worden. Und statt nun wegzufahren, wurde ich gleich in Haft genommen und nach Erlangen gebracht, in das UNRRA-TBC-Krankenhaus.

> In Quarantäne-›Haft‹ ?

In Quarantäne-Haft, ja.

> Haben Sie da Ihre Tuberkulose kuriert?

Nein. Ich kam nach Straubing, sie haben dort mit mir alles gemacht, was man zur damaligen Zeit machen konnte. Von Straubing aus kam ich in verschiedene Heilstätten. Beendet war das im Dezember 1951, also nach über fünf Jahren.

> Sie waren fünf Jahre in Lungenheilanstalten!?

Ja.

Das ist ja furchtbar! Erst das Lager
und dann ...

... ja, aber das hat auch seine guten Seiten gehabt. Ich hatte
immer ein Dach über dem Kopf und regelmäßig zu essen.
Krankenhausessen, nicht?

Nach der Entlassung habe ich von der Wohlfahrt gelebt. Das
waren damals fünfundachtzig Mark im Monat. Ich hatte einen
Bauchpneu, der war 1950 angelegt worden, das ist Luft im
Bauch, damit die Lungen hochgedrückt werden. Der Pneu
wurde nun nach meiner Entlassung ambulant nachgefüllt, mit
einer Nadel zwischen Zwerchfell und Bauchfell. Alle zehn Tage.

Das hört sich scheußlich an.

Nun ja, man gewöhnt sich dran.

Haben Sie einen Antrag auf Wiedergutmachung gestellt? Ihr Lun-
genleiden war doch eine Folge der
Lagerhaft?

Ja. Den hatte ich schon 1949 gestellt. Ich hatte einen jüdischen
Anwalt. Der war sehr tüchtig. Von den fünf Jahren Krankenhaus wurden mir nur zweieinhalb Jahre als vollständige
Erwerbsunfähigkeit angerechnet und die anderen zwei Jahre
nur mit achtzig Prozent. Das hat natürlich Einfluß auf die Rente. Ich bin heute Pensionär und kriege Rente.

Ich bin in München seit dreißig Jahren im Prozeß wegen der
Nachanerkennung. Die kann ich nicht kriegen, weil es heißt,
wer einmal beschissen worden ist, der hat eben Pech gehabt.
Auf deutsch gesagt.

Was heißt: Nachanerkennung? Die
restlichen zwanzig Prozent?

Ja.

Für die Zeit in Auschwitz haben
Sie die berühmten fünf Mark
bekommen?

Ja. Die Wiedergutmachung wurde in drei, vier Etappen
gezahlt. Sie haben jedes Mal immer nur die Hälfte anerkannt,

und dann mußte man klagen. Für die Zeit, wo man den Stern tragen mußte, wurden dann erst Musterprozesse geführt, damit das als ›Stern-Zeit‹ anerkannt wurde.

> Was hatten Sie für berufliche Möglichkeiten nach der Befreiung?

Ich hatte keine Ausbildung. Ich hatte die Schule vorzeitig verlassen müssen. Eineinhalb Jahre hatte ich in einer jüdischen Friedhofsgärtnerei gearbeitet, kam von da aus zur Zwangsarbeit. Ich hatte also keine Ausbildungsmöglichkeiten.

> Was haben Sie dann nach Ihrer Entlassung aus der Lungenheilanstalt gemacht?

Rumgesessen. Ich war ja schwerbeschädigt. Bis Juli '52 hatte ich den Bauchpneu, der mich ziemlich unbeweglich machte. Ich habe bei jüdischen Freunden, die Geschäfte hatten, ein bißchen ausgeholfen. Ich habe von der Hand in den Mund gelebt. Dann bin ich '57 nach Berlin gekommen und habe '58 geheiratet. Ab 1961 habe ich meine fehlende Schulausbildung nachgeholt und ein Studium als Sozialarbeiter gemacht. Und vom 1.2.1966 bis 31.7.1981 war ich als Sozialarbeiter tätig, seit 1970 im Beamtenverhältnis. Ich mußte vorzeitig den Dienst quittieren, ich wurde aus gesundheitlichen Gründen vorzeitig in den Ruhestand versetzt, einmal wegen drohender Erblindung, und zum anderen wegen Kreislaufunregelmäßigkeiten.

> Sind diese Krankheiten mit der Lagerhaft in Verbindung gebracht worden?

Nein. Das habe ich zu spät angemeldet. Die Lunge ist anerkannt worden, Auge und Herz/Kreislauf wurden nicht anerkannt. Man sagte, daß sei zu lange weg von '45.

> Im Kontakt mit Behörden haben Sie offensichtlich viele schlechte Erfahrungen gemacht.

Zeit meines Lebens bin ich gebunden an das Entschädigungsamt München. In München habe ich mich unbeliebt gemacht, weil ich Verrechnungen zu meinen Lasten nicht anerkennen wollte. Und so kam es, daß die Bearbeitung meiner Angelegenheit immer sehr, sehr lange dauerte.

> Am Telefon haben Sie angedeutet, daß Sie auch mit der Jüdischen Gemeinde schlechte Erfahrungen gemacht haben.

Ich habe hier in Berlin in dem Sinne schlechte Erfahrungen gemacht, daß man mir nicht geholfen hat. Unter ›helfen‹ verstehe ich, daß man mir ermöglicht hätte, in einen Beruf zu kommen, Hilfe zur Selbsthilfe, aber das wollte man nicht, man konnte vielleicht auch nicht.

Ich habe dann noch von Ende '59 bis Ende '60 bei der ›Jüdischen Allgemeinen Wochenzeitung‹ in Berlin gearbeitet und bin dort weg, um die Schulausbildung nachzuholen.

> Was haben Sie bei der Zeitung gearbeitet?

Alles. Ich habe die Zeitung gelesen, ich habe sie eingepackt, ich habe sie verschickt, habe sie zur Post gebracht. Ich habe kleine Artikel geschrieben. Ich habe kassiert, alles, was gerade so lief. Es war ein Zwei-Mann-Betrieb.

> Wie haben Sie Ihr Studium finanziert?

Meine Frau war Lehrerin. Durch ihre Berufstätigkeit hatte ich die Absicherung für das Studium.

> Warum sind Sie 1957 nach Berlin gegangen?

Weil ich hier eher die Möglichkeiten gesehen habe, was zu bekommen als in der Bundesrepublik, die für mich ziemlich mit der Vergangenheit behaftet war.

> Wieso war das in Berlin anders?

In Berlin war der Russe in der Nähe, da hat man sich das nicht so erlaubt, erlauben können. Die Alliierten waren da und haben aufgepaßt. Das ist ja jetzt vorbei.

> Seit dem Fall der Mauer?

Das ist schon länger so, seitdem die Westdeutschen die Waffenbrüder der Westalliierten geworden sind und die Ostdeut-
schen die Waffenbrüder der Russen. Man verlangt ja sogar
von den Polen, daß sie sich dafür entschuldigen, damals die
Deutschen rausgeschmissen zu haben. Und die Polen entschuldigen sich dafür, daß Deutschland den Krieg verloren hat.

> Hm. Also, Sie fanden das sicherer,
> in der Nähe der Alliierten zu sitzen?

Sicherer, und außerdem kannte ich ja Berlin. Ich hatte mehr
Beziehungen. Wie ich Mitte der fünfziger Jahre nach Berlin
kam, hatte ich ja noch sehr viele Bekannte von früher. Die hat
man heute nicht mehr, viele leben nicht mehr oder haben sich
zur Ruhe gesetzt.

> Was haben denn Ihre deutschen
> Bekannten dazu gesagt, daß Sie in
> Auschwitz waren?

Die haben gar nichts gesagt. »Hans, biste wieder da, schön.« Sie
haben es zur Kenntnis genommen.
    »Ja, wir haben auch gelitten.«

> Hat Sie niemand näher gefragt,
> was Sie erlebt haben?

Das hat mich keiner gefragt. Da gab es etwas wie eine Kollek-
tivscham, wie es der Heuss mal ausgedrückt hatte. Und da
schämte man sich, und wenn man etwas sagte, dann gleich:
»Ja, wir haben aber auch gelitten.«
    Das waren dann ein paar Fliegerangriffe oder russische
Kriegsgefangenschaft.
    »Nach '45 haben wir auch gelitten.« Vorher haben sie es gut
gehabt.
    Ich bin da nie in Konkurrenz gegangen. Mir war es egal.

> Haben Sie sich dann in Berlin wie-
> der wohlgefühlt?

Ich mußte ja hierbleiben. Ich war fünf Jahre lang in verschiedenen TBC-Heilstätten. Da war ich nur mit Deutschen zusammen, mit Kriegsgefangenen und … und … und … Es hat vielleicht zwei oder drei KZler in jedem Heim gegeben unter 150

bis 300 Patienten. Da mußte man sich fügen. Das heißt, man fiel nicht auf. Natürlich war man gut Freund mit jedem.

> Hat Sie die Vorstellung nicht gestört, im Liegestuhl zu liegen und neben Ihnen vielleicht jemand, der eine Tb hat, weil er in Auschwitz nachts aufgepaßt hat, daß keiner abhaut?

Da war keiner dabei, der bei der SS gewesen ist. Die sind nämlich ganz woanders hingekommen. Die sind nicht dahin gekommen, wo die armen Leute waren. Die wurden besser versorgt.

Es tut mir leid, daß ich damals aus gesundheitlichen Gründen in Deutschland hängengeblieben bin. Ich hätte diesen Boden gerne verlassen.

> Warum?

Erst wächst man in Deutschland auf, dann macht man ab 1933 diesen ganzen Mist mit, man hat das alles mitmachen müssen. Ich war noch Schüler! Ich hatte die Nase voll von allem, was deutsch ist. Ich kann auch heute noch nicht das Deutschlandlied hören, ohne daß ich mir da meine eigenen Gedanken mache.

> Was machen Sie sich da für Gedanken?

Ziemlich negative. Die möchte ich jetzt nicht sagen, weil ich Beamter bin.

> Hm.
> Es ist erstaunlich, daß Sie ausgerechnet Sozialarbeiter geworden sind. Als Sozialarbeiter haben Sie doch wahrscheinlich in erster Linie Ihren deutschen Klienten geholfen?

Sie haben recht. Aber wenn ich das gemacht habe, habe ich das Kraft meines Amtes gemacht und bin dafür bezahlt worden. Ich hatte meinen Beruf, mein Auskommen und mein Ansehen.

Sie sind doch pensioniert. Wieso können Sie nichts Kritisches über den deutschen Staat sagen?

Nein. Das kann ich noch nicht.

Warum nicht?

Dann würde ich heute abend noch nicht fertig sein.

Ich will Ihnen sagen: Wenn ich fünf Jahre lang wegen offener Lungentuberkulose in Heilanstalten war, und der Freistaat Bayern erkennt bloß zweieinhalb Jahre als vollständige Erwerbsminderung an, und obwohl ich zweimal geklagt habe, bin ich nicht durchgekommen, dann kann ich mich nur wundern, mit welcher Schnelligkeit man die dreihundertfünfzig- bis vierhunderttausend Kriegsopfer in der ehemaligen DDR versorgen will und entsprechende Gesetze erlassen hat. Das bedeutet, daß einer, der in Auschwitz überlebt hat, nicht so angesehen ist wie einer, der für Führer, Volk und Vaterland in den Krieg gezogen ist oder ziehen mußte.

Haben Sie mit Ihren beiden Kindern über Ihre Lagererfahrung gesprochen?

Nein, habe ich nicht. Ich weiß auch nicht, es kam nicht dazu. Die kamen natürlich an und fragten: »Was hast Du da für eine Nummer?«

Dann habe ich das in aller Ruhe erklärt, und dann haben sie ihre Mutter gefragt, und die hat es ihnen auch erklärt, und dann war Ruhe.

War Ihnen recht, daß dann Ruhe war?

Was sollte ich von dem Thema sprechen? Das wäre ja dann so geworden, daß die Kinder praktisch noch davon geträumt hätten. Mein Sohn hatte in der Schule mal eine Auseinandersetzung wegen Antisemitismus. Da hat er gleich reingehauen. Was das Hauen betrifft, war er im Unrecht, weil man das in der Schule nicht macht. Aber der Direktor und der Lehrer haben ihren Mund gehalten, als sie gehört haben, daß das der Sohn eines ehemaligen Auschwitz-Häftlings ist. Da wurde gleich alles bemäntelt: »Es war doch gar nicht so gemeint.«

Es ist immer wieder festgestellt
worden, daß in Familien von Überlebenden kaum über die vergangenen Erfahrungen gesprochen wird.

Nun ja, das war unterschiedlich. Jeder mußte sich nach '45 aus-
quatschen. Man hat seinen Partner überwältigt mit diesen
Geschichten, sie konnten es oft nicht mehr hören. Aber man
hat sich selber entlastet. Aber wenn man jahrelang verheiratet
ist und fängt immer wieder mit demselben Thema an, dann
wird das irgendwann zu viel. Es muß dann aufhören oder der
andere Teil krankt daran.

Denken Sie manchmal an die Lagerzeit zurück?

Fast gar nicht. Aber wenn ich zum Beispiel im Fernsehen
irgendeinen Film sehe, und da sehe ich KZ-Häftlinge, die eingesperrt sind und in Kojen liegen, dann habe ich den damaligen Gestank in der Nase. Das ist ein ganz eigentümlicher
Gestank, wenn Menschen tagelang in ihren Klamotten sind
und auf Stroh liegen.

Haben Sie viele Filme gesehen oder
Bücher gelesen?

Ich habe fünfzig Bücher hier, die ich alle durchgearbeitet habe.
Aber jetzt kann ich nicht mehr und will nicht mehr.

Bertha Kellner

geb. in Wysocko Wyżne/Polen
Jahrgang 1920
Wohnort: Erfurt

Ich bin eine geborene Krauß. Das ist ein österreichischer Name. Ich bin im Jahr 1920 geboren.
  Ich könnte Ihre Mutter sein.

              Ja.

Ich bin in Galizien geboren, das gehört heute zur Sowjetunion. Von Wysocko Wyżne bin ich 1942 hierher gekommen, mit einem Transport von Ukrainern.
  Zu Hause haben wir Jiddisch gesprochen, nur Jiddisch. Ich spreche aber auch Polnisch, Ukrainisch und Russisch. Im ersten Schuljahr hatte ich als Fremdsprache Polnisch, im zweiten kam dann Ukrainisch dazu. Aber ich hatte diese Sprachen schon vorher gelernt, nicht nur ich, die anderen Kinder auch. In der Gegend wohnten Polen, Ukrainer und Juden. Die polnischen und ukrainischen Kinder, mit denen wir gespielt haben, konnten genauso gut Jiddisch wie wir auch. Und umgekehrt war es auch so. Wir waren vier Kinder, meine ältere Schwester war siebzehn Jahre älter als ich, ich war die Jüngste.
  Mein Vater ist 1936 gestorben, als ich sechzehn Jahre alt war, und da mußte ich die Schule verlassen, weil meine Mutter das Schulgeld nicht bezahlen konnte. Ich hätte noch zwei Jahre gebraucht bis zum Abitur. Ein Bruder hat auf einer Jeschive gelernt, er wollte Rabbiner werden. Mein ältester Bruder hat überall studiert, auch an der Sorbonne. Er hat gearbeitet, sich das Geld verdient, sechs Monate Arbeit, dann ein Semester studieren. Er war in Marburg an der Lahn, er war also überall. Später hat er eine jüdische Molkerei gegründet. Viele Juden waren ja Bauern. Wir hatten nur keine Schweine.
  Ich habe, um ein bißchen Geld zu verdienen, Nachhilfestunden gegeben, aber das wurde sehr schlecht bezahlt. Dann war ich auch in einer Art Hort beschäftigt.

Mein Bruder ist später auf *Hachschara* gegangen. Ich hätte das auch gerne gemacht, aber ich war noch zu jung. Wir waren alle zionistisch, außer meinem Bruder, der Rabbiner werden wollte. Ab dem fünften Schuljahr war ich im *Schomer Ha'zaïr* und später im *Chaluz*. Aber ein halbes Jahr später kam schon der Krieg, und da war es mit allem aus. Bei uns waren erst die Deutschen, dann die Russen, das hat eine Zeitlang immer hin und her gewechselt. Dann blieben die Russen, sie waren anderthalb Jahre bei uns. In dieser Zeit bin ich von zu Hause weg und habe als Telefonistin gearbeitet. Zu dem Zeitpunkt habe ich auch Russisch gelernt. Russisch ist dem Ukrainischen sehr verwandt. Lange habe ich aber nicht gearbeitet, denn im Juli '41 kamen dann die Deutschen, und da war es aus, da war es mit allem aus. Wir hatten ein Haus, ein paar Morgen Land, das wurde uns alles weggenommen. Und zwar von den Ukrainern, denn die haben sich den Deutschen angeschlossen. Sie waren Hilfssoldaten und Hilfspolizisten.

Viele Polen haben den Juden geholfen, sie waren nicht alle schlecht. Früher hieß es manchmal: »Geht nach Palästina!«, aber als dann die Not kam, haben sie doch geholfen und Juden versteckt. Denn die Deutschen waren ja auch gegen die Polen, das ist ja heute noch so.

Offen gestanden, wir haben das nicht fassen können. Mein Großvater war ein großer österreichischer Patriot. Der hat uns ›Gott beschütze, Gott behüte unsren Kaiser, unser Land‹ beigebracht, wo es überhaupt keinen Kaiser mehr gab! Mein Vater war überzeugt, die Österreicher würden wiederkommen und hat mich immer ermuntert, Deutsch zu lernen.

Als die Deutschen dann kamen, mußten wir Zwangsarbeit leisten. Ich war auf der deutschen Kommandantur. Es war ein Judenrat gegründet worden. Und der Judenrat hat die Arbeit organisiert und bestimmt, wer wo arbeitet. Dann wurde Kontribution bezahlt. Geld. Wenn ein Volk einen Krieg führt, dann muß es Reparationsleistungen zahlen. Wir hatten nun aber gar keinen Krieg geführt. Wir mußten aber trotzdem unser Geld abliefern. Sie haben Geiseln genommen. Und wenn der Judenrat das Geld gebracht hat, wurden die freigelassen. Das ging ein-, zweimal, aber dann war nichts mehr da. Wir mußten Gold, Silber, zum Schluß sogar Messing abliefern. Wer bei Durchsuchungen noch etwas zu Hause hatte, wurde sofort erschossen. Man mußte Pelze abliefern, sogar Hausschuhe mit Pelzbesatz. Den mußte man abtrennen und abliefern bei einer Sammelstelle. Wir mußten unsere Kuh abliefern, man durfte nicht einmal ein Huhn behalten. Und ganz zum Schluß haben sie uns die Haare abgeschnitten, weil sie sogar die Haare gesammelt haben. Immer wurden Geiseln genommen, und die wurden dann am Schluß auch noch erschossen. Weg kamen dann zunächst die Alten und die Kinder, weil die nicht arbeiteten. Die wurden in die nächste Stadt gebracht und erschossen. Sie mußten selber die Gruben ausheben. Ich war eine unter den letzten. Meine Mutter war schon weg, meine Schwester mit den Kindern, mein Schwager …

… deportiert?

Deportiert ist viel gesagt. Ich sage ja, die haben sie nur hinter die Stadt gebracht, umgelegt, Kalk drübergestreut und die Gruben zugeschüttet. Einmal hat uns ein Österreicher, das war wohl kein hundertprozentiger Faschist, gesagt, daß oben im Wald zwanzig erschossene Geiseln liegen. Er hat uns gefragt, ob wir die unter die Erde bringen wollen. Wir sind dann hingegangen. Da waren ganz junge Kinder darunter. Meine Brüder haben den *Kaddisch* (*Totengebet, S.H.-W.*) gesagt, und wir haben sie beerdigt.

Als ich dran kam, mußten wir zu Fuß gehen. Wir sind so zehn, zwölf Kilometer gelaufen. Es fing an zu regnen, und es wurde dunkel. Wir wurden in ein Haus gebracht und dort eingesperrt. Mein Bruder und ich sind durchs Fenster geflüchtet. Wir sind ein Stück durch ein Kornfeld gelaufen, ich bin hingefallen, und mir war schlecht. Ich bin ohnmächtig geworden, und als ich wieder zu mir kam, war mein Bruder weg. Ich hörte von weitem Schreie. Mein Bruder schrie, sie haben ihn erwischt. Ich bin in dem Kornfeld liegen geblieben, bis es tagte. Ich wußte gar nicht, was Sache war, bin herumgelaufen und habe dann Tote im Seegraben liegen sehen, Menschen, die am Sterben waren, Erschossene, Totgeschlagene. Ich habe meine Brüder gesucht, aber ich habe sie nicht mehr gefunden.

Ich wollte dann in einen Steinbruch, wo Ungarn arbeiteten. Die haben manchmal den Juden geholfen. Aber ich bin nicht bis dahin gekommen, weil mich vorher schon Ukrainer erwischt haben. Der eine hat mir gesagt, ich solle in einer Scheune warten. Er hätte mich auch gleich erschießen können. Wahrscheinlich war er nicht ein ganz schlechter Mensch. Und ich habe mir gesagt: »Was sollst Du auf den warten? Versuchst mal Dein Glück.« Ich habe mir meine Binde mit dem *Magen David* (*Davidstern, S.H.-W.*) abgenommen, habe mir ein Tuch um den Kopf gebunden, das ich vorher um den Hals trug, weil ich ja ganz kurzes Haar hatte und leicht als Jüdin zu erkennen war.

Ich bin in ein ukrainisches Haus gegangen. Da war eine Frau mit einem Kind. Und ich bin nicht so der jüdische Typ, und meine Sprachen haben mich überall gerettet. Sie hat mir heiße Milch gegeben und hat mich gefragt, wohin ich gehen wollte. In der Stadt wurden neue Personalausweise ausgestellt, das hatte ich gehört. Und ich habe also gesagt, ich wolle in die Stadt, um mich photographieren zu lassen für einen neuen Paß.

Ich bin dann weggegangen, bis zur nächsten Stadt. Und da bin ich auf's Arbeitsamt gegangen. Ich hatte eine Eingebung. Wenn man jung ist, hat man viele Einfälle. Ich bin also auf's Arbeitsamt gegangen. Ich wußte, daß viele Ukrainer zur Arbeit nach Deutschland gingen. Ich habe gesagt, wie ich heiße, ich habe einen Namen genommen von einer Frau, die 1939 verstorben war, sie war mit mir zur Schule gegangen. Ich habe dann einen Wisch bekommen mit dem Namen, den ich angegeben hatte, und am nächsten Tag wurden wir verladen. Über Lemberg sind wir direkt nach Erfurt gekommen. Unterwegs sind viele gestorben, an der Ruhr.

> Sie sind also als nichtjüdische Ukrainerin …

… als Ukrainerin bin ich nach Erfurt gekommen. Juden hätten sie ja nicht genommen.

Ich war hier erst in einem Durchgangslager. Es kam dann der Chef von einer Konservenfabrik, um sich Arbeiter zu holen, und mich hat er auch mitgenommen. Wir waren vielleicht fünfzehn oder sechzehn. Wir haben dann in dieser Fabrik gearbeitet, und gewohnt haben wir in einer ehemaligen Zichorienfabrik. Ich sprach ja etwas Deutsch und habe zunächst mir überlegt, daß ich auf keinen Fall, wie im Jiddischen, hebräische Ausdrücke verwenden dürfte. Ich habe also sortiert.

Sie fragten dann, wer Deutsch verstünde. Ich habe mich gefragt: ›Machst Du's, machst Du's nicht?‹ Ich habe dann gesagt, ich wär aufs Gymnasium gegangen und spräche

Deutsch. Es war das einzige, was nicht gelogen war. Und von da ab war ich die ›Studentin‹. Ich war die einzige, die Deutsch verstand, und der Chef hat mich dann überall hingeschickt. Ich habe Gemüse geholt, Frachtbriefe unterzeichnet, die Lieferungen entgegengenommen, Rotkraut, Weißkraut, Gurken, Blumenkohl, eben was da für die Wehrmacht konserviert wurde. Im Winter habe ich im Reparaturwerk gearbeitet. In Erfurt-Nord wurden beschädigte Flugzeuge repariert. Die West-Ukrainer haben dann sogar Pässe bekommen, und wir nannten uns ›Freie Ukrainer‹. Die West-Ukrainer waren privilegiert. Wir durften uns frei bewegen, man konnte ab einem bestimmten Zeitpunkt sogar in die Stadt fahren, wir durften wieder die Straßenbahn benutzen und auf dem Bürgersteig gehen. Mich hat dann eine Österreicherin, die Wolle geschickt bekommen hatte, gefragt, ob ich stricken könnte. Ich konnte, und da hat sie mich am Sonntag mit zu sich nach Hause genommen, damit ich für sie arbeite. Der Lagerleiter hatte seine Genehmigung gegeben. Und da habe ich meinen Mann kennengelernt. Mein Mann war vom Militär freigekommen, weil er verwundet worden war. Er trug noch die Uniform und hat russische Offiziere bewacht. Diese Österreicherin wohnte bei meinem Mann, er hatte ein kleines Häuschen gepachtet. Und er hatte jemanden hereinnehmen müssen, weil es zu groß für ihn allein war. Mein Mann durfte jemanden nehmen, um ihm den Haushalt zu führen. Da er verwundet war, stand ihm das zu. Und nachdem wir uns kennengelernt hatten, hat er mich genommen. Ich bekam ein separates Zimmer. Die Polizei war da und hat alles überprüft. Ich bin weiterhin zur Arbeit gegangen, allerdings mußte ich nicht mehr zwölf, sondern nur noch acht Stunden arbeiten, weil mir angerechnet wurde, daß ich den Haushalt führte.

Nun gingen die Leute dort alle regelmäßig in die Kirche. Das war eine sehr katholische Gegend. Meistens habe ich mich freiwillig am Sonntag zur Arbeit gemeldet, damit ich nicht in die Kirche mußte. Auf jeden Fall wurde ich denunziert. Ich wurde also von meinem Chef hereingerufen: »Ihre Landsleute sagen, Sie wären Jüdin.«

Sag ich: »Sie haben doch den Zettel vom Arbeitsamt bekommen, was steht denn da drauf?«

»Ja, da stand, daß Sie Ukrainerin sind.«

Sage ich: »Na bitte.«

Das war auch kein Nazi. Der hätte gleich die Polizei holen können. Aber, er hat eben mich gefragt.

Ich bin danach nach Hause gegangen. Und am Abend sind wir ins Kino gegangen. Da wurde der Film ›Jud Süß‹ gezeigt. Das war dieser Nazi-Propagandafilm. Wir hatten aber nicht gewußt, was gespielt würde, auch mein Mann nicht. Wenn ich das gewußt hätte, wäre ich nicht hingegangen. Als ich gemerkt habe, was da gespielt wird, wollte ich aufstehen und rausgehen. Und mein Mann hat immer an meinem Ärmel gezogen, damit ich sitzenbleibe.

> Wußte er, daß Sie Jüdin sind?

Da komme ich jetzt drauf. Als das Kino aus war, und wir nach Hause kamen, da meint er …

> Sie meinen: Ihr späterer Mann? Zu dem Zeitpunkt hatten Sie doch noch nicht geheiratet?

Nein, nein. Wir kannten uns nur so, durch die Haushaltsführung. Und da fragt er mich: »Sagen Sie mal, warum wollten Sie denn raus? Was denken Sie wohl, wenn Sie rausgegangen wären, was da losgewesen wäre? Da hätte Sie die Polizei gleich am Wickel gehabt.«

Ich habe gar nichts gesagt.

Und da meint er nachher zu mir: »Oder haben Sie etwas damit zu tun, mit dem, was da gezeigt worden ist?«

»Nein«, habe ich gesagt, »Ich habe damit nichts zu tun.« Naja, ein paar Tage später hatte mir mein späterer Mann vorgeschlagen, zum Kartoffelausmachen zu kommen, damit ich mir einen Sack vollmachen könnte. Ich bin also hoch auf die Felder, das war da, wo er die Russen bewachte. Die Russen haben mich gleich umringt und wollten wissen, wo die Front ist. Zu dem Zeitpunkt, das war 1943, war Stalingrad schon gefallen. Ich hatte öfter Radio gehört, hatte dabei auch mitbekommen, daß mein Mann feindliche Sender hörte, und wußte ein bißchen, was Sache war. Und ich habe das also den Russen gesagt.

Später hat mich mein Mann, also mein späterer Mann, gefragt, was ich denen erzählt habe.

»Nichts besonderes, sie wollten wissen, wo ich herkomme.«

Sagt er: »Das glaube ich Ihnen nicht. Und das mit dem Kino glaube ich Ihnen auch nicht.«

Ich war schon so runter mit den Nerven, Erfurt wurde bereits bombardiert, und wir durften nicht in die Luftschutzkeller, daß ich es also zugegeben habe. Es ist aber nichts passiert. Irgendwann war der Krieg zu Ende.

Ich durfte eigentlich nicht bleiben. Aber ich wollte bleiben. Ich wußte ja, daß meine Familienangehörigen tot sind. Nur eine Cousine hat überlebt, im Ural. Heute lebt sie in Israel. Das wußte ich aber damals noch nicht.

Ich hatte auch Angst, was mir in Polen blühen würde. Ein Russe hat mich gefragt: »Wieso bist Du am Leben geblieben? Wie konntest Du zu den Deutschen gehen und ihnen helfen?«

Ich wollte nach Westdeutschland gehen. Erst waren hier in Erfurt die Amerikaner, dann kamen die Russen. Ich wollte nach Frankfurt. Aber mein Mann wollte nicht, wir waren zu dem Zeitpunkt schon zusammen und wollten auch zusammenbleiben. Wir sind also dageblieben, wußten aber nicht, was uns erwartet.

Wir haben dann eine Gaststätte gepachtet, eine Dorfschänke.

> Hatten Sie zu dem Zeitpunkt bereits Ihre wahre Identität aufgedeckt?

Ich hatte es versucht. Ich bin in Erfurt zum Rechtsanwalt gegangen, weil ich wieder meinen richtigen Namen haben wollte. Der hatte mir gesagt, ich solle nach Polen schreiben, damit sie mir Papiere schicken. Das konnte ich nun aber nicht machen. Die hätten mich verhaftet und nach Sibirien gebracht. Hier durfte kein Ausländer bleiben. Die suchten nach Kriegsverbrechern und vor allem nach denen, die zu den Deutschen gehalten hatten. Das war die Stalin-Ära.

Ich bin wenig später zur Polizei, da war ein Polizist, der war Jude, und ich habe ihn gefragt, was ich machen soll. Und er hat gesagt: »Ich schreibe Ihnen einen kleinen Ausweis, und als Ihren Geburtsort nehmen wir Trier, das ist völlig ausgebombt.«

Im Westen wäre die Sache einfach gewesen, da hätte ich mich als staatenlos erklärt, hätte eine eidesstattliche Erklärung abgegeben und ganz einfach meinen Namen wiederbekommen, aber hier ging das nicht.

Am 1. Januar 1946 haben wir die Schänke eröffnet.

> Hatten Sie da schon den Trierer Paß?

Ja. Und da kam der Bürgermeister, weil die Leute ja wußten, daß ich keine Deutsche bin. Ich konnte ja nicht richtig Deutsch sprechen. Und jeder Bürgermeister war verpflichtet, Ausländer zu melden, damit sie nach Hause geschickt werden. Er kam und sagte: »Du bist doch keine Ausländerin?«

Sag ich: »Nein.«

Damit war die Sache erledigt.

1947 habe ich mich dann an die Regierung in Berlin gewandt. Ich habe einen Brief geschrieben, in dem ich die ganze Wahrheit erzählt habe. Mein Mann hat seinen Lebenslauf beigelegt. Ich habe geschrieben, daß ich meinen Mann heiraten möchte, daß ich aber keine Papiere habe. Und Berlin hat Erfurt dann angewiesen, mich der Stadt zuzuschreiben, also Geburtsort: Erfurt. So schlecht war unsere Regierung nicht.

Ich habe eine Geburtsurkunde bekommen.

> Also eine falsche Geburtsurkunde.

Nein, sie haben geschrieben, ich werde zu Erfurt zugeschrieben. Sie haben dann noch einen Fehler gemacht, was das Geburtsdatum anbetraf, aber es war mir schon alles zu viel. Auf jeden Fall habe ich seit dieser Zeit einen Ausweis, in dem steht, daß ich in Erfurt geboren bin.

Und dann haben wir geheiratet. Da haben wir hundert Mark Hochzeitsgeld bekommen.

Später habe ich in der Zeitung gelesen, daß in Erfurt eine jüdische Gemeinde gegründet wird. Viele Juden gab es hier nicht. Von den Erfurter Juden sind vier oder fünf zurückgekommen. Die anderen stammten aus Schlesien, aus Breslau.

Ich bin zur Gemeinde hin, und da sagte mir der Vorsitzende: »Aber Sie haben ja keine Papiere, daß Sie Jüdin sind.«

»Nein«, sagte ich. »Aber ich kann *davnen* (jidd.: beten, S.H.-W.).«

Da hat er mir einen *Sidur* (*Gebetbuch*, S.H.-W.) gegeben, und nachdem ich eine Zeile gelesen hatte, sagte er: »Ist gut, Sie können es besser wie ich.«

Und da war es erledigt. Ich habe eine Bescheinigung bekommen, daß ich von Geburt durch eine Prüfung Jüdin bin.

Bis 1957 haben wir die Gaststätte betrieben und fünf Morgen gepachtetes Land bewirtschaftet. Das Land haben wir später gekauft. 1957 hat man mich zum Konsum geworben. Ich habe die Buchführung gemacht und war dann im Vorstand.

Waren Sie in der SED?

Ja. Ich bin '45 in die SPD eingetreten, die wurde 1946 mit der KPD zur SED zusammengeschlossen. Ich war bis zum Schluß in der SED.

Sie waren oft zu Besuch in Israel. Sie waren in der SED, aber die SED hat diplomatische Beziehungen zu Israel abgelehnt. War das kein Widerspruch?

Wissen Sie, es gab viele Länder, die diplomatische Beziehungen zu Israel abgelehnt haben. Das war ja nicht nur die DDR. Feindlich gesinnt gegenüber den Juden war aber niemand hier.

Haben Sie angefangen zu reisen, nachdem Sie in Rente gegangen sind?

Ich bin vorher schon oft gereist, da ich oft als Dolmetscherin fungiert habe. Das wurde sehr gut bezahlt. Ich habe simultan aus dem Polnischen und dem Russischen übersetzt. Seit mein Mann tot ist, bin ich viel gereist. Als Verkaufsstellenleiter hatte ich den höchsten Urlaubsanspruch, 28 Tage im Jahr. Meine erste Reise habe ich nach Polen unternommen, nicht in meine Heimat, aber nach Krakau. Später bin ich auch in meine Heimat gefahren. Das ging aber nur mit List und Tücke. Ich hatte hier einen Litauer kennengelernt, natürlich ein Jude. Und der hatte mich nach Litauen, nach Vilnius eingeladen. Ich bin also dahin gefahren. In Vilnius bin ich auf die Polizei gegangen, habe aber nicht Russisch gesprochen. Und der Litauer ist als Dolmetscher mitgegangen. Ich habe gesagt: »Ich bin Jüdin. Er spricht Jiddisch und so kann er übersetzen.« So haben wir das gemacht, obwohl ich ja alles verstanden habe, was gesprochen wurde. Ich wollte nicht ausgefragt werden: »Woher können Sie Russisch? Wo haben Sie das gelernt?«

Was hätte ich sagen können? Ich habe einen polnischen Akzent im Russischen. Um diesem Ausfragen aus dem Weg zu gehen, habe ich niemandem etwas erzählt. »Ich bin aus Erfurt«, und fertig war es. Im Ausweis stand es drin.

Und auf dem Revier habe ich gefragt, ob ich noch woanders hinfahren dürfte, denn Litauen ist so klein, da sind Sie in ein paar Tagen rum. Aber ich hatte was anderes im Schilde. Und ich bekam dann die Erlaubnis, nach Weißrußland zu fahren, nach Minsk. Ich wollte nur wissen, ob in den Zügen Kontrollen sind, denn ich hatte vor, in meine Heimat zu fahren. Und das habe ich dann auch getan. Allerdings erst ein Jahr später. Ich hatte dem Litauer gesagt, er solle mich nächstes Jahr wieder einladen. Vor der zweiten Reise habe ich hier tausend Rubel umgetauscht, wir konnten so viel umtauschen, wie wir wollten. Und dann bin ich wieder nach Litauen gefahren.

Die Frau von diesem litauischen Juden sah mir ein bißchen ähnlich. Ihr Ausweis war schon zehn Jahre alt. Mit meinem hätte ich nicht fahren dürfen, als deutsche Staatsbürgerin durfte man nicht einfach die Republiken verlassen, nur mit Genehmigung der Polizei. Ich hatte zwar im Vorjahr die Genehmigung bekommen, nach Minsk zu fahren, aber das war ja in Weißrußland. In die Ukraine, nach Lemberg, muß man vierundzwanzig Stunden mit dem Schnellzug fahren, das hätten die doch gar nicht erlaubt. Da hätten sie mich gefragt, was ich dort will. Und dorthin gab es auch keine Touristenreisen, die gibt es heute noch nicht. Da ich genug Geld umgetauscht hatte, konnte ich am Ort dann immer ein Taxi nehmen und war nicht auf Busse angewiesen. So habe ich die Kontrollen vermeiden können.

Und dort habe ich eine alte Jüdin getroffen, Bertha Teichmann, sie war die einzige, die noch dort lebte, inzwischen ist sie verstorben. Sie hat mir erzählt, daß eine Cousine von mir in Israel lebt und hat mir eine Adresse gegeben, nicht die von meiner Cousine, sondern die von ihrer Schwägerin. Und da habe ich gleich von dort einen Brief geschrieben. Und es hat nicht lang gedauert, da bekam ich Antwort aus Israel. Aber damals konnte ich noch nicht hinfahren, ich war noch keine sechzig Jahre alt. Ins kapitalistische Ausland durfte man nicht vor der Berentung fahren. Wir haben uns in Rumänien verabredet. Rumänien unterhielt damals diplomatische Beziehungen mit Israel, und wir durften auch nach Rumänien. Meine Cousine ist also mit ihrem Mann nach Rumänien gekommen. Wir haben uns dort das erste Mal nach 35 Jahren getroffen.

Vorher hatten wir uns Photos voneinander geschickt, damit wir uns überhaupt erkennen. Vierzehn Tage waren wir in Rumänien zusammen.

> Das war wahrscheinlich ein großartiges Wiedersehen.

Aah, ich kann Ihnen sagen!

Ich bin ein bißchen hart geworden, weil das Leben mich hart gemacht hat.

Für meine Cousine war es nicht so schlimm. Sie hat auch nicht wie eine Fürstin gelebt, aber nicht so schlimme Erlebnisse durchmachen müssen wie ich, nicht so viel Angst und Schrecken. Sie sind damals vom Ural wieder nach Polen gegangen, unter Gomulka, sind dort noch vier Jahre geblieben und dann über Österreich nach Israel ausgewandert.

Als meine Cousine von Rumänien wieder nach Hause gefahren ist, hat sie von der Aufregung einen Herzinfarkt bekommen und wäre beinahe gestorben; diese Aufregung, nach so vielen Jahren! Sie hatte ja auch nicht gewußt, daß es irgendwo noch jemanden gibt! Ich bin die einzige Verwandte für sie und sie für mich! Wir haben keine weiteren!

Ich habe dann mehrere Anträge gestellt, und ein Jahr später, ich war mittlerweile sechzig, habe ich die Reiseerlaubnis nach Israel bekommen. Ich mußte dann eidesstattliche Erklärungen abgeben, daß ich mich nicht in politische Dinge einmischen würde. Als wenn die auf mich da warten würden, daß ich Politik mache! Das erste Mal war ich ein Vierteljahr dort. Solange konnte man mit einem Touristenvisum bleiben. Und da war ich überall, im Negev, überall, auf dem Golan.

> Das war sicherlich das erste Mal nach Ihrer Abfahrt aus Polen, daß Sie unter so vielen Juden waren?

Ja, das war auch nicht einerlei. Die Familie des Mannes meiner Cousine war unheimlich fromm. Seine Mutter trug eine Perükke, sie war Hebamme, der Vater war Fleischer. Er geht in keine Synagoge, denn er meint, überall sei die Synagoge, selbst wenn man im Zug fährt. Naja, Ansichtssache, nicht?

> Durch die historischen Umstände haben Sie so viele Identitätswechsel durchgemacht, und jetzt hat sich Deutschland auch noch einmal entscheidend verändert. Noch ein Bruch…

… na selbstverständlich! Was denken Sie! Ich bin jetzt noch nicht drüber weg. Alles ist ganz anders, diese Hooligans! Sie sind nirgendwo sicher! Sie sind nirgendwo sicher. Andauernd wird geklingelt, da wollen sie dies und dann wollen sie das! Unterschriften sammeln und alles mögliche. Das habe ich noch nicht verdaut, und ich bin nicht die einzige hier im Haus. Ich bin ja noch flexibel, der Kopf arbeitet noch. Aber viele wünschen sich den Tod hier, die alten Leute. Und wissen Sie, ich bekomme noch eine gute Rente, was die anderen nicht haben. Und jetzt ist auf einmal alles teurer geworden. Gucken Sie mal, wir haben früher für ein Brötchen fünf Pfennig bezahlt, heute bezahlen wir zwanzig.

> Sie waren bis zum Schluß in der SED?

Ja, und es war nicht alles schlecht. Wer das sagt, der lügt oder es ist ein Stiefellecker. Stiefellecker gibt es überall. Denken Sie an Hermann Axen, der war im Ministerium, der war auch Jude, wenn vielleicht auch kein Volljude. Sein Bruder ist auf dem Jüdischen Friedhof in Dresden begraben. Axen hat den Stern abnehmen lassen vom Grab! »Mein Bruder war kein Zionist!« hat er gesagt. Keine Ahnung hat er vom Judentum, er kennt die Bedeutung des Davidsterns nicht. Hier in Deutschland war doch das Judentum assimiliert, nicht? Die meisten konnten schon überhaupt nicht *davnen*. Sie haben sich vermischt mit den Deutschen, und da konnten sie es nicht. Wir haben hier auch Halbjuden, die haben keine Ahnung von Tuten und Blasen. Wenn wir hier die Feiertage begehen, haben wir große Schwierigkeiten. Die Leute können noch nicht einmal Jiddisch. Wir haben keinen Rabbiner. Der Vorsitzende macht den Vorbeter, und ich zünde die Lichter an.

Bei mir zu Hause wurde noch alles eingehalten.

Wenn ich nach Polen fahre und unter Juden bin, dann berührt mich das sehr. Als ich in Litauen war, bin ich in eine

Synagoge in Vilnius und habe gefragt, ob ich *Kaddisch* sagen darf für meine Eltern. Sie haben es mir gestattet, obwohl Frauen doch eigentlich nicht öffentlich den *Kaddisch* sagen dürfen. Auch in Kovno durfte ich *Kaddisch* sagen. Ich war dort, wo das Ghetto war, da sind über zwanzigtausend Menschen erschossen worden, genauso wie in Babi Yar. Da war früher eine Kiesgrube, und für die Nazis war das gefundenes Fressen. Heute ist dort ein kleines Museum. Immer wenn ich gereist bin, habe ich Juden aufgesucht. Ich spende auch für den *Keren Kayemeth* (*Organisation zum Aufbau Israels, S.H.-W.*).

Warum?

Warum? Na, das ist doch mein Land, warum soll ich denn dann nicht spenden, wenn ich etwas übrig habe? Das ist doch selbstverständlich. Das ist das Land meiner Vorfahren.

Ich will Ihnen mal was sagen. Ich lebe hier seit 1942. Aber Deutschland ist nicht meine Heimat. Auch Polen nicht. Ich habe keine Heimat.

Als ich vor fünfzehn Jahren in meiner Heimat, in der Ukraine war, da hat mir das Herz schon wehgetan. Das ist, ich will mal sagen, sehr schön anzusehen. Da sind die Berge, das ist so ungefähr wie in den Alpen, eine unheimlich schöne Gegend. Wenn Sie da so die Kühe mit den Glöckchen sehen, die Sennhütten, das ganze Panorama!

Als ich das wiedergesehen habe, da habe ich die Luft anhalten müssen. Aber als ich dann gesehen habe, was sie mit unseren Dörfern und Städten gemacht haben, und als ich auf dem Friedhof war, wo mein Vater beerdigt ist, und der Stein nicht mehr an seinem Platz war, da hat mir die Bertha Teichmann gesagt, ich solle nach dem Krankenhaus fahren, da haben sie eine Museumsstraße gemacht. Da hatten die Deutschen die schönsten Friedhofssteine genommen, und mit denen, die Aufschrift nach oben, die Straße gepflastert. Möchten Sie da noch dort wohnen? Wo jeder Schritt und Tritt einen nur an das Schlechte erinnert? Nein.

Und die deutsche Erde?

Wissen Sie, ich habe das, was ich in Polen erlebt und gesehen habe, hier nicht erlebt. Die waren schon alle weg. 1942 gab es hier schon praktisch keinen Juden mehr. Daß es mir schlecht gegangen ist, das ist eine zweite Sache. Aber diese Pogrome, dieses Unmenschliche, habe ich hier nicht mehr gesehen. Verstehen Sie mich?

Rolf K.

geboren in Gera
Jahrgang 1932
Wohnort: Unna

Ein Jude im deutschen Knast!

Das ist für einen Juden genauso unangenehm wie für jeden anderen. Sie wollen wissen, warum!?

Warum nicht?

Naja, man hat mir vorgeworfen, ich hätte ein paar Leute betrogen, und ich war halt der Meinung, also, ich fühle mich nach wie vor nicht gerecht behandelt. Ich hatte eine Investmentfirma. Formal-juristisch wird meine Verurteilung schon ihre Richtigkeit gehabt haben.

Wieviel Jahre haben Sie gesessen?

Sieben Jahre.

Jetzt haben wir die Einleitung. Wie kam es denn, daß Sie nach Deutschland gekommen sind?

Ja, ich bin in Deutschland geboren, in Thüringen. Mein Vater stammt aus Rußland oder Polen, so genau weiß ich es gar nicht. Und meine Mutter war Deutsche.

Jüdin?

Nein. Aber, sie ist zum Judentum übergetreten.

Mit der Heirat?

Ja, mit der Heirat.

Sind Sie in Thüringen groß geworden?

Groß geworden? Ja. Bis zu dem Zeitpunkt, wo ich ins KZ kam. Zuletzt war ich in Theresienstadt, da bin ich am 8. Mai

1945 von den Russen befreit worden. Und dann sind wir wieder zurück in meine Heimatstadt.

Wer ist: wir?

Mein Bruder und ich. Und als die Russen nach Thüringen kamen, sind wir nach Westdeutschland gegangen, in ein UNRRA-Lager, ein Flüchtlingslager. Im Jahre '48 bin ich dann nach Israel ausgewandert.

Waren Ihre Eltern auch deportiert worden?

Mein Vater ist in Mauthausen umgekommen. Meine Mutter hat überlebt, sie mußte Zwangsarbeit leisten. Sie ist dann praktisch an den Spätfolgen mehrere Jahre später gestorben.

Wieviel Jahre nach der Befreiung?

Zehn Jahre danach. Ich würde sagen, vielleicht hätte sie noch etwas länger leben können, wenn sie nicht so krank geworden wäre durch diese Leiden, die sie sich da zugezogen hat.

Was waren das für Leiden?

Alle möglichen Krankheiten, ich weiß es gar nicht mehr so genau.

Wie alt waren Sie, als Sie deportiert worden sind?

Acht Jahre.

Sind Sie sofort nach Theresienstadt deportiert worden?

Nein, nein. Wir kamen erst nach Leipzig in ein sogenanntes Kinderheim, unter Gestapo-Aufsicht. Und dann, eines Tages, wurde dieses Kinderheim aufgelöst. Da waren so zwei-, dreihundert Kinder, die wurden alle nach Polen deportiert. Soweit mir bekannt ist, sind bis auf drei oder vier Kinder alle umgekommen. Wir hatten das Glück, daß wir gerade in dem Moment, als das sogenannte Kinderheim abtransportiert wurde, mit meiner Mutter spazieren waren. Sie war zu Besuch gekommen. Wir sind dann gar nicht mehr zurück und haben praktisch bis zu unserer Festnahme illegal gelebt.

Ein gutes Jahr vor Kriegsende sind wir dann nach Theresienstadt gekommen. Ich war also zwei Jahre im Kinderheim,
dann haben wir in Deutschland, in Gera, illegal gelebt, bevor
ich ins KZ kam.

> Wer hat Sie geschützt, oder wie
> haben Sie sich versteckt?

Es ist mir bis heute noch halb schleierhaft, daß man uns so
lange in Ruhe gelassen hat. Wir hätten deportiert werden müssen. Wir hätten den Judenstern tragen müssen, das haben wir
natürlich nicht gemacht. Und irgendwie ist das eine ganze
Zeit gut gegangen, bis wir dann festgenommen wurden. Mein
Vater war schon etwas früher festgenommen worden. Zuerst
war er während der Kristallnacht festgenommen worden, da
war er in Buchenwald. Da ist er aber nach ein paar Monaten
wieder rausgekommen, weil wir Auswanderungspapiere nach
Amerika, nach USA hatten. Mein Vater hatte dort Verwandte. Die haben Affidavits geschickt, und aufgrund dessen hat
die Gestapo ihn wieder rausgelassen. Es kam aus irgendwelchen Gründen nicht zur Auswanderung, wahrscheinlich, weil
die Amerikaner nicht so viele Leute haben einwandern lassen.
Wir wußten überhaupt nicht, was dann mit ihm geschah, als
er wieder festgenommen wurde. Er kam nach Auschwitz,
nachdem er ein paar Wochen im Gefängnis in Gera gewesen
war. Er wurde zusammen mit zwei älteren Damen abtransportiert, die waren so an die siebzig. Das waren so die Reste, die
Mischehen.

Die Juden polnischer Staatsangehörigkeit waren schon viel
früher verhaftet worden, die deutschen Juden wurden halt später verhaftet und die Mischehen noch später. Wir wußten also
nicht, wohin er gekommen war. Nur aufgrund der Todesur-
kunde, die wir uns später in Arolsen besorgt haben, und aufgrund seiner KZ-Nummer wurde dann festgestellt, daß er in
Auschwitz war, aber gestorben, also umgebracht wurde er in
Mauthausen, in Österreich.

> Bei der Befreiung waren Sie also
> dreizehn Jahre alt.

Ja. Und für mich war klar, daß ich Deutschland verlassen wollte.
Wir sind dann mit der sogenannten Luftbrücke aus Berlin ausge-

flogen worden. Wir waren in einem UNRRA-Lager in Schlachtensee gewesen. Ja, und dann sind wir nach Israel gegangen,
meine Mutter, mein Bruder und ich. Und zehn Jahre später sind
wir wieder nach Deutschland zurückgekommen.

> Hat Ihre Mutter da noch gelebt?

Da hat meine Mutter noch gelebt, ja. Die liegt hier auf dem
Jüdischen Friedhof begraben.

> Warum sind Sie aus Israel wegge-
> gangen?

Aus zwei Gründen. Einmal aufgrund des Gesundheitszustands
meiner Mutter. Die hat es also wirklich nicht mehr ausgehalten. Und auch aus wirtschaftlichen Gründen. Ich habe mir hier
mehr Chancen ausgerechnet. Ich habe ein paar Mark Wiedergutmachung gekriegt, sonst wäre es mir gar nicht möglich
gewesen, wieder nach Deutschland zurückzukommen.

> Wieviel Mark?

5000 Mark für das KZ, ich glaube, das waren zehn Mark pro
Tag oder fünf Mark, ich weiß es gar nicht mehr so genau, 5000
Mark dafür, daß ich keine Schulen besuchen durfte.

> Also 10.000 Mark?

10.000 oder 11.000 Mark, in etwa.

> Eine lächerliche Summe.

Relativ, ja.

> Wie haben Sie das gemacht,wenn Sie
> ab dem Alter von acht Jahren keine
> Schule mehr besucht haben? Haben
> Sie das nachgeholt? Konnten Sie bei
> der Befreiung lesen und schreiben?

Ich konnte immer lesen und schreiben. Das hat mir meine Mutter beigebracht. Um lesen und schreiben zu lernen, muß man
nicht unbedingt in die Schule gehen.

> Aber Sie haben ja nun nicht den
> Weg eines gewöhnlichen Schul-

bubs gehabt. Wie haben Sie sich
zurechtgefunden?

Ich war ja auch nach der Befreiung aus Theresienstadt immer
in Lagern. Um die täglichen Dinge, also Essen und Trinken,
brauchte ich mir keine Sorgen zu machen. Wir wurden von
der UNRRA versorgt, bis ich dann nach Israel kam. Und in
Israel war ich dann auch wieder im Lager, in einem Einwande-
rerlager, aber da war ich nur kurz. Dann war ich im Kibbuz,
aber auch nicht lang.
Und dann bin ich zum Militär gegangen.

Haben Sie jemals einen formalen
Schulabschluß nachgeholt?

Nein. Wozu auch? Ich komme auch so zurecht, oder: bin
zurechtgekommen (*Herr Rolf K. lacht*), oder mußte zurecht-
kommen, richtiger gesagt.

Und dann sind Sie 1958 wieder
nach Deutschland gegangen.

Ich bin zuerst nach Berlin gekommen. Es war irgendwie doch
alles ganz neu hier, nach dem, was man so in Erinnerung behalten hatte. Es sah schon alles wieder ganz gut aufgebaut aus. Ich
erinnere mich, da war ein Freund von mir in Israel, der war
auch mit mir im Militär. Und sein Vater hatte in Tel Aviv an
der Autobusstation so ein kleines Café. Der Junge hat gut
Deutsch gesprochen, sein Vater war aber ein polnischer Jude.
Und ich sag: »Hör mal, wieso spricht dein Vater Jiddisch und
du sprichst Deutsch?«
Ich persönlich spreche gut Jiddisch, weil mein Vater mit mir
Jiddisch gesprochen hat. Aber die deutschen Juden können
kein Jiddisch. Und man merkt auch, ob jemand richtig Jiddisch spricht oder nicht, oder ob er nur versucht, es nachzuma-
chen.
Und der konnte also kein Jiddisch, der hat richtig Deutsch
gesprochen. Und da sag ich ihm: »Hör mal, das ist nicht dein
Vater.«
Sagt er: »Nein, das ist nicht mein Vater, das ist mein Pflege-
vater.«
Sag ich: »Und wo sind deine Eltern?«

Sagt er: »Die leben in Berlin.«

»Und wie kommste hierher?«

Sagt er: »Das war ganz komisch. Bei uns hat jemand in Untermiete gewohnt, also mein jetziger Vater, der jetzt hier in Israel ist. Und dessen Kinder sind in Auschwitz umgekommen, und da hat der mich einfach mitgenommen.«

Der hatte also den Sohn von seinen Vermietern mit nach Israel genommen. Und nachdem der groß geworden war, wollte er wieder zurück nach Deutschland.

Und da sagt er zu mir: »Weißt du was, meine Eltern leben in Berlin, gehe doch mal hin und gib einen Brief für mich ab.«

> Wußten die Eltern, wo der Sohn lebt?

Die Eltern wußten mittlerweile, daß der Sohn in Israel ist, daß dieser Untermieter, der Herr Moische Soundso, den Sohn halt sozusagen entführt hatte. Und irgendwie hat denen das nicht groß was ausgemacht, daß der den Sohn mitgenommen hat, komischerweise.

> Das war aber keine jüdische Familie?

Nein, das war eine deutsche Familie, eine stockdeutsche Familie, die irgendein Zimmer 1949 oder 1950 untervermietet hat. In der Nachkriegszeit war das nun mal so, daß viele Leute Zimmer untervermietet haben oder untervermieten mußten. Jedenfalls hat dieser Untermieter den Jungen mitgenommen. Na, und er hat mir also aufgetragen, dahin zu gehen und schöne Grüße auszurichten. »Ich will auch zurückkommen«, hat er gesagt.

Na ja, gut. Ich bin in Berlin angekommen und hatte mir auch ein möbliertes Zimmer genommen, direkt am Kurfürstendamm bei einer älteren Dame, ich erinnere mich noch daran. Und gucke, ach, Düsseldorfer Straße, direkt fünf Minuten von meiner neuen Wohnung, wohnen die Eltern von diesem Freund von mir, mit dem ich also immer zusammen war. Und da dachte ich, jetzt gehst du aber mal ruckzuck dahin. Ich gehe dahin, klingele, und da machen die mir die Tür so einen Spalt weit auf. »Was wollen Sie denn?«

Sage ich: »Guten Tag, mein Name ist Rolf K., ich soll Ihnen Grüße von Ihrem Sohn ausrichten.«

Und die macht die Tür nicht auf: »Ja, und?«

Ich sage: »Ja, das ist ein Freund von mir. Ich bin vor zwei, drei Tagen aus Israel hierher gekommen und wollte Ihnen nur sagen, daß Ihr Sohn mir gesagt hat, ich soll Ihnen Grüße ausrichten!«

»Ja, ja, der soll nur ja nicht hierherkommen! Der soll zu seinem Bruder nach Düsseldorf gehen!« und schmeißt die Tür wieder zu.

Also, irgendwie habe ich die Welt nicht mehr verstanden. Mich hatten die zehn Jahre in Israel geformt im Umgang mit Menschen. Dort ist man freundlich, man macht die Tür auf, man bittet jemanden rein, ob man ihn kennt oder nicht. Als ich nach Israel gekommen bin, da gab es überhaupt keine Schlösser an den Türen. Heute ist das auch wieder anders. Aber damals gingen die Wohnungstüren gar nicht abzuschließen.

Und ähnlich war dann folgendes: Als ich wieder hier war, dachte ich, du mußt mal nach Gera fahren, mal deine Geburtsstadt sehen. Ich hatte das Haus noch in Erinnerung, wo wir gewohnt hatten. Als ich aus dem KZ zurückkam nach Gera, hatten wir noch ein halbes Jahr da gewohnt, als die Amerikaner noch in Thüringen waren, die Russen kamen ja erst danach. Und da bin ich also dahin, klingele, das Haus stand noch, und auch die Hauswirtin, mit der wir relativ gut bekannt waren, war noch da. Die hatte eine Tochter, die so in meinem Alter war, Hannelore, und da dachte ich, sagst du mal Guten Tag. Ich klingele, und da guckt die oben zum dritten Stock raus und sagt: »Ach, der Rolf ist gekommen, ja wie geht's denn?«

Und da sage ich: »Ja, machen Sie doch mal auf!«

Sagt sie: »Nein, ich kann dich nicht hochbitten, meine Gardinen sind in der Wäscherei.«

Ich wußte gar nicht, was ich sagen sollte. »Naja gut, dann komme ich noch mal bei Gelegenheit.«

Und das nach zehn Jahren! Das ist irgendwie eine andere Mentalität, daß man jemandem, den man zehn Jahre nicht gesehen hat, sagt, ich kann Dich nicht hochbitten, weil meine Gardinen in der Wäscherei sind.

Das war doch wohl ein Vorwand.

Nein, ich glaube nicht. Ich glaube wirklich schon, daß das so ist. Meine Mutter war auch so eine Frau, die so viel auf das Äußere gegeben hat. Schon als kleines Kind hat sie immer in der panischen Angst gelebt, daß sie sich mal schämen müßte. »Also, da muß man sich ja schämen!« das war immer ihr Wort. Sie hat immer in dieser panischen Angst gelebt, daß ich mal irgend etwas in meinem Leben machen würde, wofür sie sich schämen müßte. Als hätte sie es geahnt, daß ich mal im Knast landen würde (*Herr Rolf K. lacht*).

Mütter haben ja manchmal solche Vorahnungen.

Es ging ihr so um das Benehmen, bei Tisch, bei allem. Es war ihr furchtbar wichtig.

War Ihr Bruder mit Ihnen in Berlin?

Ich bin zunächst allein gekommen, mein Bruder ist später nachgekommen. Das ist ein abendfüllendes Thema. Wir waren zusammen in diesem UNRRA-Lager von '49 ab – ein gutes Jahr. Mein Bruder war ein bißchen älter als ich, und in dieser Zeit hat er eine Frau kennengelernt, und die hat also ein Kind von ihm bekommen. Mein Bruder war damals neunzehn Jahre als, sie war einundzwanzig. Und er hat die dann sitzen lassen und ist mit uns nach Israel ausgewandert.

Ich war also in Berlin ungefähr ein Jahr allein und bin dann nach Israel zurückgefahren. Mittlerweile war meine Mutter nach Berlin gekommen, weil sie eine Rente bekommen hat, und so konnte sie hier irgendwie leben. Ich habe also meinen Bruder besucht, der hatte natürlich mittlerweile geheiratet und hatte auch wieder zwei Kinder. Die Heidi, also die Frau aus Berlin, hatte auch geheiratet.

Wollen wir mal eine Pause machen?

Ja.

(*Herr Rolf K. erzählt mir in der Pause, daß auch er in Israel geheiratet hatte.*)

Also, Sie waren der Pionier?

Ich war der Pionier, als ich nach Berlin ging.

Auf der Flucht vor Ihrer ersten Frau?

Naja, auf der Flucht ist ein bißchen übertrieben. Ich war damals im Militär, sie war Krankenschwester. Ich war ein bißchen verwundet. Sie stammt aus Bagdad, also eine bildschöne arabische Jüdin.

Wieso waren Sie verwundet?

Na, ich habe 1956 den Sinai-Krieg mitgemacht und so weiter.

Was haben Sie für eine Verwundung gehabt?

So ein bißchen am Arm.

Was heißt: ein bißchen am Arm?

Ein Streifschuß, also nichts Gefährliches.
(*Herr Rolf K. zeigt mir eine Narbe an der Schulter, krempelt sein Hosenbein hoch und zeigt eine zweite am Knie*)

War das am Knie auch ein Schuß?

Auch ein Schüßchen. Na, wir haben dann Hals über Kopf geheiratet. Und das war eine Katastrophe.
Sie lachen!
Sind Sie verheiratet?

Ja.

Ist das auch eine Katastrophe?

Nein, keine Katastrophe.

Ich finde es sehr schwer, mit einem Menschen zusammenzuleben, wenn man nicht versucht, ihn zu unterdrücken. Einer versucht ja immer, den anderen zu unterdrücken – und wenn es in einer noch so subtilen Art versucht wird. Ich finde es schon gut, wenn man eine gute Beziehung miteinander hat, aber so eng aneinanderkleben, finde ich mittlerweile – ich bin ja nicht mehr der Jüngste – schlecht. Ich bin seit fünfundzwanzig Jahren wieder verheiratet, aber ich lebe seit zehn Jahren von meiner Frau getrennt, von meiner zweiten.

Von Ihrer ersten Frau sind Sie weggegangen.

Damals wollte ich weg und bin also zurück nach Deutschland und habe dann alles mögliche versucht.

Was denn zum Beispiel?

Was man so macht, wenn man neu nach Deutschland kommt. Ich habe mir überlegt, also arbeiten willst du nicht, das kannst du ja in Israel, also versuchst du irgendwie was anderes. Ich habe mir eine Zeitung gekauft, die war voll von Annoncen. Ich habe dann Vertretungen übernommen und versucht, Mitglieder für Buchclubs zu werben, Geschirr zu verkaufen, Staubsauger zu verkaufen.

Das ist doch auch Arbeit.

Ja, aber keine manuelle Arbeit. Man kann sich seine Zeit einteilen, man kann mit Menschen sprechen, was ich relativ gern mache. Das lief also ganz gut, bis dann mein Bruder aufgekreuzt ist. Aber zwischendurch war ich noch ein halbes Jahr in Israel. Für mich war es ja ein Erlebnis, der erste Monat in Deutschland, da habe ich Ölöfen verkauft. Die waren ganz neu in Deutschland. Da habe ich – wann war das, '59 oder '60 – da habe ich in einem Monat achttausend Mark verdient. Das war sehr, sehr viel Geld damals. Leider Gottes ging das nicht lange. Ja, und dann bin ich also sofort nach Israel zurückgefahren und habe dort erstmal Urlaub gemacht, habe mir eine Wohnung gemietet, den ganzen Tag am Strand gelegen.

Und Ihre Frau, hat sie gewußt, daß Sie wieder da sind?

Aber sicher, aber sicher. Nein. Die ist ja in Deutschland geblieben. Sie war mir nachgekommen. Die Nurith ist mir nachgekommen. Übrigens, die ist heute mehrfache Millionärin. Sie hat eine Fabrik in Israel mit ein paar hundert Angestellten. Sie war immer eine geschäftstüchtige, clevere Frau. Ihre Familie hatte damals schon orientalische Restaurants in Tel Aviv gehabt. Und als ich nach Deutschland fuhr, hat sie ein paar Wochen später vor der Tür gestanden, da war sie da.

Und dann haben wir uns hier auch nicht besonders gut verstanden, aber sie hat relativ schnell Deutsch gelernt und ist sofort in den Werbeverkauf gegangen. Und wie ich nach Israel zurück bin, da ist sie hiergeblieben. Sie ist insgesamt ein oder zwei Jahre hiergeblieben und ist dann nach Israel zurückgegangen. Ich fahre jedes Jahr so zwei-, dreimal nach Israel und als ich letztens da war, habe ich mich mal wieder mit ihr telefonisch unterhalten. Sehen will ich sie nicht, sie mich auch nicht. Sie hat gesagt: »Ich bin dick geworden.«

Da habe ich gesagt: »Nein, dann gucke ich mir Dich nicht an, dann habe Dich immer noch so in Erinnerung, wie Du jung, hübsch und schlank warst.«

> Als Sie damals nach Deutschland kamen, ist Ihnen die Vergangenheit da wieder mehr ins Bewußtsein gekommen oder hat Sie das kalt gelassen?

Eher kalt gelassen. Ich bin ja auch nicht der Typ, dem man ansieht, daß er Jude ist, ja? Ich habe es aber auch nie verheimlicht. Ich sage das auch den Leuten, die ich ein bißchen kenne, nicht, weil ich gläubiger Jude wäre, sondern, ich weiß auch nicht, ich bin halt so, wie ich bin. Ich habe eben, weil ich so ins Leben hineingeboren worden bin, sehr viel gelitten und sehr viel durchgemacht, und dazu stehe ich jetzt auch, nicht?

> Aber Sie bringen das nicht unbedingt mit den Deutschen in Verbindung?

Was?

> Na, daß Sie gelitten haben.

Na, das ist schon die Schuld des Hitler-Regimes, daß ich mich nicht so entwickeln konnte, wie ich mich hätte entwickeln wollen. Es ist doch nicht normal, daß man mit sechs oder sieben Jahren von zu Hause weg muß und mit zehn, zwölf Jahren ins Konzentrationslager und dann jahrelang in Flüchtlingslagern leben muß. Das ist schon ein Ergebnis dessen, daß ich als Jude auf die Welt gekommen bin, oder nicht?

Ja, selbstverständlich.

Ja.

> Aber hat das für Sie, als Sie dann nach Deutschland zurückgekommen sind, eine Rolle gespielt, was das Leben hier Ende der 50er, Anfang der 60er Jahre anbetraf?

Na, im Prinzip bin ich ja Deutscher. Ich habe die deutsche Staatsangehörigkeit, ich habe einen deutschen Paß, aber – wie soll ich sagen? – ich fühle mich nicht so loyal zu diesem Staat. Also, ich wäre nicht bereit, sagen wir mal, für diesen Staat zu kämpfen oder so, wie ich das für Israel getan habe. Obwohl ich in Israel weniger zu Hause bin als hier, von Sprache, von Kultur, von allem drum und dran.

Das heißt jetzt nicht, daß es mir in Israel besser gefällt als hier. Ich finde zum Beispiel die Politik, die im Moment von der israelischen Regierung gemacht wird, schlimm, aber ich fühle mich – wie soll ich das sagen? –, ich fühle mich drüben irgendwie mehr zu Hause als hier. Ich finde vielleicht nicht die richtige Ausdrucksweise dafür. Ich bin halt so hin- und hergerissen, wollen wir mal sagen. Drüben bin ich Deutscher, und hier bin ich Jude, so in etwa.

> Wie ging es dann weiter, als Sie nach Ihrem halben Jahr Israel wiederum nach Deutschland gekommen sind?

Ich bin zusammen mit meinem Bruder wieder nach Deutschland zurück. Der war plötzlich, am nächsten Tag, verschwunden. Ich habe mir Sorgen gemacht. Wir kommen zurück, nehmen gemeinsam ein Hotelzimmer. Und der sagt am Abend: »Ich gehe mir mal Zigaretten kaufen«, geht spazieren und ist verschwunden!

Vier oder fünf Tage war er verschwunden. Mittlerweile hatte ich mir wieder eine Bleibe gesucht, und ich weiß gar nicht, wie er mich gefunden hat, irgendwie kam eine Karte von ihm: »Mach Dir keine Sorgen um mich, ich bin in besten Händen, Dein Bruder«

Naja, Sorgen habe ich mir dann nicht mehr gemacht, trinken Sie noch einen Whisky?

Ja, danke.

Das kann nie schaden.
Wo waren wir?

Der Bruder.

Ach ja, der Bruder, der liebe Bruder.

Der war in besten Händen.

Ja, also der ist in besten Händen.

Hat er eine schöne Frau gefunden?

Ich hatte damals einen 17M und ich war so stolz darauf. Das ganze Leben hatte man immer davon geträumt, ein Auto zu haben. Also, in meiner Kindheit, in Gera, da gab es vielleicht zwanzig Autos. Ein Auto, das war etwas für Millionäre. Daß heute eine Putzfrau mit einem Auto fährt, wenn man das damals jemandem erzählt hätte, das wäre genauso gewesen, wie wenn man erzählt hätte, man wird auf dem Mond landen. Mittlerweile ist es ja wirklich so. Ich meine, daß die Putzfrau mit dem Auto fährt, und daß man auf dem Mond landet. Beides ist eingetroffen.

Nun gut, ich habe mich also in mein Auto gesetzt und habe die Adresse gesucht, nicht? Das war außerhalb von Berlin, in Marienfelde.

Ich komme da also hin, und bei wem war er? Bei der Heidi! Bei dem Mädel, mittlerweile war sie ja schon etwas älter geworden, die war so paar und dreißig, und der Sohn war auch schon zwölf Jahre alt. Die war gerade frisch geschieden. Sowie mein Bruder in Berlin war, ist er aufs Einwohnermeldeamt gegangen, um ihre Adresse herauszufinden. Und er sitzt also da, in Hausmantel und Pantoffeln, als wären überhaupt keine zehn Jahre vergangen!

Ich frage also: »Was ist denn jetzt los?«

Ich habe die auch sofort wiedererkannt, nicht? Und der Mario, der Sohn, der war also zwölf.

Und ich sag: »Was willste denn jetzt machen?«

»Ich hab der Judith schon geschrieben, ich bleibe hier!«

Judith war seine Frau in Israel, die dort mit ihren zwei Kindern saß.

Naja, nach ein paar Tagen war die natürlich auch da. Also, es war ein Drama!

Es würde jetzt den Rahmen von jedem Buch oder Film sprengen, wenn man das jetzt auswälzen würde.

Das kann sein. Schade.

Der Bruder war hin- und hergerissen zwischen diesen beiden Frauen, nicht? Und das Ergebnis war, daß die Judith einen Sohn wieder mit zurückgenommen hat und einen hat sie ihm gelassen, ja? Und dann haben sie sich irgendwie scheiden lassen. Inzwischen hat die Judith wieder geheiratet und hat noch zwei Söhne bekommen. Mein Bruder hat sich später dann von der Heidi auch wieder scheiden lassen und ist jetzt mit der dritten Frau glücklich verheiratet. Und so regelt sich halt alles im Leben.

Und Sie?

Ich?

Ja, Sie. Der Bruder war versorgt ...

... der Bruder war versorgt, der war bis zur Scheidung bei der Heidi, ja, was war mit mir?

Ich habe mich dann auch scheiden lassen von der Nurith und bin nach Frankfurt. Ich habe im Bahnhofsviertel gearbeitet. Da hat ja jedes zweite oder jedes erste Lokal irgendeinem von meinen Glaubensbrüdern gehört.

War das wirklich so?

Doch ja, in der Moselstraße, in der Elbestraße, heute vielleicht weniger, denn die guten Zeiten sind ja auch vorbei, wo der Dollar drei Mark fünfzig oder vier Mark gekostet hat. Also, zu meiner Zeit waren alle Bars fest in jüdischen Händen.

Wie erklären Sie sich das, wie kam das?

Also, eine Bar zu machen, ist relativ einfach, die Gastronomie. Es stimmt schon: Wer nichts wird, wird Wirt, und da bin ich also auch Wirt geworden.

> Haben Sie da ein Bordell gehabt
> oder eine Bar?

Also, Frau Wolff! Ich habe ganz solide am Tresen gearbeitet!

> Ach, Sie waren da angestellt?

Ja, selbstverständlich war ich erst mal angestellt! Ich war ja ziemlich mittellos, wie ich nach Frankfurt gekommen bin. Da habe ich so ein Jahr lang quasi an der Ausgabe gearbeitet.

> Was für eine Ausgabe?

Ja, Getränke! Was denken Sie denn? Das war ein gut gehendes Lokal mit zehn, zwölf Kellnern, vier, fünf Bardamen, direkt in der Moselstraße. Die Besitzer hatten mittlerweile alle schon mehrere Häuser und haben gut verdient. Und ich hatte geglaubt, daß ich da auch partizipieren dürfte und müßte und habe dann jeden Abend, so links, zwei- bis dreihundert Mark gut gemacht. Das heißt, ich habe meine Chefs ein bißchen beschissen, und nachdem ich so zwanzig-, dreißigtausend Mark verdient hatte, habe ich gesagt: »Hört mal zu, Jungs, jetzt langt mir's, ich mach mich selbständig.«

Und da sagt der eine: »Sag mal, Rolf, mit wem hast Du uns denn beschissen? Mit welchem Kellner hast Du denn zusammen gearbeitet?«

Hab ich gesagt: »Willste die Wahrheit wissen? Mit allen zehn Kellnern habe ich zusammen gearbeitet!«

Naja, die waren ein bißchen sauer, auf der anderen Seite haben sie das auch verstanden, daß man ein paar Mark machen muß. Und dann habe ich mir ein eigenes Lokal aufgemacht.

> Was heißt: Lokal?

Eine ganz normale Gaststätte. Gemeinsam mit meinem Bruder. Mittlerweile war der auch nach Frankfurt gezogen. Hat auch in so einer Kaschemme gearbeitet. Jeder Israeli, der damals nach Deutschland kam, hat irgendwie in so einer Kaschemme einen Job gekriegt, nicht? Ja, und wir haben dann gemeinsam dieses Lokal betrieben.

> Also, eine Gaststätte.

Ganz normale Gaststätte.

Essen und trinken.

Essen – und trinken, ja. Hauptsächlich trinken. Wie lange haben wir das gemacht? Ja, und dann haben wir gemeinsam Automaten aufgestellt, nicht? Zuletzt hatten wir so zwei-, dreitausend Automaten.

Das war in den 60er Jahren?

Wie lange haben wir die Gastronomie betrieben? So sechs, sieben Jahre, bis '70, '71. Wir hatten dann mehrere Gaststätten, die haben wir abgegeben und uns nur noch den Automaten gewidmet.

Als ich gerade die Cassette gewechselt habe, sagten Sie: »Ist ja klar, Geld verdienen war das einzige, was ich konnte.« Sie haben das ein bißchen abfällig gesagt. Sie sind um Ihre Schulausbildung betrogen worden, und welche Möglichkeit hatte ein findiger junger Mann ohne formale Ausbildung im Deutschland der Aufbauzeit, außer Geld zu machen?

Also, ich meine, jeder versucht ja irgendwie, Geld zu verdienen. Das Gleiche habe ich getan.

Wenn es jetzt um die Vergangenheitsbewältigung geht: daß man also die Familie von meinem Vater, die in Polen, in Bialystok gelebt hat, ungefähr dreihundert Leute, daß die alle von den Nazis ermordet worden sind, daß mein Vater ermordet wurde, daß ich als Kind ins KZ gekommen bin, daß meine Mutter an den Folgen gestorben ist, wenn man das bedenkt, hätte man irgendwie nicht in Deutschland leben dürfen. Vielleicht ist diese Auffassung nicht richtig. Aber irgendwie habe ich das Gefühl, und deshalb bin ich auch nach Israel gegangen.

Aber als ich dann nach Deutschland zurückkam, nach zehn Jahren, da hat mich das eigentlich nicht mehr so belastet. Denn wenn ich in jedem den Nazi oder den potentiellen Mörder gesehen hätte, dann hätte ich echt nicht mehr zurückkommen dürfen, dann kann man als Jude auch nicht in Deutschland leben, ja? Das verträgt sich miteinander nicht. Aber heute, im Jahre 1991? Ich habe ja auch positive Erfahrungen in der Nazizeit gemacht. Es gab Leute, die haben ihr Leben riskiert, um mir zu helfen. Nicht nur mir, auch meinem Vater. Ich erinnere mich, mein Vater mußte in Gera Zwangsarbeit leisten, er mußte Kohlen ausfahren, ja?, und ich habe ihm als sechsjähriger Junge geholfen, die Säcke aufzuhalten und die Kohlen einzuschippen. Ich war letztens dort, wo die Kohlenhandlung stand, wo ich meine Kindheit verbracht habe, und wo man drei Pfennig für einen Zentner Kohlen bekommen hat. Da steht heute das Inter-Hotel. Dieser Kohlenhändler, das war ein Nazi, wie er im Buche steht, und trotzdem war das ein anständiger Mensch, das war ein hochanständiger Mensch, der hat immer gesagt: »Herr K., der Führer weiß davon nichts, was hier geschieht!« Ja?

Und am liebsten hätte er einen Brief geschrieben, aber wenn er einen Brief an seinen Führer geschrieben hätte, wäre er vielleicht selbst ins Konzentrationslager gekommen. Aber es gab ja wirklich Leute, die daran geglaubt haben, genauso wie heute. Wenn ich in die ehemalige DDR komme, die Leute, die die DDR aufgebaut haben, die haben ja auch eine Idee gehabt, die haben ja auch daran geglaubt, daß man etwas Besseres machen will wie die Bundesrepublik. Und in manchen Dingen war die DDR ja auch – ich habe heute zwei Firmen dort und beschäftige fast hundertfünfzig Leute – menschlicher als hier in dieser relativ unmenschlichen Gesellschaft.

> Was haben Sie für Geschäfte in der DDR?

Ein Bekleidungsgeschäft und eine Firma für Textilverarbeitung.

> Was war Ihr Vater von Beruf?

Mein Vater war Fleischer und Pferdehändler. Und er hat mir immer erzählt, wie er mit seinem Vater als kleines Kind nach Rußland, bis nach Sibirien gefahren ist. Im Sommer sind sie losgefahren von Bialystok mit dem Wagen. Ich war da noch nie, aber ich habe mir fest vorgenommen, mal rüber zu fahren und nachzuforschen, was da noch vorhanden ist von der ganzen Familie.

Aber wo waren wir stehengeblieben? Ich habe meinen Anteil an dem Geschäft mit den Automaten irgendwann verkauft. Ich habe mich mit meinem Bruder auch nicht mehr so richtig verstanden. Und dann habe ich das Angebot bekommen, für eine amerikanische Investment-Firma Grundstücke in Florida zu verkaufen, ja? Wie lange habe ich da gearbeitet? Vielleicht ein Jahr, relativ gut verdient. Später hat sich rausgestellt, daß die Grundstücke leider einen Fehler hatten. Man konnte sie nur bei Ebbe besichtigen.

Ja, Sie lachen!

> Sie waren aber während dieser Zeit immer in Deutschland?

Ja, ich habe die Grundstücke nie gesehen.

> Und an wen haben Sie die verkauft? An Investoren?

Ja, das waren Investment-Geschichten. Die haben also ein paar Millionen Dollar hier abgegriffen und sind dann verschwunden. Und dann habe ich mir gedacht, was die können, kannste auch, und habe meine eigene Firma gegründet, also eine Firma, die Leute gesucht hat, die an Steuervorteilen interessiert waren. Der Plan war, sogenannte Seniorenzentren zu bauen. Wir hatten im Zonenrandgebiet mehrere Grundstücke unter Vertrag genommen und hatten ungefähr zwei, drei Millionen Mark an Kommandit-Kapital eingesammelt. Ja, und eines Tages bin ich verhaftet worden, und man hat mir vorgeworfen, ich hätte den Leuten nicht die Wahrheit über die Sicherheiten gesagt, und das Ergebnis war, daß ich mit sieben Jahren aus der Affäre kam, also das war dann das Ende, das vorläufige Ende.

> War der Vorwurf berechtigt?

Berechtigt war er schon. Ich meine, subjektiv nicht. Ich habe immer gemeint, wenn man jemanden betrügen will oder wenn man als Betrüger verurteilt wird, dann muß man den Leuten das Geld wegnehmen und in die eigene Tasche stecken oder irgend etwas Unredliches tun. Wir haben ja jeden Pfennig ordnungsgemäß verbucht, und wenn ich nicht festgenommen worden wäre, hätte wahrscheinlich kein Anleger einen Pfennig Geld verloren.

Aber ich bin eben festgenommen worden, und es ist ein Schaden von zwei, drei Millionen Mark entstanden.

> In welchem Gefängnis haben Sie gesessen?

In allen möglichen. Erst mal drei Jahre in U-Haft. Und den Rest habe ich dann in Freigang abgemacht.

> Wie hat sich der Freigang gestaltet? Konnten Sie dann schon wieder Geschäfte machen?

Ja, ja. Da habe ich dann angefangen, für eine Textilfirma im Außendienst zu arbeiten, und sowie ich entlassen war, habe ich mich selbständig gemacht. Das ist jetzt sieben Jahre her.

> Also, Sie haben gesessen von '76 bis '83?

So in etwa, ja.

> Wie war das denn für Sie im deutschen Knast? War das genauso, wie Sie vielleicht in Israel gesessen hätten?

Ich kann es schlecht vergleichen, weil ich da drüben nicht im Knast war. Ich habe halt versucht, die Zeit irgendwie positiv zu nutzen, ja? Also, die meisten nehmen Drogen, die meisten schlagen sich den Kopf mit Tabletten zu, was auch irgendwie von der Gefängnisleitung geduldet wird, denn die wollen, daß Ruhe herrscht im Gefängnis. Ich habe halt sehr viel gelesen, habe wahrscheinlich soviel gelesen wie zwanzig andere Menschen, habe mir Französisch beigebracht, und es gibt ja auch Möglichkeiten, an Kursen teilzunehmen, sich ein bißchen zu bilden. Ich habe fünf, sechs Romane geschrieben und vielleicht fünfzig, sechzig Kurzgeschichten. Also, ich bin da das erste Mal mit der Literatur zusammengekommen. Ich habe auch sehr viele interessante und wertvolle Menschen kennengelernt. Viele haben auch geglaubt, daß ich Talent habe, aber nachdem ich entlassen wurde, habe ich mich halt nicht weiter der Literatur gewidmet. Vielleicht liegt mir doch das Geldverdienen mehr, als kluge Bücher zu schreiben.

> Ein eingeknasteter Jude in Deutsch-
> land ist eine seltene Kombination.

Ich war schon der einzige Jude. Aber ich glaube nicht, daß mich das irgendwie berührt hat. Ich habe mir ein festes Programm gemacht in dieser Zeit des Eingesperrtseins. Ich glaube, nur so kann man überleben. Ich bin also früh aufgestanden, ich habe mich rasiert, ich habe jeden Tag ein paar hundert Liegestütz, Kniebeugen gemacht, ich habe versucht, mich körperlich fit zu halten. Ich habe immer gearbeitet, ich habe mir immer gesagt: »Du mußt hier überleben, du mußt etwas aus dieser Zeit machen, etwas Positives!«

Sowie ich abends eingeschlossen wurde, habe ich mich an die Schreibmaschine gesetzt und habe vier, fünf Stunden weißes Papier vollgeschrieben. Ob das nun literarischen Wert hat, ist für mich uninteressant, jedenfalls hat es mir geholfen, als Mensch zu überleben, ohne die Substanz zu verlieren, denn im Gefängnis sein, eingesperrt sein, macht ja den Menschen nicht besser. In der Regel wird man ja erst im Gefängnis zum Verbrecher gemacht. Ein Mensch begeht eine Straftat, wird verurteilt, und im Gefängnis wird er schlecht. Oder er wird als Dieb eingeliefert und kommt als Räuber wieder heraus. Ich habe versucht, soviel wie möglich von meiner menschlichen Substanz zu bewahren. Ich habe mich auch nie per Du anreden lassen. Ich habe Wert darauf gelegt, auch Distanz zu den Wärtern zu halten, denn da gibt es so eine Kumpanei zwischen Gefangenen und Aufsehern, ja? Also, auch da habe ich versucht, gewisse Regeln mir selbst aufzuerlegen und einzuhalten. Ich habe auch nie versucht, irgendeinen Job da zu kriegen, als Hausarbeiter oder so, da gibt es ja so eine Hackordnung, das wollte ich alles nicht.

> Haben Sie da angeknüpft an Ihre
> Erfahrung im KZ?

Nein, überhaupt nicht, das ist überhaupt nicht vergleichbar. Im KZ lebt man in Todesangst, und im Gefängnis lebt man relativ sicher. Die meisten Leute wollen ja gar nicht mehr raus. In deutschen Gefängnissen sitzen keine Verbrecher. Das sind zu achtzig Prozent Sozialfälle. Wenn man den Leuten ein bißchen helfen würde, sich einzugliedern, dann könnte man die Gefängnisse zumachen. Also, bis auf wirkliche Verbrecher, die jemanden umgebracht haben oder einen Bankraub begangen haben, aber achtzig Prozent sind doch Eierdiebe! Also, Leute, die gar kein Hirn haben, um ein Verbrechen zu begehen, auf deutsch gesagt. Das sind so Leutchen, die die Knäste bevölkern, die sind nicht kriminell, das sind arme Schweine. Die Justiz könnte man auch abschaffen, die verschlingt Milliarden und bringt nichts. Ich will nicht sagen, daß ich eine Alternative hätte. Aber das, was heute in der Strafverfolgung passiert, das ist Augenwischerei und hat mit Strafverfolgung nichts zu tun, und meistens sind es auch Ausländer, die aus irgendwelchen Gründen hier straffällig werden, und das Hauptproblem sind ja die Drogen, die meisten sind ja Drogensüchtige.

> Am Anfang haben Sie gesagt, Sie hätten sich ungerecht behandelt gefühlt mit dieser hohen Strafe von sieben Jahren. Haben Sie sich damals Gedanken darüber gemacht, warum ausgerechnet Sie zu so einer hohen Strafe verurteilt werden?

Ich habe es natürlich so empfunden, daß ich zu so einer hohen Strafe verurteilt worden bin, weil ich Jude bin. Aber ich weiß nicht, ob das so stimmt. Ich fühle mich nach wie vor ungerecht behandelt, aber vielleicht ist das auch ein bißchen pathologisch. Genauso wie ein Neger vielleicht, der, selbst wenn man ihn normal behandelt, sich ungerecht behandelt fühlt, weil er Neger ist. Vielleicht ist das auch bei mir so ein Symptom. Aber, wie soll ich sagen? Ich habe mich nie als Schwerverbrecher gefühlt, daß man mich nun sieben Jahre einsperren muß, ja?

> Wie alt war Ihr Sohn, als Sie ins Gefängnis gekommen sind?

So sechs, sieben Jahre.

> So alt wie Sie, als Sie deportiert worden sind?

Ja, so in der Richtung.

Fühlt sich Ihr Sohn als Jude?

Nein. Überhaupt nicht.

Ist Ihre zweite Frau Jüdin?

Nein. Auch nicht.

Aber Ihr Sohn kennt Ihre Geschichte?

Na, selbstverständlich. Wir haben ein sehr gutes Verhältnis, ich könnte mir keinen besseren Sohn wünschen, und ich glaube, er ist auch mit seinem Vater sehr zufrieden.

Haben Sie Kontakte zur jüdischen Gemeinde? Spielt die jüdische Tradition irgendeine Rolle für Sie? Ist zum Beispiel Ihr Sohn beschnitten?

Ja, er ist beschnitten. Aber ich bin nicht irgendwie religiös in dem Sinne.

Ist Ihr Sohn wegen einer Phimose beschnitten oder weil Sie es wollten?

Nein, nein, der ist beschnitten, weil ich es so wollte. Und in dem Alter konnte er sich ja noch nicht wehren. Sieben Tage war er alt.

War es Ihnen wichtig, Ihren Kindern zu vermitteln, was Sie erlebt haben?

Ja. Sie wissen das alles. Vielleicht nicht so im Detail. Aber es gibt keine großen Geheimnisse zwischen mir und meinen Kindern.

Und wie war Ihr Kontakt zu den Kindern, als Sie im Gefängnis waren?

Also, da gab es fast überhaupt keinen. Ich wollte das auch nicht. Ich wollte keinen Besuch haben und auch keine Post. Das ist vielleicht widersprüchlich, die Leute sagen immer, es sei so wichtig, daß man Kontakt nach draußen hat. Aber aus meiner Sicht ist es das schlimmste, wenn man Kontakt nach draußen hat.

Warum?

Ganz einfach, wenn du eingesperrt bist, du bist verheiratet, du hast eine Frau, und wenn du auch noch eine attraktive Frau hast, man beschäftigt sich ja damit. Man kann ja nicht von seiner Frau erwarten, daß sie jahrelang wie eine Nonne lebt, ja? Und wenn man die Frau liebt und weiß, sie schläft mit einem anderen Mann, das ist ja nun nicht das Angenehmste. Und ich habe eben gesagt, ich will keinen Kontakt, mach, was Du willst.

Die, die rumjammern und Kontakt wollen, das ist alles nur eine Selbstbemitleidung. Ich weiß doch genau, wenn meine Frau sieben Jahre im Gefängnis wäre, dann wäre ich doch schon am nächsten Tag, wenn sich die Gelegenheit geboten hätte, mit einer anderen Frau im Bett. Eine Frau wartet vielleicht ein paar Monate damit, aber, aber es ist doch ziemlich belastend, wenn man jemanden draußen hat. Es ist natürlich gut, wenn man jemanden hat, der für einen sorgt, zu Besuch kommt, schreibt und macht und tut, aber eine Frau, die mit einem anderen Mann ist, das belastet nur.

Haben Ihre Kinder Ihnen Fragen
gestellt, was Ihre Haft anbetraf?

Grundsätzliche Diskussionen darüber habe ich erst viel später geführt, nicht direkt nach der Entlassung. Zu dem Zeitpunkt, als ich in den Freigang gekommen bin, hat meine Frau mit einem anderen Mann zusammengelebt, so sechs, sieben Jahre, während der Zeit, als ich eingesperrt war, obwohl wir uns bis heute nicht haben scheiden lassen. Heute lebt sie wieder allein. Wir haben keinen Kontakt mehr miteinander, obwohl wir verheiratet sind. Das heißt, wir haben schon Kontakt miteinander, aber nicht als Mann und Frau. Wir haben geschäftlich miteinander zu tun, wir vertragen uns gut, wir machen uns keine Vorwürfe, gehen auch mal zusammen weg, aber jeder lebt halt sein eigenes Leben.

Haben Sie im Freigang wieder Kontakt mit Ihrer Frau aufgenommen?

Ja, selbstverständlich.

Aber dann waren Sie doch nicht sieben Jahre von ihr getrennt. Sie waren doch die letzten vier Jahre Ihrer Haft in Freigang.

Wann bin ich festgenommen worden? Im Jahre '73? Also, wir sind praktisch schon zwanzig Jahre getrennt, also als Ehepaar getrennt.

Das heißt, Sie waren schon getrennt, als Sie festgenommen wurden?

Nein, nein, nein.

Dann kriege ich das mit den Jahren nicht zusammen. Sie haben gesagt, Sie waren insgesamt sieben Jahre in Haft, davon vier Jahre als Freigänger.

Na, das hat sich ja hingezogen. Ich bin ja aus der U-Haft ausgebrochen und war ein paar Jahre auf der Flucht.

Ach so.

Deshalb zieht sich das hin.

Wie sind Sie denn da rausgekommen?

Das ist auch wieder eine Story. So nach einem halben Jahr U-Haft bin ich abgehauen.

Wie macht man das?

Also, ich persönlich habe das überhaupt nicht gemacht! Ich war mit noch einem zusammen in einer Zelle. Und die haben im Arbeitsraum gearbeitet, zu sechs Mann. Das war ein unwahrscheinlich guter Tüftler.

Der Zellengenosse?

Ja. Und da waren so fünf, sechs Mann, die haben für irgendeine Firma Autoschlösser montiert, und es kam ab und zu vor, daß sie während des Frühstücks oder der Mittagspause unbeaufsichtigt waren. Und da hatten sie jeden Tag Gelegenheit, so zehn, fünfzehn, zwanzig Minuten ein Loch zu graben. Das kann man sogar heute noch sehen. Das war in einem Wandschrank. Ich habe es nur in dem Moment gesehen, wo ich durchgekrochen bin. Der hatte die Rückwand zum Hochschieben gemacht. Die haben jeden Tag einen Stein rausgeholt, die Wand war fast ein Meter dick, sie ging auf einen Parkplatz. Die haben monatelang gearbeitet. Da fällt ja auch eine ganze Menge Steine und Mist an. Das haben die in der Toilette weggespült, ein bißchen in den Aschekübel. Ich glaubte zu der Zeit immer noch, daß ich rauskommen würde. Wenn man festgenommen wird, hofft man ja zunächst, daß man wieder rauskommt, beim nächsten Haftprüfungstermin, nach vierzehn Tagen, nach drei Monaten wird noch einmal eine Haftprüfung angesetzt und dann wieder. Na, und der Zellengenosse hat mir erzählt, daß die da unten fleißig arbeiten. Und da sagt er: »Wir sind jetzt fast durch. Wir sehen schon das Licht.«

Und da waren zwei, die wollten raus, die saßen wegen Raubüberfall. Ihr Prozeß hatte sich ein, zwei Jahre hingezogen und nachdem die Revision verworfen worden war, wollten sie halt abhauen. Das mußte natürlich alles intern abgestimmt werden, der genaue Zeitpunkt, wann es am günstigsten ist, wann nicht aufgepaßt wird. Also, das hat sich über Wochen hingezogen! Ich hatte damals einen Job in der Bücherei. Und da war ich auch manchmal unbeaufsichtigt. Und da konnte man also, wenn ich da hochgeklettert bin, da konnte ich also genau auf den Parkplatz gukken. Und da habe ich festgestellt, daß dieser Parkwächter so um sieben das Tor aufschließt. Und um sieben Uhr zwanzig kommen die ersten Autos von den Justizangestellten, und um halb acht schließt er das Tor dann wieder zu. Also, der Ausbruch hätte so zwischen sieben Uhr und sieben Uhr zwanzig erfolgen müssen. Das war die günstigste

Zeit. Auch im Knast war das gut, weil da die Nachtschicht schon weg war und die Frühschicht war noch
nicht da. Das war ein relativ kleines Gefängnis. Also, da
waren nur zwei Leute da, und um halb acht kamen dann
sieben oder acht weitere von der Frühschicht. Also, das
war ein günstiger Moment, den wir ausgetüftelt haben.

Ich bin also über Wochen immer früh raus, hoch,
geguckt: Nein, niemand ist da, Tor ist offen!

Und dann habe ich mir meine zwei Eimer geschnappt,
runter in den Keller, habe mir warmes Wasser geholt,
also, so sauber war dieser Aufenthaltsraum noch nie, den
habe ich dann auch freiwillig gesäubert, nur um an das
Fenster zu kommen, nicht? Mittlerweile waren aber die
zwei, die wirklich abhauen wollten, verlegt worden. Und
jetzt gab es dieses Riesenloch hinter dieser Schrankwand
und keiner wollte abhauen. Und mein Zellengenosse hat
immer wieder gesagt, komm doch mit und mach und tu.
Ich habe dann die nächste Haftprüfung abgewartet, das
war nach sechs Monaten, und die ist dann auch verworfen
worden. Ich bin also nicht rausgekommen. Da habe ich
gesagt: »Also gut, ich geh mit.«

Über drei Ecken habe ich dann über Besuche von draußen gesagt, daß jemand mit dem Auto auf mich warten
soll. Und nachdem das zwei, drei Wochen nicht geklappt
hat, Geld hatten wir auch nicht, und der dritte, der noch
mitgehen wollte, der hat Angst bekommen und ist dann
auch dageblieben, also danach ist noch einer und ich, wir
sind dann abgehauen, ja?

Zweimal haben wir es versucht. Einmal haben wir es
abgeblasen, denn aus irgendwelchen unerfindlichen Gründen stand ein Polizeiauto da unten auf diesem Parkplatz.
Scheinbar hatten die irgend jemanden zum Prozeß
gebracht. Und wenn wir da jetzt plötzlich durch das Loch
in der Wand gekommen wären, wären wir den Polizisten
genau vor den Füßen gelandet. Das war ja auch nicht gerade der Sinn der Sache.

Also, es ging nicht. Es ging überhaupt nur an einem
ganz bestimmten Tag, an einem Montag. Also, wenn es
einmal nicht geklappt hatte zwischen sieben Uhr und sieben Uhr zwanzig, mußte man wieder eine Woche warten.

Also, das hat sich über drei Monate hingezogen. Also, ich sag: »Bernd, heute, okay.«

Ich oben rauf auf die Bücherei, guck, Parkplatz aufgeschlossen, kein Schwein ist da, ich runter, sag: »Gib Gas.«

Das war besprochen, daß ich vorne warte, und er inzwischen hinten die letzten Ziegel rausschlägt. Ich warte, ich warte, ich guck, der ruft mich nicht! Nach zwanzig Minuten gehe ich nach hinten, sag: »Was ist denn los?«

Sitzt der da. Sag ich: »Ja, was ist denn los! Ich denke, wir wollen abhauen?«

Sagt er: »Die gehen nicht raus!«

Sag ich: »Was heißt, die gehen nicht raus, die Ziegel?«

Das waren vielleicht zehn. Und die letzte Schicht, da dachten wir, der geben wir nur noch so einen kleinen Stoß, und dann fallen die alle raus. Und die fielen also nicht raus. Jetzt hatte der schon zwei, drei Ziegel rausgekriegt, aber nicht genug, um durchzukommen. Man konnte also von außen das Loch schon sehen! Also, es war nur noch die Frage von einer halben Stunde, daß das entdeckt worden wäre! Und die restlichen Ziegel gingen nicht mehr raus!

Also, da habe ich einen heiligen Zorn gekriegt. Wir haben ein Tischbein abmontiert, und da habe ich angefangen, angefangen, auf diese Steine einzuschlagen, das können Sie sich gar nicht vorstellen, was ich plötzlich für eine Kraft hatte. Und das hat in meinen Ohren einen Krach gemacht! Ich dachte, der ganze Knast müßte zusammenbrechen. Und nach dem zwanzigsten Schlag macht es platsch!, und die ganzen Steine sind herausgefallen. Und unten genau auf das Auto vom Staatsanwalt.

Wir hatten das vorher geübt, wie man durchkriecht, da war ich noch jünger und schlank. Ich bin also durch, habe mir die ganzen Rippen aufgeratscht, das habe ich noch Monate danach gemerkt.

Wie hoch war das Loch? Wieviel Meter mußten Sie springen?

Na, so vier Meter vielleicht.

Das war ein gefährlicher Sprung.

Na, ein bißchen gefährlich, nicht sehr. Man ist so hilflos, wenn man durch so ein Loch rutscht, das sieht so hoch aus, wenn man runterguckt. Also, es ging irgendwie, nicht? Und dann stehst Du auf der Straße, ganz zerrupft und verdreckt. Kein Schwein war natürlich da. Und dann sind wir durch die ganze Stadt gerannt, wir beiden, und haben uns im Wald versteckt. Jetzt mußten wir erst mal Ruhe machen. Ich hatte fünfzig Mark bei mir. Die hatte man mir irgendwie reingeschmuggelt. Und wir hatten beide also plötzlich das dringende Bedürfnis, ein Eis zu essen. Und dann sind wir gelaufen, gelaufen, in Richtung der nächsten größeren Stadt. Irgendwann sind wir dann tatsächlich an einen Kiosk gekommen und haben uns zu allererst ein Eis gekauft. Und da standen wir da, und ich wußte echt nicht, was ich machen sollte.

Die ganze Sache ist durchs Fernsehen gegangen, unsere schönen Gesichter, ein ganzer Auflauf, Fernsehen usw. Was die alles erzählt haben: Hilfe von außen! Gefängniswärter bestochen! Nichts hat gestimmt, wir haben es ganz alleine gemacht. Wir standen also da, und ich habe gedacht, mit fünfzig Mark kommste nicht weit. Das heißt, ich hatte nur noch vierzig, weil wir jeder für fünf Mark Eis gefressen hatten, um uns zu beruhigen. Und da sagt er: »Weißt Du was? In dem Haus da drüben wohnt eine Bekannte von mir.«

Sag ich: »Also, sag mal!«

Sagt er: »Ja, aber die ist jetzt nicht zu Hause, das ist eine Bankangestellte, die hat mal ein Auto von mir gekauft.«

Der war wegen Autoschiebereien drin, ja?

Ich sag: »Ja und? Gehen wir doch mal hin! «

Sagt er: »Ja, ich hab einmal mit der gepennt, aber ich weiß nicht mehr genau wie die heißt, ich weiß noch nicht einmal mehr, in welchem Stockwerk die wohnt, ich weiß nur noch, wie sie mit dem Vornamen heißt.«

»Also, wie heißt sie?«

»Elke.«

»Also, so viele Elkes werden da nicht wohnen in diesem Haus.« Wir also hin, er klingelt, und – die ist zu Hause! Wir fahren in den siebzehnten Stock, die macht auf und sagt: »Ach, Du kommst sicher wegen dem Geld!«

Da hat die dem wohl noch Geld geschuldet.

Da sagt er: »Nee, ich komm nicht wegen dem Geld, ich bin gerade aus dem Knast ausgebrochen!«

»Na, da komm mal rein. «

Und da waren wir gerettet!

Erst einmal haben wir gebadet und gemacht, und dann habe ich eine Freundin von mir angerufen. Die ist gleich gekommen, hat zweitausend Mark gebracht. Und die andere ist losgerannt, hat uns Anzüge gekauft.

Am nächsten Tag bin ich dann nach Israel geflogen.

> Das ging so einfach?

Ich bin von Brüssel aus geflogen, mit falschen Papieren.

> Wo hatten Sie die Papiere her?

Ich hatte mir schon während meiner Zeit im Knast einen falschen Paß machen lassen. Damit bin ich ausgereist. Im Flugzeug habe ich den zerrissen, habe ihn in die Toilette geschmissen und bin mit meinem richtigen Paß eingereist. In Israel bin ich ein gutes Jahr geblieben.

> Und über Interpol lief nichts?

Ach, die liefern doch keinen israelischen Staatsbürger aus. Ich habe doch die doppelte Staatsbürgerschaft. Also, da hätte ich bis an mein Lebensende in Ruhe leben können. Aber Sie müssen sich vorstellen, ich hatte ja eine Firma mit so und so vielen Mitarbeitern, drei Millionen Mark auf dem Konto, einen Chauffeur, einen Riesen-Mercedes und alles, komme ins Gefängnis, breche aus und habe keine müde Mark mehr. Also, ich war so down. Ich habe ein paar Monate gebraucht, um zu mir zu kommen.

> Wovon haben Sie in Israel gelebt?

Ich habe gute Freunde dort. Bis auf den heutigen Tag. Das ist wie Familie.

> Wie haben Ihre Freunde reagiert,
> als Sie erfahren haben, daß Sie aus
> dem Gefängnis ausgebrochen sind?

Die haben gesagt: »Du bist ein Arschloch, daß Du nicht ein paar Millionen auf die Seite gebracht hast.«

Das war das einzige, was sie mir gesagt haben.

Ich sagte: »Ich wollte die Leute nicht betrügen!« Ich habe das gemacht, was ich wirklich machen wollte. Das hat kein Mensch begriffen. Wie dem auch sei, man hat mir halt geholfen. Man hat mir eine Wohnung gegeben, Geld gegeben, ein Auto, aber ich konnte ja nicht immer auf deren Rechnung leben.

> Was ist denn passiert, als Sie nach Deutschland zurückgekommen sind?

Da bin ich nach ungefähr einem halben Jahr in der Schweiz festgenommen worden.

> Wieso sind Sie denn überhaupt wieder weg aus Israel?

Wie soll ich sagen? Es gab für mich zwei Möglichkeiten: Entweder ich bleibe ewig in Israel oder ich versuche, nach Europa zurückzugehen. Ich habe über die Anwälte versucht, in Verbindung zu treten, daß ich mich vielleicht stelle und von der U-Haft verschont bleibe, und so weiter und so fort. Das hat dann nicht geklappt, weil ich zwischenzeitlich in der Schweiz verhaftet worden bin. Ich war dort ein paar Wochen in Auslieferungshaft und bin dann nach Deutschland ausgeliefert worden.

> Was haben Sie in den sechs Monaten nach Ihrer Rückkehr aus Israel gemacht?

Muß das jetzt sein? Naja, ich bin damals an eine Truppe von Scheckeinlösern gekommen und habe Euro-Schecks eingelöst, also link.

> Was haben Sie denn mit Ihrer Firma gemacht?

Nix mehr, die war liquidiert.

> Und die drei Millionen?

Die waren weg.

> Wo sind die denn hin?

Die haben sie zum Teil beschlagnahmt, zum Teil den Leuten

zurückgegeben, zum Teil waren sie verausgabt, also ich bin an keinen Pfennig mehr rangekommen.

> Was war das mit den Euro-Schecks?

Das war im Prinzip so, daß man gestohlene Euro-Schecks mit einer verfälschten Euro-Scheckkarte in Banken eingelöst hat. Das war am Anfang ein bißchen kompliziert, aber dann hat das relativ gut geklappt. Wie es genau klappt, können Sie in der Anklageschrift nachlesen.

> Wer hat denn die Schecks geklaut, wie sind Sie an die Schecks herange-kommen?

Ja, wer sie genau geklaut hat, weiß ich auch nicht. Ich hatte ein, zwei Leutchen in Paris und Rom und so, und da habe ich das Stück für fünfzig Mark gekauft. Es war eigentlich immer reichlich da.

> Und in der Schweiz sind Sie dann aufgrund des Scheckbetrugs festge-nommen worden?

Nein!

> Sondern?

Das ist auch wieder eine Story. Ich bin zwar in einer Bank fest-genommen worden, aber in einer anderen Angelegenheit. Um's kurz zu machen: ein Bekannter, auch ein Israeli, hatte mir da Wertpapiere zum Liquidieren gegeben. Und die waren dummerweise auch gestohlen. Na, und wo ich die abholen wollte, war die ganze Bank umstellt, man hat mich festgenom-men. Die wußten erst nicht, wer ich bin, aber das haben sie dann kurzfristig rausgekriegt. Ja, und dann habe ich in Deutschland fast drei Jahre in U-Haft gesessen, bis mein Urteil rechtskräftig war.

> Also, als Sie das erste Mal wegen der Investment-Geschichte festge-nommen worden sind, sind Sie aus der U-Haft ausgebrochen.

Ja.

Dann gab es die Scheck-Geschichte und die Liquidierung von Wertpapieren. Das Urteil, das dann schließlich ausgesprochen wurde, hat all diese Vergehen berücksichtigt? Auch den Ausbruch?

Für den Ausbruch bin ich nicht verurteilt worden. Das ist ja keine Straftat. Es gibt ja kein Gesetz, das einem Gefangenen verbietet auszureißen. Das ist als solches nicht strafbar. Ich habe für die Schecks dann eine neuerliche Strafe verpaßt gekriegt, noch mal fünf Jährchen.

Aber Sie hätten sich das doch ausrechnen können, daß Sie über kurz oder lang festgenommen werden, wenn Sie wieder nach Europa zurückkommen.

Im Prinzip schon, aber ich bin ja mit dem Plan zurückgekommen, diese Wertpapiere einzulösen. Es ging um eine größere Summe.

Wenn es geklappt hätte, wäre ich wieder nach Israel zurückgefahren, und dann hätte ich mich da schon etablieren können.

Ist es für einen Juden in Deutschland einfacher, andere Leute zu betrügen, als in einem anderen Land? Ist da so etwas, na, die Deutschen haben es verdient, daß man sie über das Ohr haut oder daß man ihnen geschönte Sachen verkauft? Also, ist man hier als Jude leichter kriminell als in anderen Ländern?

Also, ich wollte niemanden betrügen.

Ich würde sagen, daß ich die Frage nicht richtig verstehe. Ich denke, daß jeder Mensch, ob Chinese, Jude oder Deutscher, wenn er kriminell wird, eine Entschuldigung sucht für sein Tun, ja? Und wenn ein Jude ein Betrüger ist, dann sagt er: »Okay, den Deutschen betrüge ich, da habe ich ein bißchen die moralische Berechtigung.«

Ich glaube, das macht jeder Verbrecher. Er sucht irgendeine Begründung für sein Tun. Genauso wie ein Heroin-Händler. Der sagt: »Wenn ich es nicht mache, macht es jemand anders.« Ja? Juden sind genauso kriminell oder genauso wenig kriminell wie andere auch.

> Spielt es für Sie heute eine Rolle in Deutschland, daß Sie als Jude im KZ gesessen haben?

Ja sicher, ich kann das ja nicht vergessen. Aber, wie soll ich sagen?, gegenüber meiner Umwelt verhalte ich mich sicherlich nicht anders, als wenn ich kein Jude wäre, oder wie?

> Ich habe keine Ahnung. Taucht das manchmal auf? Schlafen Sie gut oder haben Sie Alpträume? Hat das irgendeine Bedeutung in Ihrem Leben?

Ich glaube schon, daß ein Mensch, der eingesperrt, verfolgt wird, jahrelang in Todesangst leben muß, doch davon geprägt ist. Das ist, wie wenn man ein Tier einsperrt. Warum rennen denn die Bären und die Löwen und die Tiger im Käfig immer hin und her? Ja, die sind krank! Und wenn ein Tier krank wird, wenn es eingesperrt wird, dann wird auch ein Mensch krank. Ich denke, die Menschheit muß sich andere Strafformen ausdenken. Also, ich denke, mit Einsperren kann man keine Probleme lösen.

Obwohl, unter dem Nazi-Regime, das war ja etwas ganz anderes. Das hat es ja in der modernen Geschichte überhaupt noch nie gegeben, daß jemand systematisch versucht, Menschen auszurotten, die ihm nichts getan haben.

Es gab ja auch viele Juden, die waren richtiggehende Nazis! Die wären am liebsten in die SS eingetreten! Wenn man sie gelassen hätte!

Es gab keinen Grund für den Hitler, die Juden zu verfolgen. Ich kann es noch irgendwie nachvollziehen, wenn jemand einen politischen Gegner verfolgt, oder wie der Saddam Hussein die Kurden verfolgt, weil sie andere politische Ziele haben. Er hat irgendeinen Grund dafür. Die Nazis hatten keinen Grund, die Juden zu verfolgen. In ganz Deutschland haben achtzig Millionen Leute und vielleicht dreihunderttausend Juden gelebt. Und das Paradoxe ist doch, wenn man heute jemanden fragt: »Was glauben Sie: Wieviele Juden leben heute in Deutschland?«

Es heißt doch, ach, in Frankfurt, da gehören schon wieder alle Häuser den Juden! Also: »Wieviele Juden, glauben Sie, leben heute wieder in Deutschland?»

Und dann sagen die: »Ein, zwei Millionen«, nicht? Der andere sagt: »Fünfhunderttausend«. Wieviel sind's? Ich weiß selber nicht genau, zwanzigtausend.

Dreißigtausend.

Und dann sagt der: »Was? In ganz Deutschland zwanzigtausend Juden?«

Das glaubt niemand. Die denken, in Frankfurt leben eine halbe Million Juden. Das ist das Komische: kein Mensch weiß, daß in Deutschland 1932, 1933 ein paar hunderttausend Juden gelebt haben, das ist 0,000 Prozent von der Bevölkerung. Die meisten, die man umgebracht hat, haben ja in Polen gelebt. Das waren polnische Juden, rumänische Juden, ungarische Juden, die die umgebracht haben. Also, das ist eine Sache, die wird man in tausend Jahren nicht vergessen können. Daß ein Kulturvolk wie die Deutschen das mitmachen! Das waren doch nicht ein paar, nicht hundert, nicht tausend, alle haben es doch mehr oder weniger gewußt!

Ich weiß noch, bei uns in der Stadt haben zweihundert Juden gelebt. Da hat jeder gesehen, daß die festgenommen worden sind, daß die durch die Stadt geführt worden sind, daß man sie geschlagen hat, daß man sie abtransportiert hat!

Gut. Daß nicht jeder einen Juden persönlich in die Gaskammer gesteckt hat, das ist auch klar. Das waren nur ein paar. Aber das müssen ja auch Tausende gewesen sein, man kann ja nicht Millionen umbringen und keiner weiß davon was. Also, nein, nein, so ist es nicht. Ich meine, es ist jetzt Historie, die Zeit ist vergangen, aber dieser Makel wird noch in tausend Jahren auf dem deutschen Volk lasten. Und da kann sich keiner freisprechen.

Glauben Sie, daß der Antisemitismus in Deutschland noch einmal erstarken könnte?

Das glaube ich nicht. Das heißt nicht, daß ich nicht weiß, daß zehn, zwanzig Prozent der Bevölkerung Antisemiten sind. Aber nicht nur in Deutschland, ja? Das ist ein Phänomen, das es auf der ganzen Welt gibt, ja, und man muß halt damit leben.

Nehme ich doch stark an.

Das Schlimmste ist ja, daß die meisten Antisemiten noch nie einen Juden kennengelernt haben. Die wissen gar nicht, was das ist. Genauso, wie die Leute in Ost-Deutschland ausländerfeindlich sind. Die sind gegen Türken, die sind gegen alles mögliche, dabei gibt's da drüben überhaupt keine Türken.

Aber die Menschheit ist nun mal dumm und schlecht. Ja, die Menschheit ist dumm und schlecht. Die ist nicht edel und hilfreich und gut. Die Menschheit ist schlecht, von Geburt aus. Und die Dummen sterben auch nicht aus, weil immer wieder neue kommen.

Haben Sie religiöse Empfindungen?

Ich gehe einmal im Jahr auf den Jüdischen Friedhof, weil meine Mutter da begraben ist. Ich gehe ein-, zweimal im Jahr in Israel an die Klagemauer und lege *Tefillin* (*Gebetsriemen*, *S.H.-W.*), spreche ein Gebet, und das ist eigentlich alles. Wenn ich in Israel bin, ist es natürlich anders, ja? Da feiert man Pessach, früher habe ich auch zu Yom Kippur mal gefastet und so, aber im Moment lebe ich wie ein Heide, naja.

Kurt Borzik

geboren in Teplitz/Tschechoslowakei
Jahrgang 1926
Wohnort: Frankfurt am Main

> Sie haben mir einen Slibowitz aus Mähren eingeschenkt. Sind Sie aus Mähren?

Nicht aus Mähren, ich komme aus Böhmen. Ich bin ein Teplitzer. Teplitz-Schönau liegt etwa hundert Kilometer von Prag entfernt, also eigentlich näher zu Dresden, dem Sudetengebiet. Das war damals deutsches Gebiet. Und nach dem Münchner Abkommen mußten wir bei Nacht und Nebel Teplitz verlassen und sind ins Innere des Landes umgezogen. Da haben wir erst bei Verwandten gelebt, dann allein. Und ein paar Monate später, am 15. März 1939, kamen die deutschen Truppen nach Prag, also in das Innere von Böhmen. Und ab da galten alle die diskriminierenden Gesetze, die schließlich zur Deportation führten.

Ich hatte eine Familie, einen Bruder. Meine Eltern hatten je fünf Geschwister. Bis auf zwei, die ins Ausland ausgewandert sind, sind alle umgekommen, mit den Kindern, insgesamt sechsundzwanzig Personen, mein Bruder und meine Eltern auch.

Ich gehörte zum dritten Transport aus Prag, wurde also im Oktober 1941 nach Lodz/Litzmannstadt deportiert. Dort arbeitete ich, wirklich schwer, immer in Positionen, die – man kann sie ruhig unterprivilegiert nennen. Ich hatte nie die Möglichkeit, eine Suppe mehr zu bekommen, durch Protektion oder durch jemanden, der ein Funktionär war. Ich bin auch selber kein Funktionär geworden.

> Wie alt waren Sie, als Sie deportiert wurden?

Ich war zwölf Jahre alt, als ich aus meiner Heimatstadt vertrieben wurde, und bin mit nicht ganz fünfzehn Jahren nach

Lodz gekommen. Mit neunzehn Jahren wurde ich dann befreit. Von Lodz bin ich nach Auschwitz deportiert worden. Bei der Liquidierung des Auschwitzer Konzentrationslagers bzw. Auschwitz-Birkenau, das war ja alles in Birkenau – was ich da erleben mußte! Von da ging es dann auf den Todesmarsch und mit den offenen Waggons nach Mauthausen. Und dann kam ich auf das Außenkommando Gusen, wo ich dann von den Amerikanern am 5. Mai befreit wurde. – Ich war immer mit einem Kumpel die ganze Zeit zusammen. Manchmal waren wir auch zu dritt, zu viert. Viele sind aus den oder jenen Gründen umgekommen. Wir sind dann zu zweit nach Linz, wo wir in eine Fabrik kamen, die verlassen war von den Fremdarbeitern, also jenen, die Zwangsarbeit leisten mußten. Dort haben wir dann so lange gewartet, bis die ersten Züge nach Böhmen gingen.

Das war sehr interessant, denn Ihre Fragestellung zielt ja dahin, warum ich hier meinen Wohnsitz gewählt habe.

Damals kam nichts anderes in Frage, als wieder zurück in die Tschechoslowakei zu gehen, weil ich ja nicht ahnen konnte zu diesem Zeitpunkt, daß alle meine Verwandten umgekommen sind. Die erste Aufgabe, die ich mir gestellt hatte, war, meine Verwandten zu suchen. Deshalb gab es auch keine Alternative. Ich bin sofort zurück nach Prag. Ich hätte auch in meine Geburtsstadt Teplitz gehen können, wo ich eine glückliche Jugend verbracht habe. Aber das kam nicht in Frage, weil alles in Aufruhr war. Die deutsche Bevölkerung war zwar noch da, aber sie war eigentlich in einem Zustand der Auflösung. Die Männer waren noch alle in Kriegsgefangenschaft, und langsam hatte sich herumgesprochen, daß es eine Vertreibung geben wird, daß die deutsche Bevölkerung ausgesiedelt wird. Und das hat ja dann auch in den ersten Jahren nach dem Krieg stattgefunden. Was dann kam, hatte mit meiner Heimat eigentlich nichts mehr zu tun. Die Elemente, die sich dann da angesiedelt haben, die waren also sehr fremdartig für mich, und auch sehr antisemitisch.

Sie haben mir, als ich ankam, gesagt, Sie interessierten sich für die Funktion der Judenräte und beschäftigten sich mit dem Thema der Wehrlosigkeit der Juden, also mit diesem problematischen Vorwurf, die Juden seien wie ›Schafe zur Schlachtbank‹ gegangen. Was haben Sie diesbezüglich erlebt?

Nun, in Lodz, im Ghetto, kam es zu einer zweifachen Diskriminierung. Die zionistischen Funktionäre wurden dort gleich mit bestimmten Aufgaben betraut. Erstens wurden die polnischen Juden privilegiert gegenüber den zwanzigtausend deutschen Juden, fünftausend unter ihnen aus der Tschechoslowakei, darunter ich, also diejenigen, die aus dem ›Altreich‹ kamen, Hamburg, Frankfurt, Wien, auch aus Luxemburg kamen Leute. Die hatten es unter den polnischen Juden schon mal schlecht, denn die wurden angesehen, in dem Hunger!, als jemand, der ein Stück Brot, das Essen wegnimmt. Also, unterprivilegiert aus dem Grund, und eben auch unterprivilegiert, weil die Zionisten, die Funktionäre waren, sehr bald Angebote bekamen, auf solche Positionen zu gelangen, wo man die Möglichkeit hatte, mehr Essen zu bekommen. Und das war das A und O. Der eine konnte in der Küche arbeiten, der zweite wurde in der Bäckerei, der andere in der Verwaltung untergebracht, so daß ich also zum Beispiel zwischen die Stühle fiel. Ich wurde immer schwächer und schwächer, und ich befand mich also mit einem Mal in einem Milieu von Unterprivilegierten, in dem viele Angehörige des ›Bundes‹ und Kommunisten waren.

Und hier fing eine ziemlich gewaltige Auseinandersetzung in mir an, die dann auch zu einem Disput zwischen Zionisten und Kommunisten führte. Und meine Frömmigkeit und meine zionistische Überzeugung gerieten ins Wanken zugunsten von Ideen, die doch weltumgreifender die Lösung für alle sozialen und politischen Probleme herbeiführen konnten. Ich wurde überzeugter Kommunist. Ich trat in den Widerstand ein in Lodz. Der Widerstand ist eigentlich mehr eine Willensbekundung gewesen. Eine richtige tatkräftige, mit Waffen bestückte Widerstandsgruppe ist in Lodz nie entstanden. Wir haben Streiks organisiert, aber im Prinzip war es mehr eine Vorbereitung auf den Fall, daß man wirklich was hätte unternehmen können, als daß man konkret etwas unternommen hat. Aber ich kam dadurch mit Literatur und auch mit Menschen zusammen, die sehr viel über diese Fragen nachgedacht haben, und das hat mich, glaube ich, sehr geprägt. Zur gleichen Zeit habe ich die sozialen Ungerechtigkeiten im Lodzer Ghetto gesehen. Wir hatten einen Judenältesten, Rumkowski hieß der, und der hat einen engeren Beirat um sich gehabt, dem ging es besser als jedem in einer ganz normalen Zeit. Vom Krieg keine Spur. Die lebten im Luxus.

Wieviele Leute waren das?

Das waren wenige, vielleicht vierzig, fünfzig Leute. Aber dann gab es einen weiteren Beirat, da gab es schon ein paar hundert Leute, und dann gab es eine privilegierte Gruppe von Leuten, die in der Küche arbeiten konnten, bei der Lagerpolizei waren, eben bestimmte Funktionen ausübten. Das waren dann schon fünfzehn Prozent der Bevölkerung des Ghettos. Und diese fünfzehn Prozent hatten das Dreifache, das Vierfache zu essen, sie hatten bessere Wohnungen und weniger schwere Arbeit. Und diese Leute müssen sich den Vorwurf gefallen lassen, sich von den vorhandenen Nahrungsmitteln einen übermäßig großen Teil abgeschnitten zu haben, so daß die anderen umso eher sterben mußten oder, wenn Deportationen anstanden, geringere Chancen hatten, der Selektion zu entgehen. Diese Menschen waren schon ganz hager, hatten eine spitze Nase, standen sozusagen vor ihrem Grab, das hat man den Leuten ja angesehen, sie waren willenlos. Das hing, wie ich erst nach dem Krieg erfahren habe, damit zusammen, daß eine zu geringe Eiweißzufuhr auch die Seele, also den Geist schwächt.

Waren das Menschen, die man in Auschwitz ›Muselmänner‹ genannt hat?

Ja, genau das. Genau das.

Das war die eine Seite, und auf der anderen Seite dieser unselige Luxus, mit Orangen, Parfums, Pferden. Der Rumkowski ließ sich nur in einer Kutsche mit einem Tafelschimmel herumfahren. Das war im Ghetto!

Ich sehe die ungleichmäßige Verteilung der Nahrungsmittel im Ghetto als ein Verbrechen an. Dieses Verbrechen hat Rumkowski und der Judenrat zu verantworten. Er hatte die Vorstellung, daß man sich durch viel Arbeit in den Augen der Deutschen nützlich machen würde und so der Vernichtung entgehen könnte. Er hat sich geirrt, ich will allerdings nicht sagen, daß die Idee im Prinzip schlecht war, aber sie hat nichts getaugt.

Aber er hat die Situation noch verschlimmert, weil er die Leute im Ghetto pauperisiert hat, er hat sie ja praktisch selber umgebracht. Um dieses Arbeitsghetto aufrechtzuerhalten, hat er die schlimmsten Maßnahmen ergreifen müssen, die man jemandem zumuten kann. Und es war auch er, der den Deutschen die Kinder ausgeliefert hat. Und das ist, glaube ich, das Fürchterlichste, was er gemacht hat. Er hat den Müttern die Kinder weggenommen. Er hat eine Altersgrenze eingeführt für all die, die keine Protektion gehabt haben, und so sind alle Kinder, die jünger als sieben Jahre alt waren, deportiert worden, weil sie auch essen mußten, aber noch nicht arbeiten konnten. In Wirklichkeit war es aber so, daß, wenn er gerechter verteilt hätte, diese Kinder auch hätten essen können.

Also, von einem Juden zu verlangen, daß er die Kinder aus dem Ghetto, für die er Verantwortung trägt, ins Gas schickt, damals nach Chelmno, nach Kulmhof, das ist unverzeihlich. Da kann man schon nicht mehr die Idee, die er ursprünglich gehabt hat, rechtfertigen. Also, ich könnte das lange ausführen. In meinen Augen ist er ein typischer Kollaborateur, der überhaupt nicht mehr Herr des Handelns war.

Was ist denn aus ihm geworden?

Da gibt es eine Story, von der ich nicht weiß, ob sie der Wahrheit entspricht. Rumkowski hatte einen Bruder. Und bei der Liquidierung des Lodzer Ghettos soll der Bruder irrtümlicherweise in einen Transport nach Auschwitz eingereiht worden sein. Übrigens, auch die Liquidierung entspricht der Ungerechtigkeit innerhalb der jüdischen Gesellschaft. Die privilegierten Juden aus dem engeren und weiteren Beirat, die haben mit dem deutschen Verwalter, der enorm vom Ghetto profitiert hatte, eine Vereinbarung getroffen. Der hat dem Rumkowski und seiner Clique versprochen, daß sie nach Königs-Wusterhausen kommen, wo Holzhäuser montiert wurden und es den Leuten gut ginge. Das Versprechen hat er gehalten. Alle achthundert Personen, die davon betroffen waren, haben überlebt. Die sind bei der Liquidierung des Lodzer Ghettos, wo sechzigtausend nach Birkenau deportiert wurden, nach Königs-Wusterhausen gekommen und haben überlebt. Dorthin sollte also auch Rumkowski kommen, der die ganze Zeit ja gut gedient hatte. Und er ist zu dem deutschen Verwalter gelaufen und hat gesagt: »Mein Bruder ist in diesem Transport!« und er soll ihn herausholen. Und der Verwalter hat gesagt: »Da kann ich Dir nicht mehr helfen, der ist schon in den Händen der SS, und da habe ich keinen Einfluß mehr.«

Und da hat Rumkowski erpressen wollen und hat gesagt, wenn der geht, dann geht er auch. Und da hat der Verwalter gesagt: »Da kann ich dir nicht helfen, dann mußt Du eben gehen.«

Und Rumkowski ist dann tatsächlich in diesen Transport gegangen, um bei seinem Bruder zu sein. Er hat bis zum letzten Augenblick geglaubt, er würde herausgeholt werden. Das hat er sogar noch in Birkenau auf der Rampe geglaubt, sagt man. Und dann gehen die Meinungen etwas auseinander. Einer, der sich als Augenzeuge bezeichnet hat, erzählte, daß er nicht einmal vergast wurde, sondern bei lebendigem Leib verbrannt wurde; also in die Grube geschmissen wurde, in der die Toten wegen der zu geringen Kapazität der Öfen in den Krematorien verbrannt wurden. Andere sagen, er sei erschossen worden, weil er immer wieder gesagt hat: »Ich gehöre nicht hierher, ich bin der Judenälteste aus Lodz!«

Andere sagen, er ist normal ins Gas gegangen. Auf jeden Fall hat er an dem Tag, an dem er in Birkenau angekommen ist, sein Leben verloren.

> Hat sich das System der Privilegierung von bestimmten Juden seitens der Judenältesten oder Judenräte in Auschwitz wiedergefunden?

Nein.

> Also, Auschwitz hat die Leute diesbezüglich gleich gemacht.

Diesbezüglich kann man sagen: gleich gemacht. Aber es gab natürlich in Auschwitz etwas ganz ähnliches. Das ist ein Vergleich, den ich ziehe und den die Leute nicht zulassen wollen.

Die Hierarchie im Lodzer Ghetto war durch eine gewisse Selbstverwaltung gekennzeichnet – wobei ich das Wort Selbstverwaltung nicht im Sinne heutiger freier Wahlen verstehe – aber die Deutschen haben das sehr geschickt organisiert. Sie haben in gewissen Bereichen Freiräume geschaffen, damit sich die Juden selbst organisieren. Das gab es auch im Konzentrationslager, nur hat man das dort anders gemacht. Dort hat man die Typen, die sich dazu geeignet haben, gleich am Anfang in bestimmte Positionen gebracht. Sie wurden als Kapo, als Unter-Kapo, als Ober-Kapo, als Blockälteste eingesetzt, und das waren eben privilegierte Positionen, die mit weniger Arbeit, mit mehr Essen einhergingen. Aber der Preis war hoch – ich will das jedoch nicht ausnahmslos sagen, es gab auch Kapos, die sich sehr anständig benommen haben und die es verstanden haben, sich durchzumogeln und sogar den Leuten zu helfen – aber in der Regel war der Kapo ein Gehilfe der deutschen SS-Verwaltung, die es verstanden hat – ohne selbst eingreifen zu müssen – die Kapos durch das Locken mit Vorteilen zu brutalen Instrumenten zu machen, um die großen Massen in den Konzentrationslagern zu disziplinieren. Und das ist ja leider gelungen. Das ist ein Phänomen, mit dem ich mich gerne auch psychologisch beschäftigen möchte, denn es hat ermöglicht, daß die SS mit einem relativ ganz geringen Bewachungspotential Hunderttausende von Häftlingen, Juden und Nichtjuden, zu einer effizienten Unterdrückungsmaschinerie zusammengefaßt hat, die sie eigentlich wenig gekostet hat, auch an Energie.

> Wenn Sie darüber sprechen, macht es den Eindruck, als würde es Sie noch heute sehr schockieren, daß die Deutschen mit so wenig Aufwand die Menschen geknechtet und schließlich getötet haben.

Ja, das tut es auch. Das tut es auch. Ich bin da vielleicht sehr blauäugig und naiv. Wissen Sie, ich bin skeptisch-realistisch, was die damaligen Möglichkeiten eines Aufstandes, einer inneren Front, einer Revolution oder eines militärischen Partisanenkrieges betrifft. Ich weiß, daß in Polen keine Sympathien da waren, um jüdische Gruppen aufzunehmen, zu bewaffnen und gegen die Deutschen kämpfen zu lassen. Aber es ist für mich ein ewiges Rätsel, warum die Alliierten nichts gemacht haben, obwohl sie von diesem Potential ja wissen mußten.

Ich will nicht nur davon sprechen, daß die Amerikaner oder die Engländer die Eisenbahntrassen von Budapest nach Auschwitz hätten bombardieren können und so eine Million Menschen hätten retten können. Aber wenn ich mir überlege, daß wir ständig, in Auschwitz und später in Mauthausen von Staffeln von Flugzeugen überflogen wurden, und wenn man da ein paar Fallschirmspringer mit viel Material hätte abspringen lassen! Man hätte eine Armee zusammengestellt von einer Wut, die Deutschen zu schlagen, mit einer Standhaftigkeit und mit einem Mut, dies durchzuführen. Da wäre eine zweite Front zustande gekommen, wenn man das punktuell, in drei, vier Lagern, mit zwanzig-, fünfzig- oder hunderttausend Menschen gemacht hätte. Also, das ist für mich eigentlich unerklärlich. Schon von Anfang an gab es die Möglichkeit, die Vernichtung aufzuhalten. Meiner Ansicht tragen die Alliierten Mitschuld an der Massenvernichtung von Menschen, insbesondere von Juden. Wir wissen, daß Leute aus Auschwitz geflohen sind, die alles erzählt haben, was man nachher dann mit Erstaunen festgestellt hat. Man weiß, daß die größten Vernichtungsetappen der ungarischen Juden innerhalb von wenigen Monaten stattgefunden haben im Jahre '44. Man hat nie den Versuch unternommen – sei es diplomatisch oder auf anderem Wege –, eine Aufrechnung mit den deutschen Kriegsgefangenen in den Händen der Amerikaner anzustreben, ihnen vielleicht anzudrohen, wenn ihr nicht aufhört, dann müssen wir uns ähnlich verhalten.

Ich sage das jetzt vereinfacht, ich meine nicht, daß man Gaskammern in amerikanischen oder britischen Kriegsgefangenenlagern hätte aufstellen müssen, aber es war trotz der Hitlerschen Strategie, alles mit sich in den Tod zu ziehen, doch ein Versäumnis, dieses Potential nicht zu nutzen und deshalb ist die Mitschuld ganz gewaltig.

> Erleichtert das Wissen um eine Mitschuld der Alliierten das Leben in Deutschland, also wenn die anderen Nationen auch Schuld tragen?

Ich kann das nicht verneinen, es war aber kein Motiv, in Deutschland zu leben, zumindest kein bewußtes. Es hat etwas damit zu tun – das gebe ich gerne zu –, daß ich nach dem Krieg Fürchterliches gehört habe, was in Rußland geschehen ist, in Frankreich, während des englischen Kolonialismus, nachdem ich mich mit dem Antisemitismus in den verschiedenen Ländern beschäftigt habe, ich doch zum Schluß gekommen bin, daß die Nationalität als solche keine Gewähr bietet. Ich habe von Anfang an geglaubt, daß es andere Auslöser – geschichtliche, wirtschaftliche – sind, die eine faschistische Gesinnung zum Tragen bringen oder einen Nationalsozialismus hervorbringen. Es muß einiges zusammen kommen, um etwas auszulösen wie die Schoah. Deshalb kann ich mir, im Gegensatz zu vielen anderen vorstellen, daß das auch in anderen Ländern passieren könnte. Und dies hat mir vielleicht doch ermöglicht, nach Deutschland zu kommen und hier zu leben.

> Wann sind Sie denn nach Deutschland gekommen?

Das war 1968.

> In der Folge der Niederschlagung des Prager Frühlings?

Ja. Ich war in die Tschechoslowakei zurückgegangen nach dem Krieg, um meine Verwandten zu suchen, die ich dann eben nicht mehr gefunden habe. Ich habe mich in Prag niedergelassen. Dafür gab es verschiedene Gründe. Erstens habe ich mich in meine Frau verliebt, und wir wollten in Prag leben. Außerdem habe ich Freunde wiedergefunden von vor dem Krieg, und mit denen habe ich mich sehr wohl gefühlt. Außerdem war die Tschechoslowakei zu dem Zeitpunkt – auch materiell gesehen – ein gutes Land. Also, den umliegenden Ländern, Polen, auch Österreich oder Deutschland ging es damals nicht so gut. Ich hatte keine Veranlassung auszuwandern.

Es gab allerdings auch Probleme. Mir war die tschechische Staatsbürgerschaft aberkannt worden, weil mein Vater deutscher Nationalität gewesen war. Und ich, als sein Sohn, wurde ebenfalls als Deutscher betrachtet. Ich mußte nun beweisen, um sie wiederzuerhalten, daß ich Antifaschist gewesen war. Das ist mir natürlich nicht schwergefallen. Aber ich habe sie eben nur aufgrund eines Dekrets des Präsidenten bekommen, sie war mir nicht verblieben. Das hat die Identität sozusagen ein bißchen gestört. Da habe ich schon darüber nachgedacht. Ich bin also auch hier nur ein Geduldeter, habe ich gedacht. Das hat sich dann aber gegeben. Ich habe mich, im Unterschied zu vielen Leuten, die ich nach dem Krieg kennengelernt habe, in den Aufbau gestürzt, – wenn ich das etwas pathetisch sage. Ich habe achtzehn Stunden am Tag gearbeitet, habe studiert und eine Existenz gegründet.

> Wie konnten Sie studieren? Sie hatten doch wahrscheinlich gar kein Abitur?

Das habe ich nachgeholt, ab 1946. Innerhalb von zwei Jahren habe ich das Abitur nachgeholt.

> Wie haben Sie das geschafft? Sie hatten doch jahrelang keine Schule mehr besucht.

So schwer war das auch wieder nicht. Da komme ich wieder auf ein anderes Thema. Der Reifungsprozeß der jungen Juden in den Jahren 1938 bis 1942 war ein so ungeheurer, ich habe das nie wieder in dem Maße beobachten können. Also, junge Leute von zwölf, dreizehn Jahren haben sich besucht in Wohnungen, haben Musik gehört, haben sich weitergebildet, haben Literatur gelesen, sie waren so hungrig nach all dem, was eine Schule vielleicht gar nicht geben konnte; so daß der Bildungsgrad eines auch durch das Konzentrationslager für vier, fünf Jahre aufgehaltenen Juden, der mit neunzehn Jahren zurückkam, höher oder zumindest entsprechend dem eines normalen Einwohners von Böhmen war. Also, das war wirklich kein Problem. Auch für die anderen nicht. Wir waren nicht dümmer, obwohl wir fünf Jahre keine Schulen besucht hatten. Wir haben sehr schnell in den Schulen nachgeholt, was erforderlich war. Und ab 1948 habe ich dann die Hochschule besucht.

> Was haben Sie studiert?

Jura. Das war eine schwere Zeit, weil ich den ganzen Tag gearbeitet habe. Den Inhalt der Vorlesungen mußte ich mir von den Kommilitonen am Abend vermitteln lassen und für die Prüfungen mußte ich mir frei nehmen.

Haben Sie dann als Jurist in Prag gearbeitet?

Nein. Ich habe mein Studium abgeschlossen, aber dann habe ich ein großes Lager für Buntmetalle geleitet. Das war wegen meiner Sprachkenntnisse. Ich habe damals ganz gut Englisch gesprochen, perfekt Deutsch, und ganz gut Russisch und Polnisch, das Tschechische sprach ich inzwischen auch erstklassig. Und ich wurde dann aufgefordert, im Außenhandelsministerium zu arbeiten. Das habe ich bis 1959 getan. Dann wurde ich rausgeschmissen, als Jude, und sogar als letzter Jude. Ich war der letzte Jude in der Kooperative. Da hat man eine ganz schöne Masche mit mir gedreht. Ich wurde dann Leiter einer Produktionsgenossenschaft für Kunstgewerbe. Das war eine interessante Arbeit.

Aber das traumatische Erlebnis, das mich dann vom Kommunismus abgebracht hatte, das waren die Prozesse im Jahre 1951, 1952.

Der Slansky-Prozeß?

Ja, der Slansky-Prozeß und die nachfolgenden Prozesse, das hat mich umgeschmissen. Da habe ich meine enthusiastische Überzeugung sehr schnell verloren. Ich habe da eine politische Einstellung angenommen, so, wenn es ein Tauwetter gibt, dann werde ich mich da beteiligen, aber sollte noch einmal ein Rezidiv kommen, also eine Re-Stalinisierung, dann gehe ich – koste es, was es wolle – mit der ganzen Familie illegal ins Ausland. Das habe ich damals so gedacht, und auch mit meinen Verwandten im Ausland, in Amerika, so abgesprochen. Es gab dann dieses Tauwetter, diese Politik der halb angelehnten Tür. Man hat die Klinke ein bißchen gedrückt, die Tür ein wenig geöffnet, dann wieder geschlossen, aber es wurde von Jahr zu Jahr besser. Als dann die ersten Möglichkeiten einer Liberalisierung zu sehen waren, das war insbesonders 1966 mit dem großen Kafka-Symposium der tschechischen Schriftsteller, da wußte ich ganz genau, welches meine Position war. Ich war ganz aktiv in dieser Prager Frühlings-Epoche. Ich habe in Zeitungen geschrieben und unsere Produktionsgenossenschaft neu gestaltet. Und als 1968 durch den Einmarsch diese Entwicklung zu Ende ging, da war genau dieser Punkt erreicht, von dem ich schon Jahre vorher gesagt hatte, also ein Rezidiv, das mache ich nicht mehr mit. Es war dann weniger dramatisch, als ich mir vorgestellt hatte. Ich mußte nicht illegal das Land verlassen. Ich war mit meiner Familie zufällig in Rumänien, in Ferien, und hatte damals einen kleinen Fiat. Und da sind wir dann über Österreich nach Deutschland geflohen.

Ja, und jetzt kommt, was Sie vielleicht interessiert. Warum Deutschland? Ich hatte zwei Möglichkeiten. Ich will nicht verhehlen, daß meine sprachlichen Voraussetzungen für Deutschland die besten waren. Englisch habe ich nicht so gut gekonnt, und da habe ich mich ein bißchen gefürchtet, obwohl ich auch bereit gewesen wäre, mit der Schaufel mein Geld zu verdienen – damit hatte ich eigentlich gerechnet.

Es war aber mitten im Vietnam-Krieg, und ich hatte zwei Söhne. Und als mich meine Verwandten in Amerika sofort eingeladen hatten, habe ich gar nicht daran gedacht, daß ich da meine Kinder in eine Gefahr bringen könnte. Sie haben mir geschrieben: »Du, Karl, wir müssen Dir auf jeden Fall sagen, was hier jetzt los ist. Da gibt es Auslosungen und jeder Immigrant, der kommt, wird mit in diese Verlosung einbezogen. Und da dein jüngerer Sohn siebzehn und dein älterer neunzehn ist, mußt du damit rechnen, daß sie auch mit einbezogen werden.«

Also, das war für mich schon ein ganz gewaltiger Grund, nicht nach den Vereinigten Staaten zu gehen.

Sprach Ihre Frau auch Deutsch?

Nein, meine Frau sprach kein Deutsch, aber sie war im Unterschied zu mir sehr sprachbegabt. Sie hat sehr schnell Deutsch gelernt, und alle Leute haben ihr immer wieder gesagt, was für einen charmanten Akzent sie hatte. Sie war eine Überlebende von Auschwitz und stammte aus dem äußersten Osten der Tschechoslowakei, der an Rußland verloren gegangen ist, aus den Karpaten, der Ukraine.

Haben Sie sich in Auschwitz kennengelernt?

Nein. Ich habe sie bestimmt dort gesehen, denn als wir auf den Todesmarsch gingen, sind die Frauen aus der *Canada*, die ja sehr gut genährt waren …

und gut gekleidet …

und gut gekleidet, das waren ja die Frauen, die bei der Sortierung der Kleidung von Vergasten beschäftigt waren, neben denen haben wir stundenlang gestanden und sind dann vorbeimarschiert. Aber kennengelernt habe ich sie in Teplitz-Schönau, da habe ich sie an einer Ecke stehen sehen und angequatscht, und dann war es halt langsam geschehen oder schnell geschehen.

Und was hat Ihre Frau gesagt, als es dann hieß, wir gehen nach Deutschland?

Das war sehr lustig. Meine Frau war dagegen, aus zwei Gründen. Erstens war sie sehr konservativ in dieser Hinsicht und wollte trotz der Umstände wieder zurück in die Tschechoslowakei fahren.

Wir haben uns dann zunächst entschieden, nicht über Ungarn, sondern über die jugoslawisch-österreichische Trasse zurückzufahren, um uns dann in Wien endgültig zu entscheiden. Und auf dem Weg nach Wien habe ich dann gesagt: »Wißt ihr was? Wir machen eine demokratische Abstimmung, ob wir nach Prag zurückgehen oder nicht.«

Ich habe meine Gründe dargelegt, warum ich auf keinen Fall nach Prag zurückgehen will. Ich hatte gute Gründe, denn Leute wie ich, die im Prager Frühling aktiv gewesen waren, wurden verfolgt, außerdem gab es sehr antisemitische Ausbrüche, weil man für den Prager Frühling wieder mal die Juden verantwortlich machte.

Meine Frau hat gesagt: »Aber vielleicht doch, wie sollen wir uns ernähren? Wir haben zwei schulpflichtige Kinder.«

Sie hatte auch noch zwei Schwestern in der Tschechoslowakei. Die Kinder waren dann allerdings auch dafür, draußen zu bleiben. Erst später habe ich die Gründe erfahren, warum meine Kinder draußen bleiben wollten. Die Motive waren wirklich kindisch. Und zwar sind wir ununterbrochen an Gebrauchtwagenhändlern vorbeigekommen. Ein neunzehnjähriger Junge in der Tschechoslowakei konnte noch nicht einmal davon träumen, ein Auto zu kaufen. Das war unmöglich. Aber das Auto war das Ein und Alles. Und als er gesehen hat, so ein altes Auto kostet umgerechnet 1600 oder 1800 Mark, und gehört hatte, man kann achthundet Mark verdienen, da hat er sich gleich ausgerechnet, daß zwei Monatsgehälter ausreichen würden, ein Auto zu kaufen. Das war für ihn das Motiv, draußen zu bleiben. Er hat sich also nicht für Deutschland entschieden, das war eigentlich egal, in welchem Land wir leben würden. Und der jüngere Sohn, der siebzehnjährige, hatte einen unsympathischen Deutschlehrer gehabt, vor dem er eine gewisse Angst gehabt hat. Und später hat er dann erzählt, daß er wegen dieses Lehrers nicht zurück wollte.

Wir waren also bei der Abstimmung drei zu eins. Ich muß dazu sagen: meine Frau war dann sehr glücklich hier. Leider ist sie tot, ich bin Witwer. Sie war in der Tschechoslowakei Arbeiterin gewesen, Graveurin, hatte aber Abitur, und als sie hier auf dem Arbeitsamt war, hat man ihr eine Umschulung vorgeschlagen, und sie hat dann Investitionsplanung hier in Frankfurt gemacht, war sehr beliebt, hat gut verdient, fast soviel wie ich.

> Können Sie sich noch daran erinnern, wie Sie damals in Deutschland angekommen sind?

Als wir damals nach Deutschland kamen, hatten wir kein Visum und sind erstmal nach Friedland gekommen, das war so das Übergangslager für Flüchtlinge, und da waren wir eben da.

> In Deutschland, im Lager.

In Deutschland im Lager. In Friedland.

Das war fürchterlich. Das Lager hat mich immer an ein Konzentrationslager erinnert. Da gab es so einen Kamin, der sah so ähnlich aus wie der in Birkenau.

Mich haben viele Deutsche damals gefragt, warum ich gerade nach Deutschland komme, mit meinem Schicksal. Und da habe ich etwas gesagt, das wirklich keine Floskel war. Allerdings habe ich mich da geirrt. Mein Vater war im Ersten Weltkrieg Frontsoldat gewesen. Und diese Leute haben gerne von ihren Erlebnissen erzählt. Mein Vater sagte einmal: »Ich habe mich immer da versteckt, wo eine Granate eingeschlagen ist, denn dort schlägt es zum zweiten Mal nicht mehr ein.«

Und ich habe diese Symbolik angewandt für den fürchterlichen Antisemitismus in Deutschland, der zur Schoah geführt hat.

Ich kenne Leute, die auch emigriert sind, bei weitem nicht so viel mitgemacht haben wie ich, weil sie schon vor dem Krieg emigriert sind, 1938 nach England gegangen sind und keinen Schritt auf deutschen Boden machen würden. Aber die fahren ganz lustig zweimal im Jahr nach Österreich: zum Skilaufen im Winter und zum Wandern im Sommer. Und die Österreicher sind kein bißchen besser, ich würde sogar aus der heutigen Sicht sagen, schlimmer als die Bevölkerung in Deutschland.

> Haben Sie vor dem Hintergrund Ihrer Gefangenschaft im Lodzer Ghetto und später in Auschwitz in Deutschland dann einen Antrag auf Wiedergutmachung gestellt.?

Ja, das habe ich. Aber ein Grund hierzubleiben, war das nicht.

> Da sind Sie mit deutschen Behörden in Kontakt gekommen.

Oh ja.

> Und wie waren Ihre Erfahrungen?

Miserabel. Miserabel. Ich hatte einen Rechtsanwalt, der mir wahrscheinlich sogar viele Unannehmlichkeiten erspart hat. Heute verfüge ich aber über tausende Beispiele aus der Behördenwelt, da ich seit 1971 für die URO arbeite, das ist eine Organisation, die sich um Wiedergutmachung und Lastenausgleich für sozial schwache jüdische Klientel kümmert. Das ist eine wichtige Sache. Ich fühle mich in der Arbeit wohl, denn sie ist erfüllt von der Aufgabe, den ärmsten Juden zu helfen.

Ich komme also mit den Behörden und Ministerien gerade in diesem Bereich sehr oft in Berührung. Und da gibt es so viele traumatische Beispiele des Sich-nicht-einfühlens in die Problematik. Es wird überhaupt keine Rücksicht genommen auf die Erlebnisse und auf die Erfahrungen der Menschen. Sie werden in Beweisnot gebracht, bei den ärztlichen Untersuchungen wird gesagt: »Stellen Sie sich nicht so an!«, obwohl ich zum Beispiel wegen zweimal Bunker, also Einzelhaft, unter Platzangst leide, wenn ich in einen medizinischen Apparat gesteckt werde.

Wenn es im Lastenausgleich, in dem ich gearbeitet habe, zu einem sogenannten gemeinsamen Verfahren gekommen ist, nämlich daß dann entschieden werden sollte, ob der ›Ariseur‹ die Rechte bekommen soll oder der vorangegangene, unter Zwang verkaufende Jude, ich glaube, ohne Ausnahme hat man immer den ›Ariseur‹ bevorteilt und den Juden benachteiligt. Also, ich kann nicht unterschreiben, daß man den Juden etwas gegeben hätte.

Allerdings muß ich auch sagen, daß die antisemitischen Ausbrüche, die ich erlebt habe, nicht schlimmer waren als die, die ich in der Tschechoslowakei erlebt habe. Das gibt es überall und in Deutschland vielleicht sogar in einem geringeren Ausmaß als anderswo.

Für mich hat vielleicht auch eine Rolle gespielt, mich für Deutschland zu entscheiden, daß ich meine glückliche Kindheit in einem deutschsprachigen Milieu erlebt habe und daß mein Vater sehr integriert in dieser Stadt war.

> 1968 sind Sie nach Deutschland gekommen und drei Jahre später beginnen Sie, als Anwalt der Juden zu arbeiten.

Ich kann Ihnen über meine Seele keinen Bescheid geben. Ich weiß wirklich nicht, wieso ich mich nach wie vor für die Entwicklung in der Tschechoslowakei interessiere und ein ganz gewaltiges Interesse daran habe, daß es insbesondere den armen Juden, die verfolgt waren, materiell besser gehen soll. Ich habe das Ideal, daß es den Juden, die verfolgt waren, nicht schlechter gehen soll als den Tätern, die an den Fronten für Deutschland gekämpft haben. Das ist ein innerer Motor, daß jemand, der dieses faschistische Deutschland, dieses nationalsozialistische schreckliche Regime verteidigt hat, nicht besser versorgt sein soll als die Opfer, die überlebt haben. Deshalb habe ich für diese jüdischen Belange, und zwar sowohl für die in der *Gola* wie auch für die in Israel ein riesiges Verantwortungsgefühl entwickelt.

Trotzdem fühle ich mich hier wohl und betrachte Deutschland durchaus als meine neue Heimat. Was mich sehr allergisch macht, sind deutsche Eigenschaften, von denen ich glaube, daß sie sich im Zusammenspiel mit bestimmten historischen Situationen sehr negativ auswirken können und die auch eine große Rolle im Nationalsozialismus gespielt haben, wie etwa die typisch deutsche Tüchtigkeit. Das macht mich allergisch. Das äußert sich dann in Lappalien, daß ich zum Beispiel die ersten Plätze in der Athletik, im Fußball oder in der Weltmeisterschaft den Deutschen eigentlich gar nicht gönne, weil ich glaube, daß es zu Überheblichkeit und zu einem Vorurteil der Rassenüberlegenheit führen könnte. Die Schrebergärtennatur des Deutschen, sich einzumauern, sich zu umzäunen, macht mich allergisch, die Tüchtigkeit, die ich bei anderen Völkern genauso sehe, die wird hier hervorgehoben: Wir Deutschen schaffen das und werden die anderen lehren, wie man das macht. Das macht mich allergisch. Die Ordnungsliebe, das Streben nach Perfektion macht mich allergisch. Die fehlende Lust, sich am Leben zu freuen, auch wenn nicht alles so gut aufgeht, das macht mich allergisch. Also, es gibt vieles in Deutschland, das mich nicht zufriedenstellt, obwohl jede Eigenschaft für sich allein eine Tugend ist. Aber zuviel Tugend macht mich allergisch.

> Wenn man sich Ihre Situation von außen anschaut, dann sieht es aus, als lebten Sie in einer abgeschlossenen Welt. Sie beschäftigen sich beruflich ständig mit Fragen der Vergangenheit, wahrscheinlich haben Sie durch Ihre berufliche Tätigkeit vorwiegend mit Juden zu tun. Das ist doch ein Phänomen: Sie kommen nach Deutschland und plötzlich beschäftigen Sie sich wieder mit der Vergangenheit.

Vielleicht war das zwangsläufig so, ich weiß es nicht. Es war zwar Zufall, daß ich in diesem Gebiet, in dem ich heute arbeite, tätig geworden bin, aber vielleicht gab es doch eine gewisse Zwangsläufigkeit, ich weiß es nicht.

Sie haben recht, daß, im Gegensatz zu manchen anderen, die mit der Vergangenheit nichts mehr zu tun haben wollen, ich mich von dieser nicht losreißen kann. Der Tod, aber auch die ›Faszination‹, die den Rattenfängern eigen ist, also dieses Theater, das Hitler und Goebbels aufgebaut haben, fasziniert mich immer wieder. Fasziniert mich wegen des Rätsels, daß Leute, zu denen ich ganz bestimmt nicht gehört hätte, auch wenn ich nicht Jude gewesen wäre, diesem Phänomen nachlaufen können. Daß sie nicht durchschaut haben und nicht durchschauen, daß jemand so demagogisch ihre Gefühle und ihren Verstand mißbraucht. Und ich bin da sehr hellhörig, auch was die heutige Zeit betrifft, und wiederum allergisch, wenn sich jemand in der heutigen Politik solcher Methoden auch nur im entferntesten bedient.

Sie betrachten es als ein Phänomen, daß ich als tschechischer Jude nun in Deutschland lebe und mich um die Belange von Juden aus der ganzen Welt kümmere. Ich sehe uns als eine große Schicksalsgemeinschaft. Ich glaube sehr tief daran, daß alle die Menschen, die das durchgemacht haben, was ich durchgemacht habe, ein Recht darauf haben, im Alter eine gewisse ruhige Phase zu erleben, die sie nicht gehabt haben. Das Lagertrauma hat sie ja weiter verfolgt, sie haben ihre Handikaps gehabt – auch im Beruf.

Sie konnten ihre Kinder nicht so erziehen, wie wenn sie dieses Trauma des Lagers nicht gehabt hätten. Also, sie haben sehr viele Nachteile in Kauf nehmen müssen, und so möchte ich dazu beitragen, daß sie im Alter in gewisser Weise sorgloser sind, daß sie anständig im Alter ihren Lebensabend verbringen können. Das ist vielleicht nur ein kleiner Beitrag, aber ich fühle mich verpflichtet, das zu tun.

> Warum meinen Sie, daß Überlebende ihre Kinder nicht so gut erziehen können?

Da gibt es Theorien, daß gerade die Eltern, die gesehen haben, wie sie ihre eigenen Eltern verloren haben, ihre Altersgenossen haben hinsterben sehen, daß die eine besondere Sorge für ihre Kinder entwickelt haben und ihnen dadurch in ihrem Entwicklungsprozeß nicht geholfen, sondern eher geschadet haben, so daß sie heute unter psychischen Problemen zu leiden haben. Ich will das nicht ganz verallgemeinern, aber es ist nicht zu übersehen, daß diese Kinder irgendwie mit ihren Eltern leiden und die Problematik der Eltern in ihr Leben mit eingebracht haben. Beweisen läßt sich das nicht. Die Ansichten gehen da auseinander.

> Ist Deutschland, das vereinigte Deutschland von 1991, für Sie ein unproblematisches Land?

Unproblematisch?

> Ja.

Ich glaube: sehr problematisch. Ich glaube, die deutsche Jugend ringt um eine Identität, die ich nicht als national verstehe, sondern um die Identität eines normalen selbstbewußten Daseins. Sie ringt sehr. Wenn Sie sich die Friedensbewegung ansehen oder einzelne Gruppen, die jede anders ihre pazifistische Einstellung begründet, dann sehen Sie, daß sich diese Generation nicht leicht tut. Nun darf man diese Angelegenheit natürlich auch nicht überschätzen, denn die Mehrheit lebt sehr oberflächlich, die finden Sie in den Discos und in den Kneipen.

Auch wenn Zehntausende mit einer Friedensbewegung auf die Straße gehen und politisiert sind, dann bleiben sie eine ganz geringe Minderheit im Verhältnis zu denen, die leider dann im Jahre 1933 Geschichte gemacht haben, nämlich diejenigen, die einer Losung gefolgt sind. Also, insofern sehe ich die deutsche Gegenwart nicht positiv erledigt. Aber zumindest in Ansätzen kann man beobachten, daß die heutige Generation, anders als damals, die Ernsthaftigkeit ihrer Zukunft diskutiert und in die Hand nimmt – dabei irrt, so wie in dieser Friedensbewegung mit ihren ...

> ... jetzt anläßlich des Golfkriegs?

... Konsequenzen zum Golfkrieg. Ich will nicht ungerecht sein, weil ich aus meiner Biographie heraus natürlich die Konsequenzen anders sehe als die absoluten Pazifisten. Durch unsere Gesellschaft geht ein Streit, den ich als Luxusstreit ansehe, weil wir ja nicht genötigt sind zu entscheiden. Wenn wir uns aber hineinfühlen würden in die, die zu entscheiden haben, dann, glaube ich, würden auch viele, die heute in der Friedensbewegung eine andere Meinung haben, Verantwortlichkeit fühlen müssen und deshalb auch diese Blauäugigkeit verlieren.

> Können Sie sich vorstellen, in Deutschland zu leben, ohne für die Rechte der Juden zu kämpfen? Also, zum Beispiel wie ganz am Anfang, als Sie im Großhandel gearbeitet haben?

Ich glaube, wenn das der Fall gewesen wäre, hätte ich meine Tätigkeit auf freiwilliger Basis anderswo gesucht. Ich gehe auch in die Schulen als Zeitzeuge, habe in verschiedensten Seminaren mit Lehrern, mit Religionslehrern über mein Schicksal gesprochen, wobei das Schicksal nur eine Nebenrolle war. Ich will – und da gebe ich mich einer Illusion hin, aber ich werde es auch in Zukunft tun – durch die Vermittlung meines Schicksals und der Ursachen, wie ich sie analysiere, etwas bewirken. Das sehe ich als eine ganz besondere Pflicht, und damit habe ich mich im Lager auch am Leben gehalten.

Eines der Motive meines sehr festen Willens zu überleben, war, denen dort, den Nationalsozialisten zu zeigen, daß ich sie überlebe, aber auch, wenn ich es überlebe, dann werde ich der nächsten Generation zeigen, was für eine Gefahr auf sie zukommen könnte. Und deshalb habe ich mich immer dafür eingesetzt, auch schon in der Tschechoslowakei, und jetzt wieder, das zu vermitteln, um etwas ähnliches zu vermeiden, daß es sich nicht wiederholen kann. Daß ich an einen Erfolg glaube? Da bin ich sehr skeptisch.

> Was haben Sie in der Tschechoslowakei in diesem Zusammenhang gemacht?

Das waren die gleichen Ziele, aber die Art der Durchsetzung war anders. Ich habe auch dort versucht, gegen den Staatssozialismus anzugehen, der sagte: der Zweck heiligt die Mittel. Ich habe immer darauf hingewiesen, daß nur dann, wenn der Weg human bleibt, auch das Ziel so wertvoll sein kann, daß man sich dafür einsetzen kann. Mit anderen Worten: Ich habe versucht, Verfolgten, durch die Kommunisten Verfolgten zu helfen. Ich habe versucht, die Humanisierung des Sozialismus durch ein Engagement für den Prager Frühling schon Jahre vor 1968 zu verwirklichen. Ich habe da überall meine Erfahrungen aus dem Konzentrationslager eingebracht. Aber so wie hier, daß man in den Schulen über diese Erfahrungen gesprochen hätte, das gab es dort nicht.

> Wenn ich Ihren Worten folge, dann könnte man sagen, daß Sie davon ausgehen, daß Deutschland mehr als andere Länder der Vergangenheit in die Augen geblickt hat.

Das kann ich bestätigen. Ich glaube ja. Ich glaube, daß man nirgends, auch nicht in den Vereinigten Staaten, so viel Auseinandersetzung mit der eigenen Vergangenheit findet wie hier, vielleicht etwas verspätet, vielleicht nicht konsequent genug, vielleicht nicht in allen Kreisen.

Ich habe sehr viel Kritisches zu sagen, zu den Kirchen, zu den Lehrern. Es sind ja immer wieder Ausnahmen. Wir dürfen uns nicht einbilden, daß unser Kreis der Einflußnahme groß genug ist. Er ist immer viel zu klein. Wenn ich heute mit zwanzig, dreißig Zeitzeugen in die Schulen gehe und jeder von uns einmal alle zwei bis drei Monate an die Reihe kommt, dann können wir einen Raum und eine Öffentlichkeit von drei bis vier Prozent erreichen. Und es bleiben sechsundneunzig bis siebenundneunzig Prozent unerreicht. Ich bilde mir also nicht ein, daß mein Einfluß besonders groß ist.

> Würden Sie heute, im Rückblick auf die Zeit in Deutschland sagen, daß Sie froh sind, hier zu leben?

Uneingeschränkt kann ich dazu nicht Ja sagen. Wäre der kommunistische Umsturz nicht gekommen, und der wurde eigentlich durch die nationalsozialistische Politik ab '38 vorprogrammiert, dann hätte ich wahrscheinlich mit meinen Eltern, die eines natürlichen Todes gestorben wären, in der Tschechoslowakei eine Entwicklung erlebt und wäre nie nach Deutschland gekommen, wäre zufrieden gewesen innerhalb des Landes, in dem ich geboren wurde und in dem ich wirken wollte.

Und nun ist aber das passiert auf der internationalen Szene, wie es passiert ist, und unter den Bedingungen bin ich froh, daß ich in diesem Deutschland leben kann, mit allen Nachteilen, die ich ziemlich realistisch sehe, aber mit der Überzeugung, daß ich diese Nachteile auch in einem anderen Land ertragen müßte.

Florence Singewald

geboren in Berlin,
Jahrgang 1896
Wohnort: Erfurt

Sich all diese Sachen wieder zurückzurufen, das geht nicht über des Messers Schneide. Hier war ja erst mal doch auch alles kaputt und bedurfte des Aufbaus. Und gerade wir, als jüdische Menschen, wir waren ja ziemlich politiklos. Wir sind in einer ganz normalen Zeit aufgewachsen in Deutschland, und das hat man uns dann schließlich aus dem Herzen gerissen. Aber wir sind in einer ganz normalen Zeit groß geworden. Bis dann eben 1914 der große Kladderadatsch kam. Natürlich war das damals noch nicht der Antisemitismus, auch wenn es ihn unter der Monarchie gab. Aber das blieb damals in Grenzen.

Ich bin 1942 fortgekommen.

Was heißt das?

Ins Lager. Ich habe fünf Gefängnisse besucht und habe drei Konzentrationslager hinter mir, nicht? Zuerst war ich in Auschwitz, ich war in Bergen-Belsen, und ich war in Salzwedel. In Salzwedel war ich ein todkranker Mensch. Mich haben die Amerikaner wohl mit einer Schippe aufgekehrt und in ein Lazarett gebracht. Ich habe dort gelegen. Die Befreiung kam ungefähr am 13./14. April, durch die Amerikaner.

Dann sind Sie in Salzwedel befreit worden?

In Salzwedel war ein kleines Arbeitslager, wo wir am laufenden Band Munition prüfen mußten. Dort waren so etwa dreitausend Häftlinge aus Bergen-Belsen. Es gab dort französische Kameraden, die haben sich einen Sender gebaut. Während der Fabrikarbeit haben sie uns öfters Nachrichten weitergegeben, wie weit die Sowjets vorgerückt sind. Sie haben uns Hoffnung gegeben, daß irgend etwas kommen würde, was uns am Leben erhielt.

Von wo sind Sie deportiert worden?

Ich bin aus Erfurt deportiert worden. Ich lebte vorher siebzehn Jahre in Gera, und da ich dort sehr bekannt war, wollte mein Mann, daß wir ein bißchen neutraler wohnen, irgendwo, wo man mich nicht kannte, und da sind wir 1937 nach Erfurt gezogen. Ich bin in Berlin geboren. Ich habe dort bis 1920 gelebt. Ich war durch meinen Beruf an verschiedenen Theatern, an der Kroll-Oper, habe auch in der Provinz gespielt. Und 1920 habe ich dann geheiratet, nach Gera geheiratet.

Ich mußte durch alles durch, was man in diesen Zeiten erlebt hat, nicht? – was nicht immer ganz einfach war. Es sind so viele Einzelheiten, wissen Sie? – das kann man gar nicht in Worte kleiden und auch nicht formen.

Ist Ihr Mann auch deportiert worden?

Nein. Mein Mann nicht, er war ja christlich, er war Arier.

Damit ich es richtig verstehe: Ist der Name Singewald der Name Ihres Mannes?

Das ist der Name meines Mannes. Ich bin eine geborene Levinski, nicht? Wir stammen alle aus Deutschland, seit dem 17. Jahrhundert. Wir sind alle in Deutschland groß geworden, ja.

Ich unterlag diesen Gesetzen mit den Einkaufsmöglichkeiten, genau wie hier die Juden in Erfurt. Wir durften in keine öffentlichen Geschäfte gehen, um Ware zu kaufen. Dann gab es nachher eine Karenzzeit, wo ich dann von acht bis zehn normalisiert kaufen konnte. Meine Angehörigen kamen alle 1942 weg. Nur ein Sohn meiner Schwester hat überlebt, er lebt in den USA. So ungefähr fünfzehn Angehörige meiner Familie sind umgekommen. Eine Tante war blind gewesen, meine Mutter war einundsiebzig, sie kam nach Theresienstadt, sie ist dort verstorben, bevor ich deportiert worden bin. Ich habe die Nachricht von einem guten Bekannten bekommen, der auch nach Theresienstadt deportiert worden war. Der teilte mir mit, daß meine Mutter an einer Lungenentzündung verstorben war.

Sie haben gesagt, als Sie aus dem Lager befreit wurden, waren Sie – wie Ihre Mithäftlinge – krank und hatten schwierigste Erfahrungen gemacht. Wie gestaltete sich die Befreiung? Wo sind Sie hingegangen?

In Salzwedel sind wir am 13. April von den Amerikanern befreit worden. Das war ein Lager mit dreitausend Insassen. Wir hatten gewußt, daß die Amerikaner auf dem Weg zum Lager waren. Das war ein einziger Aufbruch. Das ganze Lager stürmte in die Stadt, hat die Stadt geplündert – an Fressalien, an Sachen zum Anziehen. Leider war ich nicht darunter. Ich hatte eine furchtbare Phlegmone an meinem Finger, der war so dick, daß ich vor Schmerzen nicht geradeaus gucken konnte. Ich hatte Furunkulose. Ich hatte eine Gewichtsabnahme, ich wog vielleicht noch siebzig Pfund. Ich konnte nichts tun, um die Freiheit ohne Gitter zu genießen.

Es war dann so, daß die Amerikaner alle Kranken in ein Lazarett geschafft haben, wo wir eingekleidet wurden. Und die Amerikaner haben dann versucht, uns, unsere Mägen, mit Diäten, mit Essen zu stabilisieren. Diese Räuberei, diese Fressalien, das war ein Problem, da gab es dann sofort das große Kotzen. Die Mägen haben ja gar nichts vertragen. Das ist ein Ding der Unmöglichkeit. Wenn Sie nichts weiter als Kohlrübensuppe bekommen haben, da hat ja der Magen gar nichts mehr vertragen.

Ich bekam dann noch Flecktyphus und lag in Quarantäne. Und leider war es so, daß man zuerst die unterbrachte, die noch ein Land hatten. Man flog zuerst die Franzosen aus, die Tschechen, und für uns Deutsche hatte man keine Verwendung, man wußte nicht wohin mit uns. Ich bat dann den Chefarzt, der meine Hand operierte – der Finger blieb steif –, daß er versuchen sollte, mich irgendwie in einen Bus gen Thüringen, nach Hause, nach Erfurt, zu verfrachten. Aber das zog sich alles so furchtbar in die Länge, und so wie man das will, ist es ja meistens nicht. Man hatte mir auch alles weggenommen, ich hatte weder Geld noch sonstwas. Da bin ich dann nachher langsam – mit von den Krankenschwestern entliehenem Geld und

mit einem Militärmantel und einem Kopftuch auf dem Kopf –
allein zum Bahnhof gegangen, um gen Erfurt zu fahren.

> Was waren Ihre Erwartungen, als
> Sie zurück nach Erfurt gefahren
> sind?

Ich wußte nicht viel. Ich hatte gehört, daß auch Erfurt sehr bombardiert worden war. Ich wußte ja nicht, ob meine Wohnung
noch steht und ob mein Mann noch lebte. Und mein Mann war
krank, der war schon krank, wie ich weg bin. Er hatte ein Lungen-
leiden. Er war damals nach Berlin gefahren, als ich hier oben in
Erfurt auf dem Petersberg im Gefängnis saß, um mich freizube-
kommen. Aber man hat da weiter nichts gesagt: »Naja, Sie haben
ja vierundzwanzig Jahre Zeit gehabt, sich scheiden zu lassen.«
   Sie haben die Sache auf sich beruhen lassen. Als die Befreiung kam, hat mein Mann immer gedacht, ich würde irgendwie zurückkommen. Aber durch meine Krankheit, durch diesen Flecktyphus, durch die Gewichtsabnahme war ich
schwach und krank und mußte sehen, wie ich allein vor-
ankam. Und so bin ich etappenweise vorangekommen.
   Sie sehen, hier habe ich die Tätowierung, die Auschwitz-
Tätowierung.
   (*Frau Singewald zeigt mir ihre KZ-Nummer auf dem Unterarm.*)

> Sind Sie von Auschwitz nach Ber-
> gen-Belsen auf dem berüchtigten
> Todesmarsch gekommen?

Ja. Und Bergen-Belsen hatte keine Unterkünfte für uns, wir
hatten nur Zelte, nicht? Da haben wir gelegen wie die Sprot-
ten. Man konnte noch nicht einmal seine Notdurft verrichten.
Es war ja mit der Hygiene überhaupt nichts.
   Es war nichts drin in der Schüssel, die wir zum Essen hatten,
da haben wir uns drin gewaschen! Da haben wir unsere Hosen
drin gewaschen und da haben wir keine Hose gehabt, da hat
man kein Hemd gehabt, wenn man es gewaschen hatte.
   In Salzwedel war es wie am Fließband. Wir mußten früh
aufstehen und in die Munitionsfabrik.

> Ich habe Sie abgelenkt. Sie waren
> ja eigentlich dabei zu erzählen, daß

Ihr Mann nach der Befreiung auf
Sie wartete.

Ja, natürlich. Mein Mann lief zu jedem Autobus, der aus Theresienstadt kam, und fragte, ob man mich gesehen hatte, aber es
hatte mich natürlich keiner gesehen. Ich bin dann ganz unver-
hofft, an einem Sonntag, hier in Erfurt gelandet, das war Ende
Juni '45. Da landete ich auf dem Nordbahnhof in Erfurt und
bin dann mit der Straßenbahn gefahren bis zum Leipziger
Platz. In der Nähe wohnte ich, in der Moltkestraße. Und da
sah ich, daß unsere Fenster mit Pappe verbrämt waren, aber
ich sah meine Schreibtischlampe, nicht? Da bin ich dann hinein und habe geklingelt. Und da machte mir eine – so ein bißchen spätes Mädchen auf. Ich habe nur gefragt: »Ist mein Mann
da, ist mein Mann da?«

Da sagte sie: »Ja, der liegt hinten im Bett«, mit meinem
Hundchen!

Da er durch seine Lungenkrankheit sehr hilfsbedürftig war,
hat er morgens immer länger gelegen, wie es eigentlich üblich
ist.

Wir sind dann alle hier zusammengefaßt worden, also die,
die zurückgekommen sind, und wurden zur Erholung
geschickt nach dem Ort Colberg. Das liegt nicht weit von
Coburg, hier in Thüringen, das war ein Heim.

Haben Sie im Lager mit anderen
Insassen darüber gesprochen, was
Sie nach der Befreiung machen
würden? Ob Sie zum Beispiel wieder in Deutschland leben wollten?

Also, ich hatte die Nase voll. Ich wollte durchaus nicht in
Deutschland bleiben. Ich hätte einen Ort wie, na sagen wir,
Norwegen oder Dänemark vorgezogen. Aber wie das so ist:
Die pekuniäre Lage muß ja gesichert sein, um an diesen Orten
zu leben. Mein Mann war Großhändler, Kaufmann, und wo
braucht man die im Ausland? Da müssen Sie ein ziemliches
Vermögen haben, um die erste Zeit erst mal über die Runden
zu kommen, um sich in einem Land seßhaft zu machen, daß
man da auch leben kann. Leben können Sie in jedem Land, wo

Sie ein Auskommen haben. Deshalb braucht man nicht in Deutschland zu leben.

Vor den Deutschen graute mir.

> Sie kommen am Nordbahnhof in Erfurt an, nehmen die Straßenbahn und sehen die Leute wieder, die zugeguckt haben, als Sie abtransportiert worden sind.

Ich kann mich natürlich erinnern, denn ich habe ja von 1937 bis 1942 in dem Haus gelebt.

Das führt alles zu weit, Ihnen das alles zu erklären, was sich da ereignet hat.

Ich war selbst bei einer richtigen Nazi-Hippe, deren Tochter war mit einem SS-Offizier verheiratet, ich durfte in keinen Luftschutzkeller gehen, nicht wahr? Man hat mir verboten, Milch von der Milchfrau zu nehmen, der Kaufmann hat mir keine Ware gegeben. Aber wie ich nach der Befreiung erst mal zu Rande gekommen bin? Ich meine, man kann es ja nicht vergessen. Das glüht heute noch in unseren Herzen drin. Ich sage ja, ich gehe damit schlafen, und ich stehe damit auf. Das waren so einschneidende Tatsachen, was man überhaupt nicht erahnte als junger Mensch. Was weiß man denn, aus welchem Mutterleib Sie kriechen. Das ist doch ganz egal!

> Haben Sie Ihre Vermieter von vor dem Krieg wiedergetroffen?

Ja. Hier ist ein Gremium gebildet worden, was sich als OdF bekannte, Opfer des Faschismus, mit politisch und rassisch Verfolgten. Da habe ich mich sehr engagiert, um einen neuen eventuellen Faschismus mit Stumpf und Stiel auszurotten. Auch um die habhaft zu machen, die uns wehgetan haben, nicht nur mir, sondern auch meinen Glaubensbrüdern und -schwestern, die ich in meiner Nähe wohnen hatte. Und dann bin ich vom Rat der Stadt aus in der Entnazifizierungskommission gewesen. Wir haben die ganzen Akten der Bürger von Erfurt durchleuchtet und gesichtet. Einen konnte ich erwischen. Diesem Kaufmann hat man sein Geschäft weggenommen. Und einem anderen, der seine eigenen Mieter denunziert hatte, habe ich Gefängnis verpassen lassen. Der hat das auch abgesessen.

Ich habe mich dann auch für die soziale Situation unserer ganzen Kameraden eingesetzt.

> War die DDR zum damaligen Zeitpunkt schon gegründet?

Nein, da war die Gründung noch nicht. Ach Gott, wo fangen Sie an, und wo hören Sie auf?

Also, zuerst gab es einen Bürgermeister hier, man könnte ihn liberal nennen. Und die Frau von ihm ist in Auschwitz umgekommen. Die konnte nicht mit zur Arbeit gehen, hat sich immer in der Latrine versteckt. Die hat man vergast. Der war eine kurze Zeit hier Bürgermeister. Und dann war die Wahl, die erste Wahl, die fiel zugunsten, ich glaube, der Sozialdemokratie aus, in jedem Fall war es nicht die Kommunistische Partei. Und dann gab es einen Zwischenfall, ich kann mich nicht genau erinnern, das ist zu weit weg, auf jeden Fall wurde der nichtkommunistische Bürgermeister abgesetzt, und es kam der erste Bürgermeister der Kommunistischen Ideologie, der hieß Jahn. Und seitdem sind wir eben, seit der Gründung der DDR, von dieser Partei gelenkt worden.

> Die Russen waren die Befreier der Lager ...

... die Russen waren die Befreier. Wie ich drei Tage hier in Erfurt war, da waren hier noch die Amerikaner. Dann hieß es, die Amerikaner würden Thüringen freigeben. Und dann zog die ruhmreiche Sowjetarmee ein, und wir wurden eben von den Russen besetzt.

> Haben Sie das als Besetzung empfunden oder als weiteren Befreiungsschritt?

Ja, hören Sie mal, damals in Salzwedel waren zuerst die Amerikaner, dann kamen die Engländer. Und wie die Schwestern hörten, daß die Sowjets kommen würden, sind viele weg, weil sie alle Angst hatten, daß man ihnen ans Zeug flicken würde. Sie können natürlich nicht jede Schwester untersuchen, ob sie nazistisch war, nicht wahr, oder wie war sie angehaucht. Wir waren ja viel zu krank, um unser Denken auf solche Fragen zu lenken. Aber wissen Sie, ich stehe heute noch auf dem Standpunkt: die Generation lebt noch! Gucken Sie doch heute, was es für einen Rechtsradikalismus gibt, wer tut denn etwas dagegen? In der Bundesrepublik hat man doch keinen belasteten Richter oder andere Sorten ausgemerzt, um Ihr System aufzubauen. Das ist direkt meine Krankheit! Die Prozesse werden ausgesetzt, weil es heißt, wir alten Leute können nicht mehr aussagen, wir könnten uns nicht mehr erinnern! Adenauer! Adenauer hat mit Globke zusammengearbeitet! Und wer war Globke? Ein Nazi, ein hoher Nazi! Und die Ärzte, die Ärzte in Auschwitz, die sind alle runter nach Argentinien! Die konnte man ja nie festsetzen.

> Ist Ihrer Meinung nach in der DDR besser mit den Nazis aufgeräumt worden?

Da muß ich sagen: ja. Also, ich muß sagen, auf diese Sachen hat die DDR viel mehr Wert gelegt als wie drüben, also in der Bundesrepublik. Das muß man sagen. Man hat uns selbst als Menschen leben lassen, sie haben unsere Synagoge wieder aufgebaut. Wir hatten mit dem Staat ein gutes Verhältnis. Wir wurden wirklich wieder geachtet. Und ich muß sagen, da war ich besser aufgehoben, denn drüben ist es …, natürlich, bei uns wird auch mal ein Grabstein umgeworfen, aber was ist das für eine Generation? frage ich mich. Was sind das für Leute, die Rechtsradikalen? Woher haben sie das? Von wem werden sie angestachelt? Es muß doch ein Mittel geben, diese Sache in den Griff zu bekommen.

> Waren die Russen damals in Ihren Augen Unterdrücker oder die Befreier Nazi-Deutschlands?

Nein. Das kann ich nicht sagen. Das wäre eine Lüge. Das waren unsere Kameraden, wir haben uns ausgetauscht, wir haben zusammengearbeitet in vielen Kommissionen, in Kultur-Kommissionen, in Sozial-Kommissionen. Wir haben für die Rechte unserer Verfolgten gekämpft. Sie haben das getan, was man für Menschen, die gelitten haben, tun konnte. Ganz am Anfang gab es nichts, aber nachher bekamen wir eine Rente. Wir bekamen eine Ehrenpension, so daß wir unbeschadet leben können, wir hatten unser Geld. Wir haben unser Wohnungsrecht gehabt, wir haben verschiedene Privilegien, wir haben Freifahrten bekommen, schöne Busfahrten unternommen, Kameraden unter sich, der Zusammenhalt war groß. Der einzige Fehler, den sie gemacht haben: man hat Widerstandskämpfer und rassisch Verfolgte in zweierlei Kategorien gesehen, was uns als rassisch Verfolgte eigentlich wehtat, verstehen Sie? Denn schließlich hat ja jeder etwas durchgemacht, ob sie nun im Gefängnis gesessen haben oder im Lager waren.

> Waren die rassisch Verfolgten gegenüber den politisch Verfolgten sozusagen Verfolgte zweiter Klasse?

Das kann man nicht so ausdrücken. Zweiter Klasse? Nein. Sie haben genau dasselbe getan, was man für die anderen auch tut. Bloß, es gab damals so eine Abstimmung. Die, die wirklichen Widerstand geleistet hatten gegen Hitler, also in Gruppen, in den Gremien in den Fabriken, wo die Kommunisten den Widerstand organisiert haben, aber das war ja bei uns auch, nicht wahr? Bei uns im Judentum gibt es ja auch solche Gruppen, die haben ja auch Widerstand geleistet, die sind genau solche Widerstandskämpfer und sind deshalb umgekommen.

> Sind Leute aus Erfurt, die Sie kannten und die auch überlebt haben, später dann doch weitergezogen ins Ausland?

Ja. Von den fünf- oder sechshundert Juden, die in Erfurt ansässig waren, sind nur zehn zurückgekommen. Andere kamen aus Breslau nach Erfurt nach 1945. Die hatten wir hier. Dadurch war die Gemeinde wieder ein kleines Ganzes. In den fünfziger Jahren sind dann aber doch viele nach dem Westen gegangen.

> Haben Sie damals auch überlegt, zum Beispiel nach Westdeutschland zu gehen?

Also, ich hätte nach Westdeutschland gehen können, eine Nichte meines Mannes lebte in Monschau. Ich bin aber nicht gegangen, nicht wahr? Weil ich gerade gesagt habe: die sind dort nicht fertig mit ihrem Faschismus.

> Sie sagen: der Staat hat Sie gut behandelt, es gab einen engen Zusammenhalt zwischen den Überlebenden. Kann man sagen, daß Sie sich mit Ihrer Geschichte auf dem Rücken gut aufgehoben gefühlt haben?

Ja! Ich habe meine Wohnung gehabt, ich habe immer eine gute Wohnung gehabt. Nachdem man diese schönen Betonklötze gebaut hat, sind wir da eingezogen, da gab es dann Zentralheizung. Wer alt ist und nicht mehr kann, kommt in ein Altersheim und wird dort gut versorgt. Hungern braucht niemand, nicht wahr? Auch wenn wir wirtschaftlich dem Westen vollkommen unterlegen waren, wir brauchten nicht hungern.

> Sie wohnen hier in unmittelbarer Nähe der wiederaufgebauten Synagoge von Erfurt.

Ja, die ist '53 wieder aufgebaut worden.

> Sie haben gesagt, Sie leben noch nicht so lange in diesem Hochhaus.

Sieben Jahre.

> Gibt es einen Zusammenhang zwischen Ihrem Judentum und der Nähe zur Synagoge, daß Sie gerade hier eine Wohnung bekommen haben?

Nein, nein, nein. Ich hatte ein große Vier-Zimmer-Wohnung im Südteil von Erfurt. Und nachdem mein Mann 1965 gestorben war, war die Wohnung für mich zu groß, und ich habe eine Mitbewohnerin aufgenommen, die aus der Sowjetunion kam. Wir haben fünf Jahre zusammengewohnt. Es wurde uns aber auf die Dauer zu kompliziert mit dem Heizen, und da haben wir uns bemüht, in das Erste Sozialistische Hochhaus von Erfurt zu kommen und dort haben wir siebzehn Jahre gewohnt, sie im achten und ich im zweiten Stock. Und dann sind sie auf den glorreichen Gedanken gekommen, aus diesem Haus ein Jugend-Tourist zu machen.

Was ist das?

Ein Jugend-Tourist-Hotel. Und da hat man uns alte Leute – ich war damals dreiundachtzig Jahre alt – in andere Wohnungen versetzt. Und da ich zentral wohnen wollte und dieses Hochhaus im Bau war, habe ich gesagt, daß ich hier einziehen möchte. Und seitdem wohne ich in dieser Wohnung.

Gehen Sie manchmal über die Straße in die Synagoge?

Wir haben ja ganz wenig Gottesdienste, wir müssen uns ja gegenseitig suchen. Was übrigbleibt, das sind ja bloß noch – wir wollen mal sagen: Anhänger des Judentums, die jüdisch versippt waren, jüdische Männer hatten, oder Frauen, die jüdisch sind, aber christliche Männer hatten.
Das läuft alles ehrenamtlich, wir haben keinen Rabbiner. Aber die Feiertage halten wir, also Pessach, unsere großen Feiertage, das Jom-Kippur-Fest und dergleichen, das wird traditionell verrichtet.

Hat Ihr Mann, als er noch lebte, da mitgemacht?

Nein. Ich muß Ihnen sagen, ich verstehe vom Hebräischen so gut wie nichts. In der Schule hat man so wenig darauf geachtet, wir mußten ja in die Religionsschule gehen. Hebräisch ist eine sehr schwere Sprache, und ich habe gedacht, wann brauchste die? Ich meine, ich kann natürlich beten, man hat ja früher die Eltern in der Synagoge besucht und kennt die Gesänge. Aber jetzt bin ich seit zwei Jahren sehr hinfällig und gehe eigentlich gar nicht mehr. Ich kann auch nicht mehr so lange sitzen, das ist mir alles zu viel.

Seit zwei Jahren ist ja auch die Situation in Deutschland ganz anders.

Ja, ja, die Wende.

> Ist das gut oder schlecht für Juden in der DDR?

Wie soll ich das sagen? Da kann man doch keine konfessionellen Unterschiede machen. Es ist natürlich bitter, jeder hatte hier seinen Arbeitsplatz, nicht wahr? Denn vieles lag unter Subventionen, und da waren die Leute Genießer von. Die Mieten waren fatal billig, die hatte man selbst nicht in Friedenszeiten in Deutschland gehabt. Sehen Sie mal, diese Wohnung, ich habe noch einen Schlafraum, ich habe ein schönes Bad, ich habe noch so kleine Nebensächlichkeiten und bezahle bloß 75 Mark. Das ist selbst für mich als Kind aus des Kaisers Vorkriegszeiten billig. Mit Heizung!

> Wissen Sie, die Juden, mit denen ich in West-Deutschland gesprochen habe, haben mir oft den Eindruck vermittelt, daß sie irgendwie ein schlechtes Gewissen haben, daß sie in Deutschland geblieben sind ...

... na, warum sind sie überhaupt gekommen? Ich wäre nicht gekommen! Wenn ich im Ausland gelebt hätte, wäre ich nie wieder nach Deutschland gekommen.

> Ich meine jetzt: deutsche Juden.

Na, das gibt mir ja nichts! Wenn ich von Deutschland das erfahren habe! Was man uns angetan hat! Dann kann man doch da nicht mehr leben!

Das war eine Heimat, in der wir groß geworden sind, in die wir hineingeboren worden sind. Welcher Embryo fragt schon im Mutterleib, wo willste hin, wo gehste hin?

Sie werden in die Welt gesetzt; als Jude, Christ oder Katholik, und nun sieh zu, wie Du atmest. Und so wird der Mensch geprägt. Der Mensch ist ein Opfer, ein Produkt seiner Erziehung!

> Sie haben gesagt, Sie waren in Berlin am Theater. Haben Sie geschauspielert?

Gesungen.

> Da haben Sie sich wahrscheinlich mit der deutschen Kultur sehr identifiziert?

Ja, natürlich. Ich habe ein paar Jahre Gesang studiert. Ich war am Thalia-Theater und als Elevin an der Kroll-Oper. In Berlin wurden damals die Stücke so dreihundertfünfzig Mal gespielt, so eine Saison war lang und ein bißchen einseitig, und deswegen bin ich weggegangen, in die Provinz. Die Provinz wechselt das Repertoire sehr schnell, da hat man alle vier Wochen eine neue Sache, und es ist wieder interessant.

> Haben Sie weitergesungen, als Sie nach Gera geheiratet haben?

Noch zwei Jahre ungefähr. Dann habe ich aufgehört. Das ließ sich nicht mehr vereinbaren, die vielen Proben und der Haushalt, den Mann betreuen, der wurde immer kränker. Das ließ sich nicht mehr machen, und da habe ich die Sache an den Nagel hängen müssen, leider, leider.

> Sie sagen: einerseits gab es den Bruch in ihrer Beziehung zu Deutschland durch den Nationalsozialismus, aber Sie sagen auch, daß in der DDR die Entnazifizierung wesentlich gründlicher war als in Westdeutschland …

… das war sie, ja …

> … und daß für die Überlebenden gut gesorgt worden ist. Hat Sie das ein Stück mit Deutschland versöhnt?

Nein. Mich hat das nicht versöhnt. Sie können mir nicht meine sechzehn Toten wiedergeben. Das kann man nicht mit Geld machen. Das ist – wie soll ich sagen? – das ist wie ein Geschwür, das innerlich sitzt, mit dem Sie nicht fertig werden. Und je älter man wird, desto mehr spürt man es. Man kann es einfach nicht fassen. Mich regt das alles so auf, vor zwei Tagen habe ich so einen Film gesehen: »Die Akte Odessa«, mich regt das so auf, der Rechtsradikalismus! Woher haben die Menschen das? Die ganze Welt ist verdorben und schlecht, ich werde mit der Welt nicht mehr fertig.

> Schauen Sie sich Dokumentarfilme oder überhaupt Filme über die Nazizeit an?

Ja. Ich wühle in meinen eigenen Wunden. Ich habe alle Bücher gelesen. Man kommt davon gar nicht los. Ich stecke zu tief drin.

> Wäre das genauso, wenn Sie zum Beispiel in Amerika lebten?

Ja hören Sie, in Amerika ist auch ein Faschismus. Wenn Sie heute den Fernseher anmachen, was sehen Sie denn da? Sehen Sie noch etwas, was Sie ergötzt?

> Und ergötzt Sie die Wiedervereinigung?

Das Gute ist, daß ich nicht mehr Schlange stehen muß. Das ist das Einzige, was ich mir immer gewünscht habe: daß ich mir das kaufen kann, was ich gerne möchte. Aber daß wir jetzt diesen ganzen Schund hier rüber kriegen, von Bankräubern, Einbrüchen und Überfällen, also das paßt mir gar nicht. Aber ich muß sagen, ich habe das vorausgesehen. Sie können ja abends als Frau überhaupt nicht mehr auf die Straße gehen!

> Was passiert dann?

Die räubern einem die Tasche aus. Neulich ist in der Michaelisgasse einem alten Rentner am hellichten Tag die Tasche weggerissen worden, nicht wahr? Und diese Skinheads, die machen ja überall Krach. Die räumen alles aus, die räumen die Banken aus.

> Gab es das früher hier nie, daß man nachts mal überfallen worden ist?

Natürlich gab es auch Asoziale. Wer nicht arbeiten will, der macht eben irgend etwas, eine Fensterscheibe kaputt, räubert, macht irgendwas, daß er schnell zu money kommt. Money ist ja das erste, was die Leute wollen. Die dachten, wenn die

Wende kommt, dann regnet es Tausendmarkscheine vom Himmel.

> Sie haben erwähnt, daß es hier so wenige Juden gibt ...

... ganz wenig. Wir hatten vor ein paar Jahren Nachwuchs in Eisleben, da ist jemand mit seinen vier oder fünf Kindern und seiner Frau zum Judentum übergetreten. Der nimmt das so ernst! Wissen Sie, das freut einen innerlich. Ein Mensch, der in den dreißiger Jahren ist, daß der sich dazu bekennt. Er hat ja nichts davon! Er hat keine Vergütung, er hat gar nichts! Aber er kommt zum Gottesdienst, hat seine Jungen beschneiden lassen. Er ist so emsig bei der Sache, das ist natürlich eine große Freude. Und wir haben jetzt auch den Zusturm bekommen von den sowjetischen Juden, nicht? Aber deshalb sind wir noch keine große Gemeinde. Denn es ist ja alles sehr zersplittert: in Thüringen, in Jena, manche wohnen in Eisenberg, die Verständigung ist dann auch schwierig, weil sie Russisch reden.

> In Westdeutschland gibt es mehr Juden als in Ostdeutschland.

Naja, ich wundere mich auch. Ich will ihnen sagen, in Westdeutschland war es ja so, daß, wenn Sie Zeugen hatten, man eine gute Wiedergutmachung bekommen hat. Aber ich weiß nicht, ob die drüben eine Standardrente bekommen haben.

> Nein. Die Rente hängt zum Beispiel davon ob, wie lange man im Lager war.

Jaja, man hat drüben gesagt: pro Lagertag fünf Mark. Haftentschädigung. Dann, was sie verloren haben. Also, die großen Firmen wie Tietz, Hertie, Karstadt und wie sie alle hießen, die müssen natürlich Zeugen bringen, daß sie das und das Geschäft gehabt haben, in Berlin oder wo, und die haben dann eine Entschädigung bekommen. Das haben wir hier nicht bekommen. Wir haben keine Entschädigung bekommen. Hier haben sie uns eben eine Ehrenpension gegeben. Die Ehrenpension ist eine gute Pension. Ich als alter Mensch kann damit gut auskommen.

> Und jetzt bekommen Sie das Geld
> in Westmark.

Jetzt bekomme ich das Geld in Westmark. Also, das ist geblieben. Und das ist vorläufig auch nicht in Frage gestellt.

> Haben Sie sich nach Ihrer Rück-
> kehr aus dem Lager nach Erfurt
> wieder gut mit nichtjüdischen
> Deutschen angefreundet oder gab
> es da irgendwelche Bedenken ihrer-
> seits?

Nein. Ich habe meinen Kreis immer sehr klein gehalten und alles nur Menschen, wo ich sagen kann: sie sind hieb- und stichfest. Denn hier hat man nicht gewußt, ob, wenn Sie kratzen, da nicht braun hervorkommt.

> Selbst in der DDR.

Ja, auf alle Fälle.

> Trotz der Entnazifizierung?

Ja. Die Generation lebt. Das ist ja die Generation, die die Nazizeit erlebt hat. Und neunzig Prozent oder fünfundneunzig Prozent haben ja geschrieen: Wir wollen den totalen Krieg! Also, wo ist der Unterschied?

> Sind Sie selbst jemals mit antisemiti-
> schen Äußerungen in Berührung
> gekommen?

Ich selbst? Nein, gar nicht, gar nicht. Viele wissen gar nicht, ob ich Jüdin bin, ob ich nicht Jüdin bin, das weiß man gar nicht.

> Haben Sie eine besondere Bezie-
> hung zu Israel als dem jüdischen
> Staat?

Gar nicht. Überhaupt nicht. Ich habe da keine Beziehung hin. Es würde mich vielleicht als Land interessieren. Wissen Sie, ich bin groß geworden im Deutschen Reich. Unser Stammland haben wir Juden gar nicht so für voll genommen, wie es vielleicht nötig gewesen wäre. Denn wenn wir ein Land gehabt hätten, dann wären vielleicht keine sechs Millionen Juden vergast worden. Wenn wir ein Land gehabt hätten, und wenn wir hätten bestimmen können! Wir hatten keins.

Ignatz Bubis

geboren in Breslau
Jahrgang 1927
Wohnort: Frankfurt am Main

> Wie sind Sie nach Deutschland gekommen?

Ich bin in Breslau geboren. Meine Mutter stammte aus Polen. Die Großeltern lebten in Polen, und wir sind 1935 aus Deutschland weg nach Polen. Ich war damals gerade acht Jahre alt geworden. Bis 1945 war ich in Polen und bin dann 1945 zunächst gleich zurück nach Breslau. Da war ich aber nur wenige Monate. Im November 1945 bin ich nach Berlin gekommen.

> Sie waren in Polen bis 1945?

Ich war erst kurze Zeit bei meinen Großeltern. Dann hatten wir eine Wohnung gemietet. Und 1939, als der Krieg kam, sind wir auch da hängengeblieben. 1941 wurde dann das Ghetto errichtet. Bis Mitte 1942 war ich im Ghetto, und Mitte des Jahres kam ich in ein Zwangsarbeitslager, war dann später noch in einem weiteren Zwangsarbeitslager und bin am 16. Januar in Tschenstochau befreit worden.

> War Deutsch Ihre Muttersprache?

Deutsch war meine Muttersprache, aber meine Mutter selbst sprach kein gutes Deutsch. Sie hat eigentlich auch kein Polnisch gesprochen. Sie stammte aus Russisch-Polen. Meine Mutter sprach eigentlich hauptsächlich Russisch, aber ich bin in Breslau aufgewachsen, sodaß ich in dieser Sprache groß geworden bin.

> Als Sie dann von der Roten Armee befreit wurden, war das für Sie klar, daß Sie nach Berlin gehen?

Nicht unbedingt. Ich hatte sogar überlegt, eventuell in Polen zu bleiben, aber es gab in Polen gleich '45 antisemitische Exzesse. Man braucht nur an Kielce zu erinnern, aber Kielce war nicht der einzige Ort, nur hat man darüber viel gesprochen. Auch in dem Ort, in dem ich bis 1939 war, – d.h. eigentlich war ich bis 1944 da, denn das Zwangsarbeitslager befand sich im gleichen Ort, der heißt Deblin, wo wir seit '35 wohnten – da war ein großer Fliegerhorst, und dort war ich im Arbeitslager, d.h. immer im gleichen Ort. Und als 1944 im Juni die Rote Armee an der Weichsel stand, also noch kurz bevor wir abtransportiert wurden nach Tschenstochau, sind etwa dreißig Leute geflüchtet aus dem Lager um auf den Einmarsch der Russen zu warten. Das hat drei Tage gedauert. Und von diesen dreißig Leuten haben drei oder vier überlebt, die anderen wurden von den Polen umgebracht.

Aus Antisemitismus?

Aus rein antisemitischen Gründen.

Und Sie sind dann nach der Befreiung in Tschenstochau nach Berlin gefahren?

Ich bin zunächst nach Breslau. Von Breslau aus bin ich ganz einfach mit dem Zug nach Dresden gefahren, und von Dresden nach Berlin. In Berlin gab es ein DP-Lager. In diesem DP-Lager war ich allerdings nur ein oder zwei Tage und bin dann in die Stadt gezogen. Ich war damals achtzehn Jahre alt. Wissen Sie, man hat sich da als Achtzehnjähriger in diesen Kriegswirren wenig Gedanken gemacht.

Aber nach Ihrer Befreiung, als Sie die Fahrkarte nach Berlin gekauft haben, wo hatten Sie das Geld her?

Als ich im Lager in Tschenstochau befreit wurde, da hatte ich gar nichts. Ich hatte einen blauen, heute würde man sagen, Jeansanzug. Das war so ein Arbeitsanzug in einem Stück, wo man reinschlüpfte. Ich hatte ein Paar Holzschuhe, keine Socken, sondern so was aus Stoff gewickelt, und das war's. In Tschenstochau habe ich dann ein Fahrrad organisiert und bin erst mal Richtung Lublin gefahren, gar nicht mal Richtung

Deblin, denn damals gab es in Lublin bereits eine provisorische polnische Regierung. Man wollte immer erst mal dorthin, wo schon organisiertes Leben war. Und ich wußte, daß ich in Deblin kaum jemanden antreffen würde, denn nach der ersten, zweiten Aussiedlung und dem Abtransport ins Lager mußte ich damit rechnen, daß es in Deblin keine Juden geben wird.

Hinterher habe ich folgende Geschichte erfahren: ein Freund von mir, das heißt, es war der Bruder von meinem Freund, er hat im gleichen Lager überlebt wie ich. Nach der Befreiung ist er nach Deblin mit seiner Mutter und seiner Schwester, das waren aus diesem Ort gebürtige Juden, sein Vater war der Vorsitzende der Jüdischen Gemeinde dieses kleinen Ortes mit einem Bevölkerungsanteil von vierzig Prozent Juden gewesen, Luxemburg heißt er, heute lebt er in Schweden. Dieser Freund ist in seine frühere Wohnung gegangen. Abends ist er raus aus der Wohnung, ein bißchen spazieren, und als er zurückkam, waren seine Mutter und seine Schwester ermordet worden. Von Polen!

Aber das habe ich erst viel später erfahren. Ich hatte also nicht so sehr Furcht vor den Polen. Es war viel einfacher. Lublin war die nächste größere Stadt. Da bin ich hin, weil alles nach Lublin ging. Alle aus den Lagern gingen nach Lublin. Dort gab es eine Küche, man wurde mit Schlafmöglichkeiten versorgt, mit etwas Essen versorgt, man wurde mit etwas Geld versorgt.

Dort war ein Onkel, der Bruder meiner Mutter, der auch aus Deblin stammte, aber der zog nach Lodz. Also, die Juden, die damals den Krieg überlebt hatten, es waren ja nicht viele, aber die, die aus den Lagern zurückkamen, soweit sie zurückkamen, konzentrierten sich auf Lublin, Warschau, Lodz und Krakau. Erst bin ich dann zu meinem Onkel, das war schon im März, April '45 und wohnte bei meinem Onkel. Und im September bin ich nach Breslau. Breslau war lange umkämpft und ist erst nach dem Mai '45 endgültig besetzt worden. Da gab es noch Widerstand nach dem 8. Mai 1945. Und da bin ich dann im August oder September nach Breslau und habe unsere alte Wohnung gesucht, die sogar noch da war. Es wohnten dort Leute. Ich habe dort einige Wochen verbracht, sah aber in Breslau für mich keine Möglichkeiten. Inzwischen stand für mich fest, daß ich auf keinen Fall in Polen bleiben würde. Ich bin 1945 nicht aus Liebe zu Deutschland zurückgegangen. Das wäre falsch, wenn ich das heute so sagen würde. Ich kannte Deutschland, ja, ich hatte Kontakte, ich hatte auch versucht herauszufinden, ob jemand von meiner Familie überlebt hatte. Eine Schwester und ein Bruder waren 1939, eigentlich gleich als die Wehrmacht einmarschierte, weitergeflüchtet in die von der Sowjetunion besetzten polnischen Gebiete. Und ich hatte gehofft, in Lublin etwas über sie in Erfahrung zu bringen. Außerdem habe ich versucht, allerdings auch vergeblich, den Bruder meines Vaters in Rußland zu finden. Wir hatten seit 1935 nichts mehr von ihm gehört, seit den Säuberungen hatten wir nichts mehr gehört.

Ich hatte eine sehr, sehr vage Hoffnung, daß mein Vater vielleicht überlebt hatte. Ich hörte, daß er nach Treblinka gekommen sei, aber zu diesem Zeitpunkt war Treblinka für mich auch nur eines von vielen Lagern und nicht das, was man hinterher festgestellt hat.

Ich bin nach Deutschland gegangen, weil es bekannt war, daß viele jüdische Menschen, die aus den Lagern befreit wurden, dorthin gingen. Es gab die vielen DP-Lager, unter amerikanischer Aufsicht, es gab auch die DP-Lager in der britischen Zone. In der sowjetischen Zone gab es nichts Vergleichbares. Und von dort sind eben viele nach Amerika, nach Palästina oder nach Australien gegangen.

Ich selbst war mir nicht im klaren, wohin ich eigentlich will, aber ich wollte erst mal in ein solches DP-Lager kommen, um von dort irgendwohin auszuwandern.

> Was haben Sie denn dann über Ihren Vater erfahren?

Gar nichts. Ich habe versucht, in Treblinka Namen herauszufinden. Ich weiß, daß mein Vater 1942 in einen Transport gekommen ist, der eigentlich erst in ein Lager ging, das nur 25 Kilometer weit entfernt war. Und dort wurden Transporte nach Treblinka zusammengestellt. Das war das letzte, das ich von meinem Vater gehört habe.

> Wann haben Sie erfahren, was Treblinka bedeutete, also wann haben

Sie von den Vernichtungslagern
gehört?

Das erste Mal, das allererste Mal habe ich davon schon im Lager gehört. 1943 kam ein Mann, der vielleicht zehn Jahre älter war als ich, der hatte früher eine Eisbude betrieben. Natürlich war er bei allen Schulkindern, und ich war ja noch ein Schulkind, beliebt. Er hat immer mit den Kindern gescherzt und gespielt. Eigentlich wurde er von den Jugendlichen nie so richtig ernst genommen, weil er eben immer Spaß machte. Er hat Märchen erzählt. Und er kam plötzlich in das Lager, wo ich war, am Fliegerhorst. Er gab mir den ersten Hinweis auf meinen Vater, denn er war mit ihm zusammen in diesem Lager, in dem sich die Spur meines Vaters dann verloren hat. Dieses Lager ist aufgelöst worden. Wir waren auf dem Fliegerhorst bei der Luftwaffe und das andere war bei der Wehrmacht gewesen. Und die hat einfach den Leuten gesagt, wir können Euch nicht mehr gebrauchen, wir können Euch nicht kasernieren, Ihr seid entlassen, Ihr könnt gehen, wohin Ihr wollt. Aber es gab kein Wohin. Kaum waren die Leute entlassen, hat man sie wieder eingesammelt, und darunter war eben auch er.

Das waren alles Juden?

Das waren alles Juden, ausschließlich. Und er hat uns dann erzählt, daß man eben diese Leute gesammelt hat, ihn auch, und in Güterwagen nach Treblinka geschickt hat. Und Treblinka sei ein reines Vernichtungslager. Dort würden die Menschen sofort verbrannt werden, vergast und verbrannt werden. Zwar würden aus jedem Transport erst mal ein paar Kräftige rausgesucht, die beim Sortieren der Kleidungsstücke, beim Verpacken usw. arbeiten. Als nächstes würden sie rangenommen, um bei den Verbrennungsöfen zu arbeiten und nach wenigen Wochen sind sie dann auch selbst dran. Er hat gearbeitet beim Verpacken der Sachen, und er hat sich versteckt in einem Kleiderballen, hat sich dann unterwegs befreit und ist mit Güterzügen bis zu unserem Lager gekommen. Unser Lager war nicht weit von einem Güterbahnhof. Das war ein Verkehrsknotenpunkt.

Und dieser ehemalige Eisbudenbesitzer hat uns also geraten, auf keinen Fall im Lager zu bleiben, denn früher oder später wären wir alle dran. Und er ist auch am nächsten Tag wieder weg.

Der Name Treblinka hat sich eigenartigerweise bei mir eingeprägt. Er hat auch erzählt, wen er alles in die Öfen hat gehen sehen.

Aber wenn man die Dinge nicht glauben will – da haben wir uns gesagt, ach, der hat ja immer schon irgendwelche Märchen erzählt. Wir wollten es ihm nicht glauben.

> Aber der Name hat sich Ihnen eingeprägt.

Ja. Es gab auch viele, die ihm sehr wohl geglaubt haben, aber es einfach nicht wahrnehmen wollten. Und das Lager, in dem ich war, war ein relativ humanes Lager. Ich sage: relativ, gemessen an den Vernichtungslagern, gemessen an dem Lager, in das ich später gekommen bin. Wir wohnten immerhin in Baracken. Die Aufsicht war in den Händen von jüdischer Lagerpolizei, und es gab nur ganz wenige Wachen, keine SS-Wachen, sondern Luftwaffe. Wir gingen jeden Morgen auf den Fliegerhorst, haben dort gearbeitet, wir haben im Gleisbau gearbeitet, in der Lagerverwaltung.

Wir waren einige Hundert und mittags kam ein Kübelwagen mit Essen, das wurde im Lager gekocht. Sicher, die Brotration war zweihundert Gramm am Tag, aber auf jeden Fall konnte man nicht Hungers sterben. Und die Arbeit war, wenn auch schwer, doch erträglich. Es gab Arbeitsunfälle.

Wir hatten auch die Möglichkeit des ›Organisierens‹, wie man es so schön zu dieser Zeit nannte. Wir waren mitten unter Soldaten. Und natürlich ist es da vorgekommen, daß der eine oder andere mal einen Strohsack geklaut hat, um daraus Kleidung zu machen. Also, keine Kleidung wie unter normalen Bedingungen, eben aus Strohsäcken, und das hat man geklaut und sich daraus was zusammengenäht. Man hat irgendwo eine Schachtel Zigaretten geklaut oder ein Stück Brot. Das war eben möglich.

Wenn man da erwischt wurde, und einige sind erwischt worden, die wurden im Lager öffentlich hingerichtet. Das gab es auch. Es waren fünf Fälle. Und dann gab es einmal eine Razzia. Im Lager wurde nach Geld gesucht. Und der erste, bei dem man Geld gefunden hatte, der wurde an Ort und Stelle erschossen, und es wurde nicht weitergesucht.

Wer hat die Razzia durchgeführt?

Das waren SS-Leute, die da so überfallartig kamen. Ansonsten unterstanden wir der Verwaltung der Luftwaffe. Später hieß es, daß der Kommandant des Fliegerhorstes, ein gewisser Oberstleutnant Hönich, ein russischer Spion gewesen sein soll. Ob das gestimmt hat, weiß ich nicht, aber er hat sich menschlich benommen, das steht fest. Wenn wir zum Beispiel herangeholt wurden zum Entladen von Lebensmitteln, das fand unmittelbar vor dem Lager statt, da hat er auch schon mal an einem Sack Mehl gerochen und hat gesagt: »Der stinkt! Das geben wir den Saujuden!« Und so sind wir zu einem Sack Mehl zusätzlich gekommen.

Nach all diesen Erlebnissen beschließen Sie, nach Berlin zu fahren. Und Sie haben erwähnt, Sie seien über Dresden gereist. Dresden war ja völlig zerstört. Was haben Sie da gedacht?

Ich habe gar nichts gedacht. Ich bin ganz einfach über Dresden gekommen. Ich bin da nur durchgefahren, weil die Zugverbindungen so waren. Ich weiß noch, wir waren zu dritt, hatten die ganze Zeit im Lager zusammen verbracht. In Dresden waren damals vielleicht hundert Juden. Ich bin dann schon nach wenigen Tagen weitergefahren.

In Berlin habe ich mich in dem DP-Lager registrieren lassen. Aber ich habe sofort gemerkt, ich konnte einfach nicht mehr in einem Lager wohnen. Es war ein Lager in Schlachtensee in Berlin-Zehlendorf, in der Nähe vom Wannsee. Man hat im Lager Mittag gegessen, man hat im Lager Abend gegessen, man hat da geschlafen. Es gab eine amerikanische Wache, die eigentlich nur aufpaßte, daß uns nichts passiert. Aber ich habe das psychisch nicht vertragen, in diesem Lager zu wohnen.

Haben Sie sich dann in Berlin eine Wohnung genommen?

Ich bin in eine Pension gezogen. Ich habe das gemacht, was sehr viele gemacht haben zu dem Zeitpunkt, 1945/1946, Schwarzhandel mit Zigaretten, mit Kaffee. Ich bin vier

Tage nach meinem achtzehnten Geburtstag befreit worden. Ich hatte ja nichts gelernt. Als der Krieg ausbrach, war ich zwölf Jahre alt. 1945 wußte ich, wie man im Ghetto lebt, wie man im Lager lebt, wie man in einer Munitionsfabrik arbeitet.

> Das hat Ihnen in Berlin nichts genützt.

Das hat mir alles nichts genützt. In Berlin war es die große Blüte der Tauschzentrale. Es gab Ankauf und Verkauf, Neues gab es ja nicht. Ich bin da auch gependelt zwischen Berlin und Dresden. Da gab es ein Geschäft, das nannte sich ›Tauze‹, Tauschzentrale. Dort konnten wir Altgold und Altsilber ankaufen und haben die Waren nach Ost-Berlin gebracht. Die Russen haben dort angekauft und haben in Dollar, Zigaretten, Kaffee oder Lebensmitteln bezahlt. Sie waren darauf eingestellt und hatten selbst solche Ankaufstellen. Das habe ich so vielleicht ein Jahr lang gemacht.

> Die Leute, mit denen Sie zu tun hatten, zum Beispiel in der Pension, wußten die, daß Sie Jude sind?

Ja. Wissen Sie, es ist etwas für mich damals Schreckliches, eine schreckliche Erkenntnis: als wir '35 aus Breslau weg sind, hatte ich eigentlich den Antisemitismus in Deutschland kaum gespürt. Es war der staatlich organisierte Antisemitismus, Antijudaismus. Mit den Nachbarn konnte man – nicht mit allen – noch einigermaßen hinkommen. Dann kam die Vernichtung, die staatlich organisierte Vernichtung. Und dann mußte ich feststellen, daß der Antisemitismus in Polen ein ganz anderer war, ein eigentlich radikalerer, der vielleicht aus dem Antijudaismus entstanden war, den die katholische Kirche Jahrhunderte gepredigt hat. Das ist, glaube ich, die Basis des polnischen Antisemitismus bis heute. Und dann bin ich nach Berlin gekommen und habe festgestellt, daß im Nachkriegs-Berlin Antisemitismus eigentlich ein Fremdwort war. Ich spreche vom Nachkriegs-Berlin Ende der 40er, Anfang der 50er Jahre. Da hat man sich nicht vorstellen können, daß jemals Republikaner oder NPD einen solchen Zulauf bekommen würden, wie sie ihn heute haben.

> Haben Sie zu der Zeit, also Ende der 40er Jahre, Kontakt zu anderen Juden in Berlin gehabt?

Ja, natürlich! Sehr viele Kontakte.

> Was wurde denn da geredet, bezogen auf die Vergangenheit und auf Deutschland?

Bezogen auf die Vergangenheit? Die meisten sind ja weiter nach Amerika. Zu der Zeit waren in Berlin vielleicht zwischen 50.000 und 100.000 Juden, die aus aller Welt kamen, aus den Lagern kamen. Und es sind ja nur fünf-, sechstausend oder noch weniger übrig geblieben. Die anderen sind hauptsächlich nach Amerika, viele auch nach Israel, und vereinzelt nach Kanada oder Australien. Das war die Flucht aus Europa, man traute Europa nicht. Man wollte von Europa nichts mehr wissen.

Das war die Zeit, wo ich eigentlich auch ein Jahr lang überlegt habe, gehe ich nach Amerika, gehe ich nach Israel. Ich habe sogar länger überlegt. Eigentlich habe ich bis 1949-50 geschwankt. Ich war in diesen Jahren auch einmal als Tourist in Amerika, ich war einmal als Tourist in Israel, und danach habe ich mich entschlossen, in Deutschland zu bleiben, zunächst in Berlin. Dann hat es sich aus geschäftlichen Gründen ergeben, daß ich nach Stuttgart bin, da war ich aber nur kurz. Und dann habe ich von 1950 bis 1956 in Pforzheim gelebt. Ich habe in der Schmuckbranche gearbeitet. Da gab es nur ganz vereinzelt Juden, keine zwanzig Juden. Und mir fehlte das jüdische Leben.

> Was bedeutet für Sie persönlich jüdisches Leben?

Wissen Sie, ich hatte Freunde, Nichtjuden, aber die Jahre, die Zeit von 1935 bis 1945, die habe ich verdrängen wollen. Aber man kann sowas nicht. Im Unterbewußtsein bleibt doch immer einiges hängen. Ich habe mich in Pforzheim trotz vieler Freundschaften, oder sagen wir so: Ich habe heute in Frankfurt bestimmt mehr nichtjüdische als jüdische Freunde. Wir verkehren viel mehr mit Christen als mit Juden. Aber wenn es hier nicht die Gemeinde gäbe, wo ich mich auch jüdisch ausleben kann, könnte ich auch heute noch wahrscheinlich nicht hier leben.

Für mich war das nicht die Frage, die sich mir 1950 gestellt hat. Damals kam es mir nicht auf die Umgebung an, sondern nur auf die Frage: Sollen Juden wieder in Deutschland leben, können Juden wieder in Deutschland leben? Und das habe ich für mich entschieden: daß ich hier leben will, daß ich hier leben kann. Aber ich brauche auch die jüdische Umgebung.

> Hat Sie bei Ihrer Entscheidung damals nicht in Schwierigkeiten gebracht, daß viele Juden dagegen waren, daß Juden hier wieder seßhaft wurden?

Das hat mir keine Schwierigkeiten gemacht. Wissen Sie, ich habe erlebt, daß Juden Israel besucht haben, und wenn man sie gefragt hat, wo sie herkommen, haben sie gesagt, aus der Schweiz, aus Österreich, aus sonstwo, aber sie haben nicht gesagt, daß sie in Deutschland leben. Sie haben gesagt, ja, geschäftlich haben wir da was zu tun, aber wir leben nicht da. Nachdem ich mich entschieden hatte, habe ich gesagt: Ich lebe in Deutschland. Ich habe mich dafür entschieden.

Das kulturelle Leben, das geistige Leben, das ist, was mich hier anspricht und in dem ich mich wohlfühle. Der American Way of Life, es mag alles gut und richtig sein, liegt mir aber nicht. Ich habe die größten Sympathien für Israel, ich solidarisiere mich mit Israel, – dort leben, würde mir schwer fallen.

Ich weiß es nicht. Vielleicht, wenn ich die ersten Monate oder Jahre dort leben würde, würde ich anders denken. Das ist durchaus möglich. Ich will das nicht ausschließen. Ich habe einen großen Freundeskreis in Israel. Ich bin mindestens zehnmal im Jahr in Israel, sicherlich zum Teil auch geschäftlich bedingt. Aber für mich ist es undenkbar, an Ostern nicht zwei Wochen in Israel zu sein und mich nicht mit Freunden zu treffen. Das ist dann kein Urlaub, sondern Strapaze, aber ich erhole mich bei dieser Strapaze, weil ich mich eben wohl fühle. Aber nach zwei Wochen habe ich das Gefühl, ich will wieder nach Frankfurt.

> Gehört es für Sie zu Ihrem Leben in Deutschland, daß Sie so viel im Ausland sind?

Kann sein. Ich will das nicht ausschließen.

> Sie haben, als ich Sie anrief, auch erwähnt, daß Sie Kontakte nach Paris haben.

Ja. Meine Schwiegermutter lebt in Paris, die Geschwister meiner Frau leben in Paris. Ich habe meine Frau im Lager kennengelernt, wir waren im gleichen Lager und lebten vorher im gleichen Ort. Wir sind entfernt verwandt mütterlicherseits. Meine Mutter und meine Schwiegermutter waren Cousinen. Meine Frau ist zusammen mit ihrer Familie nach dem Krieg nach Paris gegangen. Und sie ist nach Deutschland gezogen, als wir geheiratet haben, allerdings mit der festen Absicht, sobald wie möglich zurückzugehen nach Paris. Daß sie es später hat fallenlassen, hing nicht zuletzt damit zusammen, daß Paris nur fünfzig Flugminuten oder fünf Bahnstunden entfernt ist und sie jederzeit in Paris sein kann. Und wir sind sehr oft in Paris.

> Wenn Sie heute an Ihre Entscheidung von 1950 zurückdenken, – war das eine richtige Entscheidung?

Ich habe es immer als eine richtige Entscheidung gesehen.
Ich fing an zu zweifeln bei der Fassbinder-Geschichte, nicht wegen des Fassbinder-Stückes, sondern wegen der Anrufe, die ich bekommen habe. Die Drohanrufe. Also, ich bekomme laufend Drohanrufe. Ich stehe nun mal im politischen Leben, im jüdisch-politischen, im sonstigen politischen Leben, und dann muß man damit rechnen, daß man beschimpft wird, daß man nicht nur Freunde hat, das ist alles in Ordnung. Nur, die Art der Anrufe, die ich während des Konflikts um das Fassbinder-Stück bekommen habe, die hat mich zweifeln lassen, ob meine Entscheidung richtig war. Und meine Frau hat wieder gesagt, wir sollten doch wegziehen. Obwohl, unter dem Strich gesehen, war diese Auseinandersetzung um das Stück sehr reinigend, und die Auseinandersetzung wurde ehrlich geführt.

Viele haben hinterher begriffen, an welchen Nerv hier bei Überlebenden des Holocaust gerührt wurde. Besonders haben es die GRÜNEN begriffen. Ich hatte damals viele Diskussionen, und die haben plötzlich verstanden, daß das nichts mit Kulturzensur zu tun hatte, sondern daß an einen Nerv gerührt wurde, den man nicht so einfach abschütteln kann.

> Aber damals, als in Frankfurt der Häuserkampf losging, sind Sie doch auch schon ins Visier genommen worden. Da haben Sie noch nicht gedacht, vielleicht …

Nein, nein, es gab auch damals antisemitische Erscheinungen. Aber sie waren irgendwie anders gelagert, das war Spekulantentum, der Antisemitismus selbst kam kaum zum Vorschein, kaum. Er hat aber auch eine Rolle gespielt. Aber es war anders. Und ich habe gesagt: Das, was ich tue, sieht in den Augen der anderen aus wie Spekulantentum: Das ist etwas Verwerfliches und das kann man nicht machen.

Die wenigsten wußten, daß ich in Frankfurt ein einziges Bürohaus gebaut habe, aber einige hundert Wohnungen. Ich bin damit auch nicht hausieren gegangen zu meiner Verteidigung, da schaut hin, wieviele Sozialwohnungen ich gebaut habe, wieviele andere Wohnungen ich gebaut habe, und nur ein einziges Bürohaus. Ich stand zu dem, was ich tat, und bekannte mich auch, daß ich ein Spekulant bin, was immer darunter zu verstehen ist. Wir leben ja letztendlich nicht in einem Land, in dem auf Spekulation die Todesstrafe steht. In Rußland ist sie jetzt abgeschafft, und das Spekulantentum wird jetzt in der Sowjetunion auch eingeführt, mit Börsen und allem möglichen.

> Das Bild, das Fassbinder entworfen hat, und das, glaube ich, als Phantasie in Deutschland eine Rolle spielt, ist doch, daß der Jude nach dem Krieg nach Deutschland kommt und das Land aussaugt …

… aussaugt, die Rache, der sich rächt. Ja also, das hat nun bei weiß Gott keinem im Immobilienbereich eine Rolle gespielt.

Ich will jetzt keine neue Fassbinder-Diskussion führen, es war ganz einfach so, daß Frankfurt sich entwickelte und das Westend zum City-Erweiterungsgebiet erklärt wurde, wo man die Büros haben wollte. Damals stiegen die Grundstückspreise über Nacht, die Nachfrage nach Büros war enorm, und da haben sich viele, die glaubten, davon etwas zu verstehen, auf diesem Gebiet betätigt.

> Und Sie haben gesagt, Sie hätten so viele Drohanrufe während der Fassbinder-Affäre bekommen. Was war denn der Tenor dieser Anrufe?

Der Tenor dieser Anrufe: Was wollt Ihr eigentlich noch in Deutschland? Sehen Sie, und das war der wesentliche Unterschied zu der Zeit des Häuserkampfes.

> Was haben diese Drohanrufe für Sie bedeutet? Sie haben gesagt, Sie hätten überlegt, ob Sie weggehen sollten. Aber hat das Bilder aus der Vergangenheit wieder heraufbeschworen?

Hm, nein, nein. Nur, es ist ein schreckliches Gefühl für jemanden. Und das hat das Fassbinder-Buch bewirkt. Vielleicht ist das für die heutige Generation schwer verständlich. Vielleicht ist das für die Nicht-Täter, für die Unbeteiligten, die damals gelebt haben, schwer verständlich. Aber, wenn jemand Gaskammern überlebt – ich war nicht in Auschwitz, aber ich wußte, was Auschwitz ist, ich wußte, was Treblinka ist – für jemanden, der das weiß und diese schreckliche Zeit überlebt hat, und man hat plötzlich das Gefühl, daß da Menschen da sind, die darüber sprechen, als ob das etwas Alltägliches wäre, etwas Normales wäre, und man Sätze liest, wie: »Ich zog den Rauch ein...« Ich – ich bin gar nicht in der Lage, das zu zitieren, aber wenn für jemanden aus meiner Generation, die das am eigenen Leib erlebt hat, dann nur diese Gleichgültigkeit da ist, dieses Unverständnis, was das bedeutet hat, – da werden Wunden aufgerissen.

> Sie haben sogar politisch agiert. Sie sind ja auf die Bühne und haben

mitgewirkt an der Verhinderung der Aufführung des Stückes. In dem Augenblick, wo Sie auf der Bühne gestanden haben, wie ist es Ihnen da ergangen?

Ich habe, als ich auf der Bühne stand, an nichts gedacht. Ich habe nur gedacht an die Menschen, die da saßen. Es ist ja keiner hingegangen nur wegen der Aufführung des Stückes, es waren ja alles mehr oder weniger politisch interessierte Menschen. Aber als mir zum Beispiel der Herr Dürr zurief: »Nun lassen Sie doch das Stück spielen!«, habe ich gedacht, was geht in seinem Kopf rum? Was will er hier an dem Stück sehen?

Was ist Ihre Vermutung?

Ich weiß es nicht. Ich werde ihn gelegentlich fragen, warum er überhaupt hingegangen ist und was für ihn das Interessante an diesem Stück war, das er dort hat sehen wollen.

Und dann kam es nicht zur Aufführung des Stückes.

Ich habe nicht einmal Genugtuung verspürt. Die Genugtuung war erst dann, daß hinterher mit einem Teil der Öffentlichkeit eine ehrliche Diskussion geführt werden konnte. Mit manchen GRÜNEN war das möglich. Mit anderen nicht. Ich brauche nur an die Rede von Hilmar Hoffmann im Stadtparlament zu denken. Das war so was von Rumeiern. ›Das ist ein schreckliches Stück, das ist ein hervorragender Dichter, und deshalb ist es ein hervorragendes Stück, und sowas darf man nicht zeigen, aber man muß es aufführen‹, also bei ihm ging alles kreuz und quer, er wollte allen gerecht werden, und ist somit keinem gerecht geworden.

Als weiteres Ereignis in der letzten Zeit ist ja auch das Ende der Teilung Deutschlands zu nennen und die Wiedervereinigung.

Ja. Ich spreche nicht von Wiedervereinigung, sondern von Vereinigung der beiden Deutschlands. Ich halte das für richtig. Ich bin vielleicht nicht in diese Euphorie ausgebrochen, aber ich begrüße es. Ich bin nicht wie Andreotti, der sagt, ich liebe Deutschland so sehr, daß mir zwei lieber sind als eines. Also mir ist ein Deutschland lieber als zwei.

Warum?

Weil das Deutschland, das dort war, das war nicht das demokratische Deutschland. Wenn dort das demokratische Deutschland gewesen wäre, wäre ich dort geblieben. Ich bin ja aus Dresden letztendlich weg, weil es eine Unterdrückung auf einer anderen Ebene gab. Der Antisemitismus war genauso da, aber er durfte nicht da sein. Dann gab es den Antizionismus. Es gab einen verordneten Antifaschismus. Die Zahl der Faschisten drüben ist nicht kleiner als die Zahl der Faschisten hier. Was hat es denn der Welt gebracht, das zweite Deutschland? Nichts. Es ist ja keine Wiedervereinigung, es gibt eben neue Grenzen. Und ich halte nach wie vor die Demokratie für so beständig, daß sie die fünf Prozent Republikaner, oder sagen wir es anders, die zehn bis zwölf Prozent Nazis, die es hier noch gibt, verkraften kann. Das ist in Frankreich auch nicht anders, nur mit einer anderen Vergangenheit. Selbst ein Le Pen hat keine Gaskammern errichtet.

Noch eine abschließende Frage: Wenn in Zukunft die Zuwanderung sowjetischer Juden erheblich zunähme, würden Sie das begrüßen?

Wenn es hier jüdische Gemeinden geben soll, und dafür bin ich, dann, wenn jemand hier bleiben will, werden wir ihn aufnehmen. Aber wir werden keine abwerben, wir werden keine anwerben. Wir werden uns um keine bemühen. Aber wenn welche hier bleiben und leben wollen, werden wir sie nicht zurückweisen.

Und warum nicht werben?

Da spielt nun Deutschland eine Rolle, das Wort Deutschland. Ich habe für mich entschieden, daß ich in Deutschland wieder leben kann. Und ich verteidige das. Aber jemandem aufzuoktroyieren, nach Deutschland zu kommen, ihn hierher holen, das möchte ich nicht.

Isak Wasserstein

geboren in Warschau
Jahrgang 1921
Wohnort: Garmisch-Partenkirchen/ München

> Mit welcher Geschichte auf dem Rücken sind Sie nach Deutschland gekommen?

Ich bin in Warschau geboren. Bei der ersten Aussiedlung 1942 aus dem Warschauer Ghetto hat man mich in einen Waggon verfrachtet. Wir waren ungefähr tausend relativ junge Menschen. Man brachte uns nach Rußland. Als wir ausstiegen, waren wir im deutschbesetzten Bobruisk. Ich bin dort achtzehn Monate geblieben. Während dieser Zeit kamen noch weitere fünfhundert aus dem Warschauer Ghetto nach, also theoretisch waren wir fünfzehnhundert. Aber als der zweite Transport kam, waren von unserem ersten nur noch fünfhundert übrig geblieben. Und nach den achtzehn Monaten waren nur noch einundvierzig da. Und uns einundvierzig hat man dann aus dem Gebiet evakuiert, weil die Russen angerückt sind. Ich selber hatte das Glück, daß ich die ganze Zeit in der Küche gearbeitet habe. Ich hatte mich so einigermaßen durchmogeln können.

> Wodurch sind die anderen umgekommen?

Ja, das wollte ich gerade sagen. Da waren weder Krematorien noch was anderes, aber es war eine eisige Kälte. Es gab nicht genügend zu essen, viele wurden erschlagen, einfach erschlagen. Es wurden junge Leute erschossen, es gab keinen Arzt, keine Medikamente und kein Lazarett, gar nichts. Wenn jemand krank geworden ist und nicht mehr zur Arbeit kommen konnte, selbst wenn der eigentlich gesund war, dann wurde ihm die Nummer abgenommen – wir hatten alle Nummern –, er blieb dann im Lager und war schon ein Todeskandidat.

Leider war ich selber mehrmals dabei, wie man junge Leute erschossen hat, weil ich eben in der Küche gearbeitet habe, und sie hatten niemand anderen zur Hand, der mitging in den an das Lager angrenzenden Wald, um die Leute zu begraben. Man hat mal diesen und mal jenen mitgenommen und eben auch mich. Ich habe es miterlebt, mit gesehen, und habe darauf gewartet, wann ich einmal drankomme. Nun kam es aber nicht so.

Wir sind eben, wir einundvierzig, wieder zurückgefahren, natürlich unter der Führung der Deutschen, der SS. Unterwegs haben wir einige Tage Halt in Weißrußland gemacht, und dann sind wir nach Polen gekommen. Man hat uns auf verschiedene Lager verteilt. Ich bin von einem Lager ins nächste verlegt worden. In Auschwitz war ich einen Tag, wir sind da durchmarschiert '44.

Schließlich ließ man uns mit einem Transport nach Deutschland. Und in Deutschland war ich dann bis 1945 in verschiedenen KZs, in Todeslagern. Und Ende des Krieges, Ende April 1945, als wir befreit wurden, waren wir dann in der Nähe von Schongau in einer Kaserne. Dann sind wir nach Garmisch-Partenkirchen gebracht worden. Es gab dort große Militärlager von der Wehrmacht, von der SS. Man hat uns dort untergebracht. Das war ein Sammelpunkt für viele ausländische Fremdarbeiter. Und von dort hat man die Leute verteilt. Die Leute sind nach Belgien zurückgefahren, die Leute sind nach Holland gefahren, nach Frankreich, und ein kleiner Teil, ungefähr tausend Leute, ist erst mal in Garmisch geblieben.

Die wurden dann langsam weniger. Ich habe mir eine Existenz geschaffen und habe bis vor wenigen Jahren dort gelebt, bis ich dann nach München gekommen bin. Mein Geschäft hatte keine Zukunft mehr, und meine Kinder leben in München. Das ist so in groben Zügen, wie es bis heute gekommen ist.

> Was waren das für Leute, die in Garmisch-Partenkirchen geblieben sind?

Die meisten waren vom selben Transport und wurden zusammen in Schongau befreit. Wir waren damals noch in Häftlingskleidung, in den Streifenanzügen, abgemagert, ausgemergelt.

Und die Amerikaner haben uns eben nach Garmisch gebracht. In der Kaserne dort waren übrigens auch amerikanische Truppen untergebracht, das war eine sehr, sehr große Kaserne. Wir hatten unseren Flügel, und zu Beginn durften wir an und für sich nicht rausgehen. Wir wurden von der UNRRA und den Amerikanern verpflegt, versorgt. Die meisten waren krank gewesen. Es gab dort ein Lazarett. Ich war auch einer von den Patienten im Lazarett, allerdings nur kurzfristig.

Mit der Zeit hat sich alles ein bißchen stabilisiert. Man hat die Tore geöffnet, man durfte schon mit einem Ausweis herausgehen und zurückkommen. Ende '45 wurde es dann ganz aufgelöst. Wir durften die Kaserne verlassen, und jeder hat zugesehen, wie er eine Bleibe im Ort, in der Stadt kriegen könnte.

> Die Leute, die in Garmisch geblieben sind, welche Nationalität hatten sie?

Es waren vorwiegend polnische Juden, vorwiegend polnische Juden, es waren ungarische Juden, es waren wenige Juden aus Rumänien, es waren an und für sich russische Juden. Die Juden aus anderen Ländern sind wieder in ihre Heimat zurück, die holländischen Juden, die belgischen, die französischen Juden. So ist ein kleinerer Teil von den Tausend, die wir ursprünglich waren, im Ort geblieben und hat sich schön langsam etabliert.

> Haben Sie daran gedacht, nach Polen zurückzugehen?

Nein. Das habe ich nicht eine Minute gedacht!

> Warum nicht?

Es gab mehrere Gründe. Erstens fand ich, daß so, wie das während der Kriegszeit abgelaufen war, das doch sehr antisemitisch gewesen war. Ich konnte mir gar nicht vorstellen, wie Juden da wieder Fuß fassen könnten. Ich hatte verstanden, daß niemand von meiner Familie lebt. Als ich aus dem Warschauer Ghetto deportiert wurde, war meine Familie noch zu Hause. Ich habe aber keine Spuren mehr von ihr gefunden, habe nie wieder etwas gehört und habe angenommen, daß niemand mehr lebt. Somit hatte ich dort nichts mehr zu suchen. Das war für mich dann bequemer, in Deutschland zu bleiben.

> Hat sich das bestätigt, daß von Ihrer Familie niemand überlebt hat?

Es hat sich bestätigt. Bis auf den heutigen Tag, bis zum heutigen Tag. Und ich hatte eine ziemlich große Familie. Ich habe niemanden entdecken können, trotz langer Suche, trotz der vielen Schreiben nach Polen. Immer, wenn ich in Zeitungen, auch in ausländischen, auf meinen Namen gestoßen bin, habe ich mich mit den Leuten in Verbindung gesetzt, aber es war keine Spur, es war niemand mehr zu finden.

Ich bin, mit anderen Worten, als Fünfundzwanzigjähriger, allein, 1945, in Garmisch-Partenkirchen stehengeblieben. Ich konnte die Sprache nicht richtig, es gab keine Zukunft, es gab keine Verwandtschaft, es gab überhaupt keine Bindungen. Es gab nur den Schrecken vor dem Morgen, wie geht es weiter? Und die Angst, daß es nicht mehr weitergehen würde. Ich bewundere die Leute, die ich aus dem Lager kannte, die den Mut hatten auszuwandern, vorwiegend nach Israel. Ich muß ehrlich gestehen: den Mut habe ich nicht gehabt.

> Sie sagen: Mut. Was meinen Sie damit?

Mut heißt, – da gehört doch eine Kraft dazu.

> Haben Sie damals Deutsch gesprochen?

Ich hatte relativ gut Deutsch gesprochen. Ja. Mein Vater war mehrere Jahre in deutscher Kriegsgefangenschaft gewesen, im Ersten Weltkrieg, er hat perfekt Deutsch gesprochen.

> Als Sie also damals in dem DP-Lager waren, haben Sie auch nicht mit dem Gedanken gespielt, nach England oder Amerika zu gehen?

Nach Amerika wollte ich eigentlich gehen. Ich habe alles versucht, habe auch später eine Gelegenheit gehabt, nach Amerika auszuwandern. Aber ich bin dann vom amerikanischen

Konsulat zurückgewiesen worden, weil ich damals – was ich nicht wußte – Flecken auf der Lunge hatte. Ich war bei der Kommission, beim Arzt gewesen, und wie ich herausgekommen bin, hat man mir gesagt, ich solle nach Hause gehen, und ich würde schriftlich Bescheid bekommen, wie die Situation ist. Und dann habe ich eben schriftlich bekommen, daß ich nicht nach Amerika kommen kann wegen meiner Lungen.

> Sie haben also versucht, nach Amerika zu gehen, und das hat dann nicht geklappt.

Ich habe versucht, nach Amerika zu gehen, ich habe versucht, nach Australien zu gehen, weil ich Freunde hatte, die dorthin ausgewandert waren. Beide Male hat es aus Gesundheitsgründen nicht geklappt. Ich bin übrigens auch sehr viel krank gewesen. 1952 hatte ich einen Magendurchbruch, das war eine schwere Operation. Ich hatte die ganzen Jahre gelitten deswegen, mußte viel im Bett liegen. Ich konnte nicht viel unternehmen. Erst nach der Operation habe ich mich selbständig gemacht in Garmisch. Ich habe einen kleinen Betrieb, ein Lebensmittelgeschäft aufgemacht. Das war das Primitivste, aber ich wußte, das kann den Menschen ernähren, und deswegen habe ich das gemacht.

> Wie kam es denn zu Ihrem Magendurchbruch? Sie waren da ja erst zweiunddreißig Jahre alt.

Ich hatte mit dem Magen schon zu tun, als ich im Lager gewesen bin. Das war ein Lagerleiden. Ich war gleich nach dem Krieg bei mehreren Ärzten gewesen. Man hat mich heilen wollen, mit Spritzen, mit allem möglichen, aber es hat offensichtlich nicht geklappt.

> Wie ist es denn nach Ihrem Magendurchbruch mit Ihrer Gesundheit weitergegangen?

Ich muß sagen, ich habe eine relativ gute Konstitution. Es hat sich irgendwie mehr oder weniger reguliert. Magenleiden legen sich manchmal ein bißchen mit der Zeit. Aber es bleibt immer. Ich bin heute noch laufend in Behandlung wegen des

Magens. Es kommen immer wieder Probleme, aber man kann, würde ich sagen, mit denen leben.

> Sie wissen ja sicher, daß nach der Schoah, Ende des Zweiten Weltkrieges, Juden in aller Welt davon ausgingen, daß sich kein Jude mehr in Deutschland niederlassen würde. Haben Sie das damals gewußt?

Ja. Ich muß Ihnen sagen, daß ich selber ein Gegner der Leute war, die in Deutschland geblieben sind. Ich hätte mir auch nicht vorstellen können, daß ich selber in Deutschland bleiben würde. Aber manchmal gibt es so Schicksale, die einen Menschen dazu bewegen. Meine Frau ist deutsche Jüdin, hat alles mitgemacht, KZ usw. Wir haben '46 geheiratet. Da sie die deutsche Sprache beherrschte und gefühlsmäßig mehr an Deutschland gebunden war, haben wir es verschoben. Wir wollten quasi die Letzten sein. Es hat sich natürlich anders ergeben. Aber ich darf Ihnen dazu sagen, Sie haben vollkommen recht, das ist auch unsere Schande heute, die meiner Frau und die meinige, daß uns aus verschiedenen Gründen nicht gelungen ist, aus Deutschland herauszukommen. Wir sind bis heute hiergeblieben. Nun, heute leben in Deutschland, meiner Meinung nach, fünfzehn Prozent von den Leuten, die 1945 im Land waren. Fünfundachtzig Prozent sind ausgewandert oder inzwischen verstorben. Wenn Sie heute eine Gruppe von 30.000 oder 50.000 Juden finden, dann sind das entweder Rückwanderer oder Asylanten oder Leute, die sich irgendwo hier rumtreiben, weil, wie Sie ja wissen, das Leben hier für viele Leute leichter ist. Das war zu jener Zeit für meine Frau und für mich nicht der wesentliche Grund. Der Grund war eher, daß meine Frau die Sprache beherrschte, sie konnte mit den Behörden verhandeln.

Wir waren beide krank, sie hatte mit dem Herzen zu tun, schwer zu tun, bis heute, und so haben wir es immer wieder verschoben. Solange man nicht irgendwo raus muß, soll man bleiben. Es ist, und das betone ich selber, weil ich es immer wieder wiederholt habe und meine Frau wiederholt es noch heute zweimal am Tag, nicht moralisch gewesen dazubleiben und heute nicht moralisch, da zu sitzen. Das ist keine Frage. Es ist nur andererseits so: als wir sahen, daß Leute nach Deutschland kommen, daß sie hier um Asyl bitten, – das mußten wir nicht, uns hat man aufgenommen, ich war in Garmisch jemand, dem man quasi zur deutschen Staatsangehörigkeit zugeredet hat, man hat mir die Vorteile gegeben, die ich sonstwo nicht gehabt hätte, als ich aber gesehen gesehen habe, daß Leute aus Israel, von hier und da, nach Deutschland kommen, habe ich mir gesagt, wenn die hierherkommen, warum soll ich weggehen?

Das war eine gewisse Theorie, ein Schwindel, würde ich sagen, alles ein Betrug. Ich hatte immer schon gesagt und sage es heute: Ich bin mir darüber bewußt, ich muß es tragen, es geht nicht anders, und die Geschichte wird zu Recht die Leute, wenn es auch noch so wenig waren, verurteilen, die hiergeblieben sind, hier eine Existenz aufgebaut haben, hier eine Familie gegründet haben, hier ein Zentrum, ein jüdisches Zentrum geschaffen haben.

Warum ist es falsch, hier zu leben?

Es ist falsch, hier zu leben, weil die Moral es nicht trägt. Wir, die im KZ gewesen sind, aber auch für die nach uns hatten wir eine ganz andere Vorstellung: wenn man überhaupt überleben wird – man hat keine Vorstellung vom Überleben gehabt – wenn wir aber überleben, davon hatten wir ganz andere Vorstellungen, wie sich das später ergeben würde: zumindest eins, was wir tun werden, wir werden wahrscheinlich – also ich sage es sehr vorsichtig – nicht in Deutschland bleiben.

Aber wissen Sie, es gibt Momente, es gibt Zeiten, die stärker sind als der eigene Wille. In unserer Lehre heißt es schon: wenn einmal ein Krieg ausbricht, und es gibt Leute, die ein schwaches Herz haben oder Feiglinge oder ängstlich sind: statt wegen irgendeiner Sache in den Krieg zu ziehen, sollen sie lieber zu Hause bleiben. Und ich muß sagen, zu der damaligen Zeit war ich es auch gewesen. Ich war einfach feige, ich hatte Angst wegzugehen von hier, besonders, weil ich mir schon eine kleine Existenz aufgebaut hatte. Ich habe gewußt: früher habe ich kein Stück Brot gehabt, kein Dach über dem Kopf gehabt, ich hatte gar nichts, keine Familie. Jetzt hast du etwas, mit dem du leben kannst, mit dem du zufrieden sein kannst, mach keine Experimente, bleib wo du bist. Selbst, wenn man es später verurteilen wird, zu Recht sagen wird, du warst ein Feigling, oder gar ein Verräter, weil du geblieben bist, das muß ich auf mich nehmen, mit dem lebe ich, das trage ich.

Ich darf aber dazu sagen: ich bin nicht in Deutschland geblieben, um Reichtümer zu machen, die habe ich nicht. Ich lebe sehr bescheiden. Ich lebe von einer Rente, meine Frau auch, eine Wiedergutmachungsrente, ich habe noch eine zweite Rente, ich hatte etwas gespart, damit ich davon auf meine alten Tage leben kann. Ich habe ein hartes Leben – auch finanziell – geführt in Garmisch mit meinem Lebensmittelladen. Das war eine schwere Arbeit. Wir sind zu keinen Reichtümern gekommen. Ich besitze weder Häuser noch sonst irgendwas. Im Gegensatz zu vielen anderen, die hier Reichtümer gemacht haben, die der Verlockung nicht widerstehen konnten, weil sie gesehen haben, hier kann man gut leben, war ich ein bescheidener Mensch, ein bescheidener Familienvater. Ich habe bescheiden gelebt. Ich habe Schwerstarbeit geleistet nach dem Krieg in meinem Geschäft. Aber ich habe mich geklammert an meine Existenz, an mein Leben, an den täglichen Ablauf.

> Und wenn Sie durch irgendeinen Zufall sehr reich geworden wären, wäre es für Sie dann noch schlimmer gewesen, daß Sie in Deutschland geblieben sind?

Ich muß Ihnen ehrlich gestehen: Ich habe nie den Ehrgeiz gehabt, reich zu werden. Ich habe gar nicht die Möglichkeiten dazu gehabt, schon gar nicht in Garmisch. Wenn ich in München gelebt hätte, – durch die Bekanntschaften, durch unsere Verbindungen zu Freunden – hätte ich vielleicht eine bessere Möglichkeit gehabt, reich zu werden. Aber das war nicht mein Problem, damals nicht und heute nicht.

> Aber Sie haben das so betont, daß Sie – anders als viele andere – nicht reich geworden sind.

Ja, ich will damit vielleicht eine Entschuldigung zum Ausdruck bringen: Ich bin nicht hiergeblieben, um reich zu werden. Ich bin nicht in Deutschland geblieben, um eine Villa zu besitzen oder Putzfrauen zu haben, die für uns arbeiten, daß meine Frau die Gnädige Frau ist. Das war nicht der Fall. Wir haben uns nur entschlossen hierzubleiben, weil meine Frau von Deutschland ist. Sie hatte hier mehr Vorteile, als wenn sie anderswo gewesen wäre. Und ich habe mich quasi so mitgeschleppt. Das war sprachlich für beide bequem, weil meine Frau schreibt und spricht und macht alles in Deutsch, ich kann Polnisch, Jiddisch, Iwrith. Es war ein besseres Team hierzubleiben. Dazu kommt – wie gesagt –, daß meine Frau schwer krank war. Sie hat sich jetzt im Laufe der Jahre – sie ist nicht mehr so jung – ein bißchen etabliert gesundheitlich.

> Sie haben gesagt, Sie hätten auch Wiedergutmachungsrente. War das schwierig, die Wiedergutmachung zu bekommen?

Für mich war es nicht schwierig, weil ich schon sehr früh den Nachweis beibringen konnte, daß ich aus dem KZ das Leiden mitgebracht hatte.

> Und für Ihre Frau?

Das war dasselbe. Das war auch kein Problem. Meine Frau war noch früher in ärztlicher Behandlung.

> Als Sie dann 1946 geheiratet und sich in Garmisch-Partenkirchen niedergelassen haben, da haben Sie in der Familie Deutsch gesprochen?

Ja natürlich. Meine Frau spricht ja nur Deutsch. Und Englisch, aber kein Polnisch.

> Und hatte Ihre Frau in Deutschland noch Familie?

Nein, nein.

> Wie haben Sie denn dann Ihr Leben eingerichtet?, Sie beide als einzige Überlebende Ihrer Familien? Wie haben Sie angefangen, zusammen zu leben?

Ach wissen Sie, damals hat man sich keine Gedanken darüber gemacht. Ein Tag ist dem anderen gefolgt. Von Anfang an bekam man eine gewisse Unterstützung vom Joint, also Fürsorgeunterstützung. Ich hatte schon früh eine Sozialwohnung. Das hat nicht viel Miete gekostet. Wir haben ab und zu Pakete von der UNRRA bekommen. Da hat man versucht, ein bißchen mit zu handeln, so daß man eine Überbrückung hat schaffen können.

> Sie haben einmal gesagt, daß die Tatsache, daß Sie in Deutschland leben, Sie ein bißchen religiöser gemacht hat, als Sie es eigentlich wären. Wie haben Sie das gemeint?

Ja. Dazu kann ich Ihnen folgendes sagen. Im Gegensatz zu vielen anderen Leuten, die vielleicht von zu Hause streng orthodox waren, war bei uns zu Hause die Orthodoxie nicht sehr im Vordergrund. Ich selber hatte irgendwann eine Neigung zur Religion. Ich hatte in Warschau, eigentlich durch Zufall, Freundschaften zu religiösen Jungen. Ich hatte einen Freund, dessen Vater Rabbiner war. Der hat mich unter seine Fittiche genommen und wollte, daß ich ein bißchen frommer werde. So ist es mir auch gelungen, fromm zu bleiben bis zum Krieg. Aber, Sie wissen, im Krieg hat sich die ganze Sache etwas gelockert, stark gelockert. Bei den meisten, auch bei den orthodoxen jüngeren Menschen ist das Thema später nicht mehr Religion gewesen. Nach Auschwitz hat man ja ein bißchen von dem Glauben abgelassen. Ich hatte es vielleicht nicht gezielt so haben wollen, weil ich für die Zukunft jüdische Nachkommen schaffen wollte. So bin ich jüdisch geblieben, aber nicht orthodox.

> Sie leben jetzt in München. Ist der Gang in die Synagoge für Sie etwas, das Sie unterscheidet von Deutschen? Ist das für Sie weniger Ausdruck eines religiösen Bedürfnisses als der Ihrer jüdischen Identität?

Ja, ja. Das ist richtig. Ich habe bewußt als Jude gelebt. Mein Geschäft zum Beispiel war am Schabbat zu. Pessach war ein Problem mit Matze und anderen Sachen, da hatte ich zum größten Teil zu, bzw. habe ich meinen Kunden gesagt, Sie können bei mir kaufen, aber die Sachen, die ich nicht verkaufen darf, die können Sie jetzt nicht haben. Solche Gespräche haben sich also automatisch ergeben, Aufklärungen, Belehrungen, und die Leute haben gewußt, daß wir Juden sind. Ich habe oft mehr Zeit für Gespräche über Religion verloren, nationale Gespräche, zionistische Gespräche als für Geschäftszwecke. Mir ist das oft passiert: Ich komme zu einem Kunden und will einen Auftrag haben, weil ich einen Großhandel hatte. Ich komme also zum Auftraggeber, hat er mich begrüßt. Ich biete ihm Ölsardinen an, für 72 Pfennige. Sagt er, aber die große Konkurrenz macht das für 70 Pfennige. Ich weiß, daß ich vielleicht zwei Pfennige teurer bin, aber ich bin ein kleiner Verkäufer, der andere hatte eine Kette mit Tausenden von Geschäften. Habe ich ihm im Spaß gesagt: »Ja wissen Sie, warum ich zwei Pfennige mehr verlangen muß? Weil ich Freitagabend Fische haben muß, und *Challe (Weißbrot, S.H.-W.)* haben muß.«

So habe ich ihm das erklärt. »Und deswegen muß ich etwas teurer sein. Und Pessach extra Geschirr, extra Matzes usw.« Ich habe immer das Jüdisch-Sein in den Vordergrund gestellt, immer und überall.

Aber jetzt darf ich vielleicht auf etwas anderes heraus. Ich habe zwei Kinder. Einen Sohn, eine Tochter. Und durch die Erziehung, die ich den Kindern gegeben habe in Garmisch-Partenkirchen, ist es soweit gekommen, daß mein Sohn auch einen religiösen Einschlag hat, nicht orthodox, das könnte er gar nicht, denn meine Schwiegertochter ist von einer sehr freien Familie, aber es ist ein jüdisches Haus geblieben. Sie haben zum Beispiel eine koschere Küche, das ist heute in München eine Seltenheit. Bei meiner Tochter ist das leider nicht so, sie hat sich ein bißchen von der Jüdischkeit, nicht vom Judentum, entfernt. Ich war gerade gestern abend bei ihr eingeladen, Freitagabend zum Essen. Da gab es ein Schabbesessen, wie man es eigentlich nur bei religiösen Menschen erwarten kann. Aber das macht sie nur, weil ich zum Essen gekommen bin, sonst ist es nicht so. Mein Sohn ist Augenarzt, er ist seit achtzehn Jahren verheiratet und hat fünf Kinder.

Mazel tow!

Ja!, eine phantastische Familie, der war gerade heute in der Synagoge bei mir. Er betet normalerweise nicht in unserer Synagoge, weil er am Schabbat nicht fährt. Der wohnt in Schwabing, das ist eine halbe Stunde zu Fuß von hier, und er kam zu mir in die Synagoge, weil ich gestern meinen siebzigsten Geburtstag hatte ...

Noch einen Mazel tow!

... ja, deshalb ist er gekommen, um mich zu ehren und in der Synagoge zu beten. Ich habe das gar nicht erwartet. Und er ist 1.98m groß, der stellt was dar, kann was repräsentieren. Er hat auch eine Stellung in der Gemeinde. Ich bin stolz darauf, daß bei ihm das geblieben ist, was ich eigentlich wollte. Meine Frömmigkeit war ja auch gedacht, damit die Kinder nicht abgleiten. Wenn wir schon ein mehr liberales Haus geführt hätten, hätte ich von den Kindern nicht mehr viel erwarten können. Ich wollte, wenn sie in Deutschland leben, daß sie Juden sind. Hätten sie in Israel gelebt, hätte es mich nicht interessiert, wie sie dort leben. Selbst meine Tochter, die gar nicht religiös ist, – wenigstens weiß sie, was die Religion ist.

Sind die Enkelkinder in den jüdischen Kindergarten gegangen?

Ja. Der kleinste ist allerdings erst zwei Jahre alt. Alle Kinder waren im jüdischen Kindergarten, in jüdischer Gesellschaft, in der jüdischen Schule.

Als Sie damals mit Ihren Kindern in Garmisch waren, da war die Umgebung wohl größtenteils nicht jüdisch? Da gab es wahrscheinlich auch keinen jüdischen Kindergarten. Wie sind Sie denn da aufgenommen worden als Überlebender?

Ja. Ich muß Ihnen ehrlich gestehen, das ist nicht zu glauben, wie meine Kinder, – also wir haben ja ein jüdisches Haus geführt, den Schabbat gehalten, wir haben Reklame für Israel gemacht, propagiert, Vorträge gehalten, die Leute wußten, daß wir Juden sind. Und meine Kinder waren so emotionell jüdisch, so emotionell zionistisch, so emotionell israelisch, daß mein Sohn zum Beispiel am Samstag nicht zur Schule gehen wollte. Man hat ihn freigestellt. Es war schwierig für ihn, aber er hat es geschafft. Für eine Aktion für den *Keren Kayemet (Organisation für den Aufbau Israels, S.H.-W.)* hat er die ganze Schule zusammengerufen, hat Filme vorgeführt vom Keren Kayemet für eine Mark Eintritt, die dann in den Spendentopf gingen. Er hat einen Vortrag in der Aula gehalten vor achthundert Leuten. Und der Direktor hat ihm dann gesagt: »David!« – er heißt David – »so viel Liebe zu Deinem Volk, zum Land Israel, hätte ich nicht von Dir erwartet!«

> Aber wenn die Leute erfuhren, daß Sie Überlebender der Konzentrationslager sind, mit welchen Reaktionen wurden Sie da konfrontiert?

Ja, das ist das Thema. Das ist das Problem. Ich werde sagen: ich für mich, für meine Person, und ich bin da maßgebend, denn am Schluß, später, wie die Juden aus Garmisch weggegangen sind, da war ich mehr oder weniger der einzige Jude in Garmisch gewesen. Während zwanzig Jahren war ich der einzige Jude. Ich muß sagen, daß ich ein sehr gutes Verhältnis mit den Leuten hatte. Ich habe kaum merken können, vielleicht überhaupt nicht, daß man mich in irgendeiner Form zurückstellt, daß man mich in irgendeiner Form diffamiert. Wenn das gekommen wäre, dann wüßte ich, wo ich bin: daß ich in Deutschland lebe. So habe ich es gar nicht gemerkt. Das ist gut oder schlecht, wie Sie es haben wollen. Ich habe keine Probleme gehabt. Die Leute haben bei mir gekauft, so wie sie beim Huber oder beim Meier gekauft haben.

Ich kann Ihnen einen Vorfall berichten, aber warum soll ich das erzählen, wenn es nur diesen einen Vorfall gab? Ich stand in einem Geschäft und wartete. Die Kunden kamen und gingen, und auf einmal ist eine kleine Katze mit durch die Tür hereingekommen. Und da hat die Inhaberin zu einem Kunden gesagt: »Machen Sie doch die Tür auf und lassen Sie die Katze wieder raus.«

Gut. Beim nächsten Mal, als die Tür wieder aufging, kam die Katze wieder mit herein. Und da sagt eine Kundin:

»Die Katze ist wie der Jud. Man schmeißt ihn auf der einen Seite raus, und auf der anderen kommt er wieder rein.«

Das hat mich geärgert. Ich bin rausgegangen und habe auf sie gewartet. Als sie kommt, habe ich ihr gesagt, sie solle vorsichtig mit solchen Ausdrücken sein. Das sei keine Art. »Ach, Sie sind ein Jude«, hat sie gesagt.

Sag ich: »Das interessiert Sie einen Dreck. Wer sind Sie? Jetzt müssen Sie mir sagen, wer Sie sind!«

Sie ist weggelaufen, ich bin ihr nachgelaufen. Sie ist in ein Haus, ich hinterher, sie hat die Tür zugeschlagen. Da habe ich mir den Namen aufgeschrieben. Ich habe mich erkundigt, wer die Frau ist. Sie sei nicht ganz normal, hieß es, aber der Mann ist bei der Polizei. »Oh, das ist gut!«

Ich habe bei der Polizei angerufen. »Ja, der Betreffende ist gerade auf Streife. Was ich will?«

»Ja, das ist eine Privatangelegenheit. Er kann mich um zwölf anrufen.«

Um zwölf hat er angerufen. Ich habe ihm das erklärt. Er hat sich entschuldigt. Da wäre nie was gewesen. Und seine Frau ist nicht ganz da, und so weiter. Wenn ich ihm eine Strafe auferlegen will, soll ich das tun, wenn ich ihm seine Existenz kaputtmachen will. Ich hatte ihn sehr hart angesprochen.

Ich habe es fallenlassen. Ich erzähle Ihnen die Geschichte nur, weil sowas innerhalb von dreißig Jahren nur einmal vorgekommen ist.

> Und haben Sie jemals einen ehemaligen Bewacher oder Henker getroffen?

Ja, das habe ich! Das war meine Genugtuung. Deshalb sage ich: Ja!, mit Freude. Das war 1975. Ich war auf Tour gewesen, es war kurz vor sechs. Ich weiß noch die Einzelheiten, weil das eine aufregende Stunde war.

Als ich also nach Hause komme, sagt meine Frau: »Die Kriminalpolizei hat für Dich angerufen.«

Oh, das ist etwas, was mir nicht paßt. »Was wollten sie denn?«

Sie haben gesagt: »Wenn Du kommst bis um sechs, dann sollst Du zurückrufen.«

Ich wußte, ich mache keine falschen Geschäfte, eigentlich habe ich keine Bedenken, vielleicht ist es etwas mit dem Auto, ich bin sehr viel Auto gefahren oder irgendwas. Habe also zurückgerufen.

»Sind Sie Herr Wasserstein?«

»Ja.«

»Persönlich?«

»Ja.«

»Waren Sie im Lager Bobruisk?«

Es hatte also nichts mit dem Auto zu tun.

»Ja.«

»Können Sie sich an das Lager erinnern? Können Sie eine Aussage machen über das Lager?«

»Was ist geschehen, was ist los?«

»Ja, es sind welche geschnappt worden aus dem Lager, und wir suchen Zeugen für die Leute.«

»Selbstverständlich.«

Und am nächsten Morgen sind zwei Herren aus Hamburg gekommen, Kriminalpolizei. Sie wollten mich in der Angelegenheit vernehmen. Sie haben mir ein Album gezeigt, ob ich jemanden erkennen kann.

Sage ich: »Das ist der, das ist jener.«

»Sie können sich gut erinnern!«

»Ja«, sage ich. »Ich habe im Lager gearbeitet. Ich habe in der Küche gearbeitet. Ich habe die Leute ja den ganzen Tag gesehen. Ich habe ja den ganzen Tag über gezittert. Die Leute auf Außenkommando haben nur gezittert, wenn sie abends ins Lager zurückgekommen sind.«

»Gut. Was haben sie gemacht, wie war das genau?«

Die saßen also bei mir von neun bis um zwölf, haben alles aufgeschrieben.

Damals kam noch jemand zu Besuch, aber ich habe nichts gesehen, keinen Besuch, nicht meine Frau, ich habe niemanden gesehen. Ich war ganz benommen, ganz benommen.

Dann lief die Angelegenheit also weiter. Und ein dreiviertel Jahr später hat man mich nach Hamburg gerufen. Da war dann der Prozeß. Und in dem Prozeß war der Kommandant des Lagers angeklagt.

Einige hatten schon ausgesagt, aus Israel oder aus anderen Ländern, das war mir nicht bekannt. Man hatte mich für einen bestimmten Termin bestellt. Und ich war der beste Zeuge, weil ich sehr viel von ihm wußte. Das war mein unmittelbarer Mann, weil er der Kommandant war und ich der Küchenjunge. Ich habe alles erzählt, was ich gewußt habe. Ich war mit ihm zum Schießen, wie er geschossen hat. Er hat fünf Rechtsanwälte gehabt.

... zum Schießen?

... ja, er hat die Häftlinge selber erschossen.

Erschossen.

Ja, erschossen. Ich sagte schon, daß wenn jemand krank war und nicht mehr zur Arbeit ging, dann war er ein Todeskandidat. Und wenn man die Leute aus der Baracke herausgeführt oder herausgetragen hat, dann hat man immer einen aus der Küche mitgenommen, und eben einige Male auch mich. Und da habe ich gesehen, wie er schießt.

Und da fragt mich einer der Verteidiger: »Ja, wie hat er denn geschossen? Können Sie uns das vorführen, wie er das gemacht hat?«

Sage ich: »Ja, er hat die Pistole aus der Tasche genommen und so geschossen.«

(*Herr Wasserstein macht die Bewegung mit dem Arm.*)

Sagt er: »Sie machen die Bewegung ja mit der linken Hand. Warum die Linke?«

»Ja, der hat mit der Linken geschossen, der war Linkshänder.« Er war Linkshänder.

Am Schluß hat sich herausgestellt, daß ich die ganze Aussage gar nicht hätte machen müssen. Sie wußten das schon. Sie wollten nur die Bestätigung haben. 1947 in Garmisch war ein Herr gewesen, der vorgeschlagen hatte, daß die ehemaligen Häftlinge über ihre Erlebnisse schreiben sollten. Und ich habe die ganze Geschichte über das Lager Bobruisk aufgeschrieben. Und das wurde also in Akten gesammelt und nach Israel geschickt, nach *Yad Vashem*. Und Yad Vashem hat also diese Akten für den Prozeß geschickt. Ich hatte in Jiddisch geschrieben, das war ins Deutsche übersetzt worden, und so hatten sie meine ganze Zeugenaussage bereits. Und da stand genau dasselbe, wie ich dann eben viele Jahre später ausgesagt habe. Nebenbei – er hat lebenslänglich gekriegt. Ich habe mich immer bemüht zu erfahren, was aus ihm geworden ist, aber es hat immer geheißen: »Laß den Mist liegen. Kümmere Dich nicht darum.«

Das war also 1975, und 1976 gab es dann einen zweiten Prozeß, der galt seinem Vertreter. Der war noch schlimmer. Der Kommandant hätte zehnmal Todesstrafe kriegen müssen, für das, was er getan hat, aber der Vertreter hätte zwanzigmal Todesstrafe kriegen sollen. Ich habe immer zu Hause gesagt, meiner Familie: »Überleben ist mir nicht wichtig. Wenn ich morgen sterben müßte, das spielt schon keine Rolle, zehn Jahre mehr, zehn Jahre weniger, ich war ja schon einmal tot gewesen. Aber wenn ich den erwischen könnte, dann weiß ich, wozu ich überlebt habe!«

Und eines Tages war es soweit. Es ist genauso abgelaufen wie beim ersten Prozeß. Wir saßen wieder Stunden vor dem Album, ich erkenne sie alle. Man hatte ihn in Holland geschnappt. Der Prozeß fand dann auch in Holland statt. Er wurde vom Fernsehen übertragen, im Gegensatz zu Hamburg, da war gar nichts gewesen. Wir wurden von der jüdischen Bevölkerung sehr gehätschelt, wir waren fünf Zeugen, vier aus Israel, ich aus Deutschland. Und nach vier Prozeßtagen hat er auch lebenslänglich bekommen. Aber es war für mich eine Genugtuung.

Als er von seiner Zelle in den Gerichtssaal hereingeführt wurde, habe ich mir gesagt: ›Die Laus haben wir leben lassen? Den, der immer zutreten konnte in Bobruisk?‹

Aber dort hat er eine Rolle gespielt, dort hat er Menschen erschossen und erschlagen und erhängt, oder in den Weiher, da war so ein kleiner Weiher, in den Weiher hineingeschmissen, bis sie ertrunken sind.

> Es hat ja auch andere große Prozesse gegeben, zum Beispiel den Auschwitzprozeß. Haben Sie das verfolgt?

Ich muß Ihnen ehrlich sagen: In den ersten Jahren nach dem Krieg, wenn ich einen Film über die KZs gesehen habe, habe ich mir den mit Freuden angeschaut. Warum? Ich habe mein Leben mit der Zeit von damals verglichen. Ich habe mein sauberes Bett, ich habe mein Essen, mein Trinken, im Gegensatz zu dem verlausten Streifenanzug, mit dem ich auf dem blanken Boden gelegen bin, immer mit der Bedrohung über mir.

In den letzten Jahren, wenn ein Film kommt über den Holocaust, ganz egal was für einer, über die Lager, über Prozesse, ist das anders. Vielleicht, weil die Nerven inzwischen nicht mehr so strapazierfähig sind. Damals war man doch jünger. Ich kann das nicht mehr.

Ich hatte auch einmal mit den Gedanken gespielt, nach Polen zu fahren, um meine Heimat wiederzusehen. Damals wollte ich das. Heute könnten Sie mir geben, was Sie wollen, ich würde das nicht tun. Es gibt zu viel Antisemitismus in Polen. Ich weiß das. Freunde von mir sind vor zwei Monaten nach Polen gefahren. Sie sind zurückgekommen und haben gesagt, man kann da nicht hinfahren, vielleicht in der Gruppe, eine organisierte Reise, aber sie waren dort allein und haben jeden Tag um ihr Leben gezittert. Man hat sie verfolgt, man hat ihnen dieses und jenes weggenommen, und sie waren dankbar, daß sie lebendig herausgekommen sind. Das wäre der eine Grund, warum ich kein Interesse hätte, und zweitens – nervenmäßig. Ich würde heute das Gebiet nicht betreten wollen.

> Sie haben gesagt, Ihr Sohn wäre bereits als Jugendlicher so oft nach Israel gefahren. Sind Sie auch oft nach Israel gereist?

Wir sind oft nach Israel gefahren.

> Wann waren Sie das erste Mal da?

Ich war 1958 zum ersten Mal da.

> Wieso gerade 1958?

Ja, weil ich schon immer nach Israel fahren wollte. Es war immer mein Wunsch gewesen. Von Anfang an schon. Aber ich war ja die ganzen Jahre krank gewesen, dann habe ich meine Existenz aufgebaut. Das ist nicht so schnell gegangen, weil ich ja nichts gelernt hatte. Erst mußte ich richtig Deutsch lernen. Dann beruflich. Das war nicht meine Branche gewesen. Ich mußte mich einarbeiten, einfügen, ich mußte verdienen, ich besaß ja gar nichts. Und später, als ich gesehen habe, daß ich es mir einigermaßen leisten konnte, habe ich schnell zugegriffen.

> Wie war das damals für Sie, als Sie
> nach Israel gefahren sind? Können
> Sie sich noch erinnern, was Sie emp-
> funden haben?

Ja, natürlich. Das war der zweite Wunsch. Der erste war gewesen, die Verbrecher zu fangen, damit ich weiß, wozu ich überlebt hatte. Das andere war gewesen, Israel zu sehen, Israel zu
erleben, in Israel einmal dabei zu sein, zu sehen, wie es lebt,
wie es existiert.

Wie ich im Lager gewesen bin, ich kann mich erinnern,
kurz vor Ende, als wir auf den Märschen waren, als man uns
hin- und hertransportierte und die schon nicht mehr wußten
wohin mit uns, hatte ich bestimmte Vorstellungen. Die erste
Vorstellung, mein Wunsch, war, ich komme zu einem Bauern, – ich sehe es jeden Tag vor mir –, bei einem Bauern in
einem Dorf kriege ich ein kleines Stübchen, weiß getüncht,
ein kleines Fenster, ein eisernes Bett, mit einer weißen Zudek-
ke, und Regalen voll mit Brot. Und ich habe mich selber
gefragt, wozu brauchst Du so viel Brot?.

– Brot!, und selbst wenn es ein Jahr alt ist, das spielt doch
keine Rolle, das kann man immer noch essen.

Das war also der Wunsch. Dann, kurz danach hatte ich den
weiteren Wunsch – und ich wußte nicht, wo Israel liegt, ich
wußte nichts über Israel. Aber ich hatte mir vorgestellt, was
kann das sein? Da müßte ein Meer sein, ein Strand, und wie
schön ist es, dort am Strand zu liegen und keine Angst vor der
SS zu haben, vor niemandem, auf die Wellen zu schauen, in
den blauen Himmel. Das war eine Phantasie von mir. Wie ich
nach Israel gekommen bin, meine Frau hat dort noch Familie
gehabt, ich habe die besucht, sie haben sich sehr gefreut, und
ich habe das Land bewundert, den Aufbau, die Menschen, die
dort leben, habe mich gefreut über alles, was ich gesehen habe,
und ich war an und für sich eine lange Zeit dort, vier Wochen.
Ich bin dann immer wieder hingefahren.

1967 bin ich dort gewesen, zu Weihnachten, mit einer zionistischen Delegation aus Europa. Und wir haben also eine Tour
gemacht durch das ganze Land. Und Heiligabend waren wir
in Bethlehem. Ich saß vorne im Omnibus, steige als Erster aus.
Und da war ein deutsches Fernsehteam, die haben also die

ersten Pilger gefilmt, die aus Europa zum Heiligen Abend kamen! Und ich war der erste Pilger! Ich wußte das alles gar nicht, bis ich wieder nach Deutschland zurückgekommen bin. Nun hatte meine Frau ganz viele Anrufe bekommen: »Hast Du Deinen Mann im Fernsehen gesehen, ein echter Pilger!«

Und später, wie ich in mein Geschäft gekommen bin, ist ein Vertreter gekommen mit koscheren Produkten und hat gesagt: »Herr Wasserstein, ich weiß nicht, waren Sie Weihnachten nicht hier gewesen?« Er ist ganz vorsichtig vorgegangen.

»Nein«, sage ich. »Ich war nicht da.«

»Waren Sie in Israel?«

Sage ich: »Woher wissen Sie das?«

»Ich habe Sie im Fernsehen gesehen! Ich habe noch zu meiner Frau gesagt: ›Kann das der Wasserstein gewesen sein?‹ «

»Ja,« habe ich gesagt. »Ich war es gewesen, der erste Pilger!«

Nun ja, das ist eine Episode.

> Sie haben gesagt, es hätte in Deutschland nur diesen einen antisemitischen Zwischenfall für Sie gegeben. Haben Sie denn nichtjüdische Freunde gehabt?

Das muß ich verneinen. Nein. Freunde, ein Freund, nein, absolut nicht. Hatte ich nicht, und auch heute nicht. Bekanntschaften, geschäftliche Bekannschaften, Bekanntschaften mit vielen Vertretern, nichtjüdische Vertreter, mit denen hat man sich nicht angefreundet, aber bekannt gemacht. Und zwar lag das in beiderseitigem Interesse. Der Vertreter hatte ein Interesse, von mir einen Auftrag zu bekommen, ich hatte das Interesse, ein günstiges Angebot zu bekommen. Ich hatte keine Probleme, keine Schwierigkeiten, keine Freunde, keine Feinde, das hatte ich nicht. Ich habe meinen Tag gelebt, mit meiner Arbeit, meiner Familie.

> Tut es Ihnen leid, daß Sie keine deutschen Freunde haben?

Ich habe sie gar nicht gesucht. Ich wollte sie nicht haben und will sie heute nicht haben. Ich habe viel diskutiert mit den Leuten, viel gesprochen, und ich habe mich sogar vor einigen Jahren im Kultusministerium angemeldet, daß ich bereit wäre, Vorträge zu halten als Zeitzeuge über den Holocaust. Und ich habe schon eine ganze Reihe von Vorträgen in diesem Zusammenhang gehalten. Und ich habe, obwohl sich dadurch für mich das Leid aufgefrischt hat, Freude an diesen Vorträgen gehabt, daß die jungen Leute sich das anhören, daß sie sich damit beschäftigen. Das war schon eine gute Sache. Vor zwei Jahren hat mich ein Herr aus Berchtesgaden angerufen, Direktor von einem Gymnasium. Frag ich: »Ja, wo soll der Vortrag sein?«

»Im Palast des Führers sozusagen, am Obersalzberg.«

Sage ich: »Wissen Sie, wenn Sie mir hunderttausend Mark angeboten hätten, daß ich einen Fuß dorthinsetze, hätte ich es nicht getan. Aber weil Sie mich anrufen und mich als Zeitzeugen zu einem Vortrag über den Holocaust einladen, – das ist eine himmlische Fügung. Ich komme.«

So habe ich in der ehemaligen Zentrale des SD gewohnt, ein Hotel. Das war eine gespenstische Nacht. Geschlafen habe ich gar nicht. Am nächsten Tag habe ich den Vortrag gehalten oben auf dem Obersalzberg. Und danach hat mir der Direktor gesagt: »Herr Wasserstein, ich muß Ihnen sagen, mein Vater war bei der SS. Ich habe ihn nicht gekannt, ich war ein Jahr alt, als er an der Ostfront gefallen ist. Ich schäme mich für meinen Vater, nachdem ich später erfahren habe, was er alles gemacht hat. Ich möchte Sie um Verzeihung bitten. Aber ich habe ihn gar nicht gekannt.«

Sage ich: »Wissen Sie, die jüdische Lehre sagt: ›Man soll nicht die Kinder töten für die Sünden der Väter.‹ Jeder hat wegen seiner eigenen Sünden zu sterben. Wenn Sie so jung waren, haben Sie überhaupt keinen Anteil daran gehabt, und habe ich keinen Anlaß, Ihnen gegenüber negativ zu sein.«

Meine Äußerung hat ihm sehr gefallen.

Ich muß ihnen sagen, das war ein Erlebnis. Es sind so kleine Dinge nach '45, die einem eine ganze Menge gegeben haben, die vielleicht, vielleicht die Entschuldigung auch waren: dafür bist Du in Deutschland geblieben. Ich will es nicht als Entschuldigung vortragen, das werde ich nie tun, aber ich sage Ihnen in diesem Gespräch: Es kann sein, bewußt oder unbewußt, daß das eine Entschuldigung für mich, für meine Familie sein könnte: Du bist in Deutschland geblieben nicht, um Geld zu verdienen, nicht um Geschäfte zu machen. Ich habe viel mit Leuten gesprochen, viel Propaganda gemacht und bin sehr viel in den Gymnasien gewesen, habe Vorträge gehalten, und das letzte halte ich für sehr, sehr wichtig.

> Haben Ihre Kinder Ihnen jemals vorgeworfen, daß Sie in Deutschland geblieben sind?

Da würde ich sagen: ja. Ja. Beide. Indirekt, direkt, nicht häufig, selten. Aber die Sachen sind gefallen. Wenn ich meine Tochter mal kritisiert habe, zum Beispiel in religiösen Dingen, aber auch allgemein, dann hat sie gesagt: »Was willst Du, wenn wir woanders wären, wäre es vielleicht anders. Hier lebt man so, hier ist die Gesellschaft so.«

Ich habe das überspielt, ich fühle mich schuldig, und da kann ich nicht jemand anders beschuldigen. Es hat mir wehgetan. Aber sie hat es auch als Waffe benutzt in den Augenblicken, wenn ich sie kritisiert habe. »Wenn wir nicht hier wären, wäre ich frommer gewesen«, oder: »... wäre ich in die Universität gegangen.« So ungefähr.

Ich sagte eingangs, und ich sage es heute: Schuldig fühle ich mich!

> Hätten Sie es gerne gesehen, wenn Ihre Kinder ausgewandert wären?

Unbedingt.

> Nach Israel, oder egal wohin?

Egal wohin. Ich hätte zu jener Zeit gerne gesehen, wenn sie nach Israel ausgewandert wären. Als Familienvater und Großvater, der sehr an seinen Kindern und Enkelkindern hängt, wäre ich sicher nicht in Deutschland geblieben. Das wäre vielleicht der Anlaß gewesen.

Es bleibt für den Laien immer wieder die Frage: Warum seid ihr in Deutschland geblieben? Es ist die gleiche Frage, wie wenn man fragen würde: Warum habt ihr euch unterkriegen lassen von den Deutschen? Ihr habt euch in den KZs in die Gaskammern schmeißen lassen. Ich habe daraufhin einmal einen Vortrag gehalten, vor vierzig Jahren, und habe gesagt: Ich war dabei gewesen, ich war ein junger Mensch. Wir hatten keine

Wahl, wir konnten gar nicht anders. Wir wurden so unterdrückt, wir wurden so zermürbt! Wenn der Mensch kein Essen hat, keine Heimat, kein Dach über dem Kopf, der wird so zermürbt, daß er nicht mehr kann. Er hat keine Kraft. Und gegen die deutsche Maschinerie gab es überhaupt keine Möglichkeit.

Mia Lehmann

geboren in Czernowitz
Jahrgang 1909
Wohnort: Berlin (Ost)

Es ist merkwürdig, wenn man in ein Mikrophon spricht. Man denkt dauernd dran.

> Vielleicht vergessen Sie es mit der Zeit.

Ja, vielleicht.

> Darf ich Sie fragen, welcher Jahrgang Sie sind?

Da werden Sie staunen, ich bin von 1909.

> Da bin ich wirklich erstaunt.

Ja, das ist für Sie schon Geschichte, nicht?

> Ich bin erstaunt, weil Sie so viel jünger wirken.

Ach so, ja, das kann schon sein.

> Das sagen Ihnen doch wahrscheinlich alle Leute?

Ja, nun ja. Wenn man sich interessiert, und nicht nur an seine Zipperlein denkt, dann bleibt man jung.

Ich bin 1909 in Czernowitz geboren. Wissen Sie, in der Bukowina, in Osteuropa lebten sehr viele arme Juden. Und ich bin eine von denen, die aus sehr, sehr armen Verhältnissen kommt. Meine Mutter war Näherin und mein Vater war Angestellter. Irgendwie harmonierten sie nicht. Ich lebte bei meiner Mutter. Meine Großmutter war Ruthenerin. In der Bukowina leben ja nicht nur Ukrainer, sondern eben auch Ruthener. Und sie ist mit ihrer Heirat zum Judentum übergetreten. Sie trug, anders als die Juden, Tracht, weite Röcke und ein Kopftuch.

Die Sprache der Juden war Jiddisch und Deutsch, die meisten bemühten sich, Deutsch zu sprechen. Auch zu Hause haben wir vorwiegend Deutsch gesprochen. Nach dem Ersten Weltkrieg haben wir Deutsch und Rumänisch in der Schule gelernt. Mit der Zeit wurde es ganz und gar rumänisiert. Die Rumänen waren die Besatzungsmacht. Vorher, als die Österreicher dort herrschten, war mit den Juden ziemlich großzügig umgegangen worden. Es hatte sogar einen österreichisch-jüdischen Bürgermeister gegeben. Nachher, unter den Rumänen, gab es für Juden zum Beispiel einen Numerus Clausus, also der Zugang zu den Universitäten wurde begrenzt.

Ich bin fünf Jahre zur Schule gegangen, und dann konnte meine Mutter mich nicht mehr ernähren. Ich habe als Kindermädchen gearbeitet. Ich hatte eine Halbtagsstelle. Das habe ich sehr gern gemacht.

In den zwanziger Jahren sind viele Juden aus Bessarabien nach Czernowitz gekommen, um bessere Lebensbedingungen zu finden. Die Stadt war ein Knotenpunkt. Es gab Menschen von überall. Es gab ein Theater, ein reges kulturelles Leben, Kino, Konzerte. Die deutsche Bevölkerungsgruppe hatte ein deutsches Haus und machte da Veranstaltungen. Es gab eine ruthenische Schule, ein jüdisches Gymnasium, es gab zig Kirchen und einen alten Türkenbrunnen, der stammte noch aus der Zeit, als die Türken die Stadt beherrschten.

Die bessarabischen Juden, auch die Kinder, die zu uns in die Schule kamen, haben Russisch gesprochen. Sie waren sehr fromm. Sie haben eine jüdische Jugendgruppe gegründet und da sind wir auch hingegangen.

Wer ist: wir?

Meine zwei Cousinen und eine Halbschwester, sie ist später nach Amerika ausgewandert. Sie hatte meiner Mutter sogar Schiffskarten geschickt, aber dann brach der Erste Weltkrieg aus, und meine Mutter hatte auch kein Interesse, nach Amerika auszuwandern. Ich bin dann später alleine weg.

Meine Mutter, meine ganzen Verwandten sind nicht mehr, sie sind alle weg. Die Bukowina war ja dann von Deutschen besetzt.

Bis wann haben Sie in Czernowitz gelebt?

Bis Ende der zwanziger Jahre. Ich habe landwirtschaftliche Ausbildung gemacht, um nach Palästina zu gehen. Ich war im *Ha' Schomer*. Ich bin nach Belgien gegangen, in die Nähe von Charleroi, und war auf einer Schule. Am Wochenende bin ich öfter nach Antwerpen gefahren, da gab es einen jüdischen zionistischen Kulturbund. Wir haben viel diskutiert.

Ich war immer sehr unzufrieden mit den Verhältnissen gewesen. Meine Mutter ging als Näherin in die Häuser der Kunden. Und damit ich etwas Anständiges zu essen bekam, hat sie mich immer mitgenommen. Ich war ein kleines Kind und habe mich schrecklich gelangweilt. Es war furchtbar, aber was sollte ich machen? Ich habe mit Stoffresten gespielt, so wie Kinder sich eben beschäftigen. Ich habe nicht verstanden, daß meine Mutter mir nicht genug Brot geben konnte. Ich habe mal zu ihr gesagt – das habe ich nie vergessen, weil meine Mutter es mir auch erzählt hat, als ich dann größer war: »Du bist eine schlechte Mutter, weil Du mir kein Brot gibst.« Das war für sie natürlich erschütternd.

Sie hat mich also immer mitgenommen. Und in diesen Haushalten, die sich eine Hausschneiderin leisteten, lebten die Leute von Schiebergeschichten, also sie konnten auf dem schwarzen Markt kaufen. Es war während des Ersten Weltkrieges. Die hatten Weißbrot, Marmelade, tolles Essen, und ich habe als Kind nie verstanden, wieso die das konnten und meine Mutter nicht. Das beschäftigte mich damals schon. Es brachte mich in einen Zwiespalt.

Nach dem Krieg ist es meiner Mutter sehr schlecht gegangen. Wir lebten in einem kleinen Zimmer mit der Schwester meiner Mutter, deren kleiner Tochter, und meine Mutter klappte zusammen. Es gab damals Sozialdemokraten, die waren legal. Und eine Frau, für die meine Mutter nähte, hat dann organisiert, daß ich – das war fürchterlich – jede Woche woanders essen konnte, damit meine Mutter leichter über die Runden kam. Für meine Mutter war das eine große Hilfe, aber für mich war das nicht schön. Diese sozialdemokratische Familie lebte für meine Begriffe in Wohlstand. Ich hatte immer diese zwei Seiten vor Augen. Und das hat mich bewegt, später dann, als diese

sozialistischen Theorien an mich herangetragen wurden, diese
für richtig zu befinden. Auch die Idee des Kibbuz hatte mich fasziniert.

Jedenfalls habe ich mich eines Tages bei der Kommunistischen Partei in Brüssel eingeschrieben.

Wie alt waren Sie da?

Achtzehn, neunzehn. Das war mein Verhängnis, mein Schicksal.

Als Sie sich in die KP eingeschrieben haben, war da das Projekt Palästina für Sie zu Ende?

Beinahe, ja. Ich bin dann sogar als Übersetzerin zum belgischen Parteitag geschickt worden. Das war aber eine kleine
Partei. Es kam Hilfe aus Deutschland, und ich habe also übersetzt. Die deutsche Partei war groß und stark, und da hat sie
der kleinen Schwester geholfen. Und ich habe mich verliebt.
In einen deutschen Kumpel. Mit ihm bin ich 1932 nach
Deutschland gegangen, nach Berlin.

Ich bin dann eine Scheinehe mit einem sehr netten jüdischen
Genossen eingegangen, um die deutsche Staatsbürgerschaft zu
bekommen. Aber er war gebunden, er lebte mit einer Frau
zusammen. So was macht man, wenn man jung ist.

In welchem Jahr war das?

Das war schon 1933. Wir haben es gerade noch vor der Machtübernahme der Faschisten hingekriegt. Ich hing in der Luft.
Nach Rumänien konnte ich nicht mehr zurück, ich hatte
schon keinen Paß mehr. Er war abgelaufen, und ich wollte
nicht zu den Rumänen gehen, weil ich nicht wußte, was sie
über mich wissen. Ich war auch hier zunächst ohne Papiere.
Man hat mich einmal sogar festgenommen.

Es war schon ein Husarenstück mit der Heirat. Ich hatte ja
nichts, keine Papiere, keinen Wohnsitz. Wenn ich heute daran
denke, schlottern mir immer noch die Knie. Wir hatten das
Aufgebot bestellt. Und auf dem Standesamt haben wir beide
behauptet, wir wollten auswandern. Und ich bin dann zum
Innenministerium gegangen, da hat mich ein Mann empfangen, der war schon in SS-Uniform. Der war furchtbar freund-

lich zu mir. Ich habe ihm erzählt, daß ich heiraten und auswandern will. Er hat mich dann in die erste Etage geführt, mir wurde immer mieser, aber ich habe anscheinend einen gefaßten Eindruck gemacht. Ich habe ihn gefragt, ob er mir vielleicht helfen könne. Er fand mich wohl sympathisch, auf jeden Fall habe ich dann ziemlich schnell die Genehmigung bekommen, hierzubleiben und zu heiraten.

Dann war's passiert, da saß ich hier.

Und dann kam die Machtübernahme, wir haben weitergemacht und '34 bin ich dann verhaftet worden.

Als Kommunistin?

Ja, als Kommunistin.

Wie sind die Nazis auf Sie gekommen?

Die ganze Gruppe ›Rote Hilfe‹ flog hoch. Wissen Sie, wir hatten nicht viel Ahnung. Der Übergang von der Legalität in die Illegalität ist nicht einfach. Wir haben unmögliche Sachen gemacht, uns auf der Straße getroffen, der Leiter ist ein Mitglied nach dem anderen besuchen gegangen. Geld hatten wir überhaupt keines, die meisten waren erwerbslos. Ich habe als Kindermädchen gearbeitet und im Jüdischen Altersheim Unkraut gezupft. Auf jeden Fall müssen wir beobachtet worden sein, denn sie hatten Photos von den Leitern. Wir sind also verhaftet worden. Erst gab es einen Prozeß, dann das Frauenzuchthaus. Ich bin wegen Vorbereitung zum Hochverrat verurteilt worden. Ich habe in Moabit gesessen und dann in Jauer, das ist das Frauengefängnis in Schlesien gewesen. Insgesamt zwei Jahre. 1936 bin ich entlassen worden, und dann war ich noch bis 1939 in Berlin. Ich habe im Jüdischen Krankenhaus als Küchenmädchen gearbeitet, dann habe ich auf dem Jüdischen Friedhof Unkraut gezupft.

Ich konnte im letzten Moment nach England emigrieren. Die Engländer hatten den Tschechen und den Österreichern gegenüber ein schlechtes Gewissen. 1938 saßen doch die deutschen Emigranten in der Tschechoslowakei in einer Mausefalle. Viele von ihnen sind illegal über die Grenze nach Polen und dann mit dem Schiff nach England. Darunter waren auch Genossen, die ich kannte. Die haben mir einen ›permit‹ organisiert, sonst wäre ich aus Deutschland nicht mehr herausgekommen.

Im Mai 1939 bin ich weg, und im September kam der Krieg.

> Was haben Sie in England gemacht?

Was wir alle gemacht haben: erst war ich im Haushalt. Als die Männer dann zum Kriegsdienst eingezogen wurden, durften wir in der Fabrik arbeiten. Und da bin ich schleunigst aus dem Haushalt weg – das ist eine fürchterliche Sache – und bin in die Fabrik gegangen.

> Waren Sie in England wieder politisch aktiv?

Wir durften uns nicht politisch betätigen, aber wir hatten unsere antifaschistischen Gruppen, und in der Gewerkschaft haben wir uns betätigt.

> Hat Ihre Mutter noch gelebt, als Sie nach England gegangen sind?

Ja, in Czernowitz.

> Haben Sie während des Krieges mit Ihrer Mutter Kontakt halten können?

Nein, Rumänien war ja auf der Seite der Deutschen. Meine Mutter ist 1952 gestorben. Ich habe Nachricht bekommen.

> Wie hat Ihre Familie überlebt?

Wie sollte ich das herauskriegen?

> Wissen Sie es heute?

Ich weiß nur, daß sie weg sind. Aber wie und wann? Es gab ja auch ein Ghetto in Czernowitz. Da lebten die Juden.

Nachdem ich wieder in Deutschland war, also nach dem Krieg, bin ich hier zur Kommandantur gegangen und habe gesagt, daß ich gerne Kontakt zu meiner Mutter aufnehmen möchte. Und da sagte der Mann von der Besatzungsmacht, daß meine Mutter wahrscheinlich überlebt hat, denn Czernowitz sei so schnell überrannt worden, daß sie nicht die Zeit hatten, viele umzubringen.

Hm.

Ich habe dann einen Brief meiner Mutter bekommen, und 1952 schrieb mir eine Bekannte meiner Mutter, daß sie verstorben war.

> Haben Sie Ihre Mutter nach dem Krieg nie wiedergesehen?

Nein. Das konnte ich nicht. Czernowitz gehörte nach dem Krieg zur Sowjetunion, und es gab keine Postverbindung. Und als Deutsche in die Sowjetunion? Das war unmöglich.

> Wissen Sie, was mit Ihrem Vater geschehen ist?

Nein, auch nicht, er ist wahrscheinlich umgekommen. Von den Schwestern meiner Mutter, den Cousinen habe ich nie was gehört.

> Wann haben Sie zum ersten Mal von der Massenvernichtung erfahren?

Von den Kriegsreportern erfuhr man nach dem Überfall auf Polen schon einiges, wenn auch nicht in dem Ausmaß. Die befaßten sich ja auch nicht nur mit den Juden. Es gab doch die ›verbrannte Erde‹ bis weit hinein in die Sowjetunion. Die Polen sind doch genauso abgeschlachtet worden wie viele andere Völker.

> Und die Vergasung?

Das habe ich erst hier erfahren. Das haben die Engländer ja wahrscheinlich auch erst nach dem Krieg erfahren.

> Was ist denn aus dem jüdischen Genossen geworden, mit dem Sie die Scheinehe eingegangen sind?

Wir hatten uns noch scheiden lassen. Er hatte dann eine jüdische Freundin. Und das traurige ist: er ist umgekommen.

> Ist er deportiert worden?

Ach, das weiß ich nicht.

Haben Sie immer hier gelebt?

Ja, immer auf dem Prenzlauer Berg. Hier in diese Wohnung sind wir 1947 gezogen.

Wer ist: wir?

Mein Mann und ich. Und dann bekamen wir noch eine Tochter. Ich habe meinen Mann in England kennengelernt, wir haben 1940 geheiratet. Für uns war klar, daß wir nach Deutschland zurückgehen würden, in die sowjetische Zone.

Als Sie nach Deutschland zurückkamen und erfuhren, was unter den Deutschen den Juden angetan worden ist, hat das Eindruck auf Sie gemacht?

Aber hören Sie mal! Natürlich. Diese ganze geplante Massenvernichtung von Völkern, das war doch furchtbar. Juden und Polen, wo die Deutschen gehaust haben, haben sie doch Menschen umgebracht. Das ist doch ein systematischer Vorgang gewesen. Der Kampf gegen die Juden war systematisiert, das wurde ja, kann man beinahe sagen, wissenschaftlich betrieben.

Können Sie sich an Ihre Gefühle erinnern, als Sie nach Deutschland zurückkamen?

Wir hatten gehofft, daß es ein demokratischer sozialistischer Teil wird. Wir hatten nicht vorausgesehen, wie schrecklich das ist. Wir wußten auch nicht, was in der Sowjetunion passiert war. Wir wußten nicht, welche Verbrechen dort begangen wurden. Das haben wir erst später erfahren. Einige wußten das. Die erste Frau meines Mannes ist von Prag aus in die Sowjetunion gegangen und hat dort eine Zeitlang gelebt. Sie hat erzählt, daß sie ausgewiesen wurde, daß ihre beiden Kinder fast verhungert wären. Sie hat Glück gehabt, ihr Mann war schon in Schweden, und so konnte sie über Schweden nach England. Aber ich habe das nicht geglaubt. Ich konnte mir das nicht vorstellen. Mein Mann hat mir erzählt, daß er mit ihr gesprochen hat. Ich weiß noch: 1937 waren doch die großen Prozesse, die Ärzte-Prozesse, und da haben wir uns das auch nicht vorstellen können. Wir dachten, die Sowjetunion kann so was nicht machen. 1937, 1938 kamen Deutsche aus der Sowjetunion, die ausgewiesen worden waren, aber die sprachen nicht darüber. Wir sind wieder nach Deutschland gekommen in der Hoffnung, hier etwas Neues aufzubauen. Wir hatten mit den Engländern den 8. Mai gefeiert, wir waren begeistert, daß der Drachen zerschlagen war.

> Sie haben vor Ihrer Emigration auf dem Prenzlauer Berg gewohnt. Nach dem Krieg sind Sie wieder auf den Prenzlauer Berg gezogen. Haben Sie ehemalige Nazis wiedergetroffen?

Also, ich will Ihnen mal sagen: Ich traf Freunde hier und Genossen. Diese schlimmen Faschisten waren verschwunden. Die, die hier geblieben sind, das waren zum größten Teil Mitläufer oder Leute, die – ich weiß nicht wo – sich verkrümelt hatten. Da es ja verschiedene Zonen gab, sind sie nicht unbedingt in der sowjetischen Zone geblieben. Als wir nach dem Krieg 1947 hierherzogen, hatten wir einen Nachbar, der war der Blockwart gewesen. Aber das waren doch kleine Leute, nicht? Hoch kam es mir, als ich mit meiner Tochter spazieren ging. Sie lag in ihrem Kinderwagen, den ich von Freunden geborgt hatte, das war das erste Mal, wo mir alles hochgekommen ist, also gefühlsmäßig. Wenn ich da unten auf der Straße ging, und die Leute dann neugierig an den Kinderwagen herankamen und das Baby bewunderten, da kochte es in mir. Und zwar dachte ich mir: ›Ihr Bande, vor einiger Zeit durfte ich gar nicht auf diesem Bürgersteig gehen, und schon gar nicht mit einem Kinderwagen. Mein Kind wäre wahrscheinlich verhungert, wenn ich nicht Hilfe bekommen hätte. Und jetzt guckt ihr in meinen Wagen und findet das Baby so niedlich.‹ Also, da mußte ich mich unheimlich zusammennehmen. Nicht, wenn Kinder an meinen Wagen kamen. Da hatte ich immer nur Angst, daß sie dreckige Händchen haben, aber wenn die Erwachsenen kamen, da kam alles hoch. Bis zu dem Zeitpunkt überwog das andere: der Neuanfang, der Aufbau, da waren die Menschen in Bewegung. Wir hatten

viele offene und ehrliche Diskussionen mit den Sozialdemokraten, aber dann versumpfte das.

Was hat Ihr Mann gearbeitet?

Er hat als Historiker gearbeitet, und hat zum Teil die Akten
aus den Konzentrationslagern aufgearbeitet. Erst war er im
Antifa-Komitee, dann war er in einem deutsch-sowjetischen
Forschungsprojekt.

War Ihr Mann Jude?

Er wußte es selbst nicht genau, er kam aus einer so großen
Familie aus München. Aber ich nehme an: ja. Wir haben uns
nie darüber unterhalten, weil das damals eigentlich unwichtig
war. Nationale Fragen haben uns nicht interessiert. Wir haben
als deutsche Kommunisten gearbeitet, und wir hatten noch die
Illusion, daß sich mit der sozialen Frage auch die nationale
Frage lösen würde.

Heute gehe ich zum Jüdischen Kulturbund und bin auch
Mitglied der Jüdischen Gemeinde, weil der »Schoß immer
noch fruchtbar« ist, wie Brecht sagte.

Ich bin Jüdin, wie andere Deutsche, Italiener oder Franzosen
sind, aber religiös bin ich nicht. Ich bin auch nicht religiös erzogen worden. In Czernowitz, wenn man in den Tempel ging,
mußte man einen Platz haben. Den mußte man bezahlen, und
das konnte meine Mutter nicht. Und außerdem war sie auch
nicht religiös. Sie ging nur zu Feiertagen in die Synagoge. Da
saßen dann die Leute, die kein Geld hatten, im Vorraum.

Wie ist Ihr Verhältnis zu Israel?

Als der Staat 1948 gegründet wurde, habe ich mich gefreut.
Ich fand das in Ordnung. Ich habe sehr viel Sympathie für das
Land, nicht für die Politik. Aber auch viele Israelis sind gegen
die derzeitige Politik. Obwohl ich immer in der SED war,
habe ich die undifferenzierte Haltung unserer Regierung nie
geteilt.

Ganz anders als die SED habe ich auch den Einmarsch nach
Prag beurteilt. Bei Ungarn 1956 war ich mir noch nicht sicher,
aber 1968 war ich absolut dagegen. Und als ich noch hörte,
daß deutsche Truppen, DDR-Truppen in Prag standen, also
da wurde mir schlecht!

Sie haben selbst im Gefängnis sitzen müssen. Wie fanden Sie, daß
die DDR eingezäunt war?

Wissen Sie, wenn Sie damals hier gelebt hätten, als die Grenze
noch offen war, das war schwierig. Wir waren der ärmere Teil
von Deutschland. Wenn sie gesehen hätten, wie das ging, wie
die Westler – die wir ja heute auch nicht besonders mögen,
also ich meine jetzt nicht Sie, weil sie alles besser wissen und
besser können – das war damals auch so. Es war die Zeit des
Kalten Krieges, es war von beiden Seiten nicht fein, was sich
da zwischen den Systemen abgespielt hat. Wir sahen den Klas-
senfeind, und dieses Bild verstärkte sich. Man dachte immer
wieder: ›Von ihnen ist nichts zu erwarten.‹
    Ich stehe heute noch zu Marx und Engels, denn wie sie den
Kapitalismus gezeigt haben, so ist er auch. Und er ist heute
noch viel schlimmer.

Natürlich spreche auch ich aus der
Position des Westlers. Aber ich
möchte Ihnen schon meine Verblüf-
fung mitteilen, wenn ich mir vor-
stelle: Sie sind als Kommunistin
und als Jüdin verfolgt worden, und
dann leben Sie in einem Land, das
von einem Stacheldraht umgeben
ist, und die Leute, die abhauen wollen, werden erschossen. Das paßt
doch nicht zusammen!

Nein, es paßt auch nicht zusammen. Es paßte vieles nicht
zusammen. Es paßte nicht zusammen, daß es ein Arbeiter- und
Bauernstaat sein sollte, sich die Arbeiter in den Betrieben aber
ihre Rechte erkämpfen mußten. Und es paßt auch nicht
zusammen, daß die Leute, die unter der alten Regierung die
große Klappe hatten, heute von der neuen Regierung in leiten-
den Funktionen gehalten werden.

Sophie Marun

geboren in Wien
Jahrgang 1910
Wohnort: Berlin (Ost)

Sie kennen die Geschichte der Familie Gingold? Das sind
Freunde von mir. Ich war jetzt bereits zweimal bei ihnen
in Frankfurt. Ich habe in Frankfurt studiert. Ich wollte
eigentlich mal Lehrerin werden. Ach Gott, nachher
mußte ich es auch werden, naja. Ich habe Germanistik studiert, habe – wie alle damals – Mannheim gehört, dann
Psychologie bei Wertheimer, Philosophie bei Tillich und
Horkheimer, auch bei Pollock. Meine Dissertation wollte
ich schreiben über die Einflüsse der politischen Haltung
auf die Volksbildung. Ich war damals begeisterte SAJ-
lerin (*Sozialistische Arbeiterjugend, S.H.-W.*). Wegen des
Themas wollte ich nach Wien. Und ich bin dann also
1933 nach Wien gegangen.

> In Ihre Geburtsstadt?

Ja, aber es war ein Zufall, daß ich in Wien geboren bin. Wir
haben in Oberschlesien gewohnt. Meine Mutter hatte einen
Bruder, der war ein bekannter Gynäkologe in Wien, deswe-
gen ist sie dahin gegangen.
   Später sind wir nach Hanau gezogen, mein Vater war dort
Rabbiner. Dort habe ich elf Jahre gelebt. In meinem letzten
Semester in Frankfurt lernte ich meinen Mann kennen. Der
mußte dann auch aus Deutschland weg und ging nach Paris.
Wir haben uns dann erst später wiedergetroffen.

> Wieso mußte er aus Deutschland
> weg?

Aus politischen Gründen. Sein Vater war gleich eingesperrt
worden. Er war sozialdemokratischer Reichstagsabgeordne-
ter, und er ist schon 1934 umgekommen. Und da hat man ihm
geraten, zu verschwinden.

Er hat mich dann sozusagen nach Paris geholt. Er hat gesagt: »Was ist Dir wichtiger? Der Doktor und auf Hitler warten? Oder lieber weggehen?«

Nun ja. Ich bin 1936 nach Paris. In Wien konnte ich das, was ich wollte, gar nicht machen. Ich kam an dem Tag an, als der Schutzbund verboten wurde. Es war schon alles nicht mehr sicher in Wien. Die Universität war oft geschlossen.

> Und dann sind Sie Ihrem Mann nach Paris gefolgt?

Ja. Da war ich dann erst mal Dienstmädchen. Ich mußte Geld verdienen. Dann habe ich eine Stelle in einem Kinderheim bekommen. Ich wollte selber eines aufmachen und hatte schon Kinder von Genossen. Aber es wurde immer brenzliger, weil ich keine Arbeitserlaubnis hatte. Ich hatte inzwischen einen eigenen Sohn. Ich hatte auch als Dienstmädchen keine Arbeitserlaubnis gehabt, wir waren die Lohndrücker, wie ich das immer nenne. Wir haben natürlich sehr wenig Lohn bekommen. Ich hatte mal eine Stelle bekommen bei einer Familie, die hatten ein Kind, das geistig nicht so ganz in Ordnung war. Ich wurde genommen, weil ich Psychologie studiert hatte. Deshalb durfte ich dann Hemden bügeln, ich habe damals gelernt, wie man eine Klobrille wachst und so weiter.

Ich bin vor ein paar Tagen aus Israel zurückgekommen …

> … waren Sie zum ersten Mal in Israel?

Ja. Und da habe ich eine alte Freundin wiedergetroffen, mit der wir in Paris zusammengewohnt haben. Ich erinnerte sie daran, daß wir 1938, als der Krieg nicht ausbrach, uns kleine Reisetaschen kauften, damit wir fliehen konnten mit unseren Babys. Das waren natürlich wunderbare Illusionen. Nachher sah es ganz anders aus. Da kam der Krieg, mein Mann wurde eingesperrt. Ich habe dann ein Kinderheim übernommen an der Rhône.

> Ihr Mann wurde eingesperrt?

Interniert wurden ja alle Deutschen. Aber er wurde als ›sujet suspect‹ eingesperrt, so hieß das, glaube ich, damals. Er war in Colombes, wie ich erst später erfuhr. Da konnte ich ihm dann was schicken, er war ohne Mantel und ohne Socken weggegangen, um ein Brot zu holen und Farbe, um die Fenster zu schwärzen. Die ›suspects‹ sind dann von Colombes nach Roland Garros gekommen, das war nicht sehr weit weg von unserer Wohnung, wir wohnten in Billancourt, in der rue Victor Hugo. Leider mußte er dann später nach Verney, das war dann wirklich sehr weit.

1939 wurden die französischen Kinder aus Paris evakuiert. Aber die Emigrantenkinder nicht. Und da machte die ›Assistance médicale aux enfants des refugiés‹ – das war eine tolle Einrichtung, die unterstützt wurde von ›Secours suisse aux enfants‹ und von ›Save the children‹ – zusammen mit den Quäkern Heime auf. Eins, die sogenannte ›pouponnière‹, war in Limoges, und das andere wurde an der Rhône aufgemacht. Ich wurde dorthin geschickt. Allerdings hatte ich zunächst Schwierigkeiten, eine Reiseerlaubnis zu bekommen. Ich bin also erst später gekommen und bin nicht lange geblieben. Ich habe dann noch eine Zeit da unten zusammen mit belgischen Flüchtlingen gelebt, bis ich dann nach Mexiko emigriert bin.

                                       Wie lange waren Sie in Mexiko?

Fünf Jahre.

                                       Waren Sie in der Prominentengruppe des mexikanischen Exils?

Nun ja, ich war nicht prominent, aber ich war dabei.

                                       Wer war dort mit Ihnen?

Na, wer nicht? Die ganzen Schriftsteller waren da, Anna Seghers, Ludwig Renn, für den ich heute noch schwärme, Katz, Bodo Uhse. 1947 bin ich dann wiedergekommen. Es war sehr schwierig zurückzukommen, wir bekamen keine Durchreisevisa. Man mußte eigentlich immer über Amerika, über die USA. Wir sind dann schließlich auf sowjetischen Schiffen zurückgefahren. Es gingen aber nicht dauernd Frachtschiffe, und so ist erst die Leitung zurückgefahren, dann die Österreicher und dann kamen wir dran.

                                       Für Sie war es klar, daß Sie wieder zurück wollten?

Wir waren weggefahren, um wiederzukommen.

> Mit welchen Erwartungen sind Sie
> zurückgekommen?

Die Erwartungen waren vielleicht wirklich sehr primitiv gedacht: aufbauen! Wir rechneten damit, daß wir im Keller schlafen würden und hatten zwei amerikanische Soldatenbetten gekauft, eines für die Schwiegermutter, eines für die beiden Kinder, und wir werden schon irgendwo auf der Erde unterkommen. Also, wir dachten, es wäre noch primitiver gewesen, als es dann war.

> Was ist denn mit Ihrer Familie passiert?

Nun gut, die sind bis auf einen Bruder umgekommen.

> Ihre Eltern auch?

Ja. Sie waren in Holland. Ein Teil meiner Familie lebt in Israel. Meine Mutter hatte sehr viele Geschwister.

> Aber das hat sie nicht abgeschreckt,
> wieder nach Deutschland zu kommen.

Nein. Im Gegenteil. Man kann doch so etwas nicht bestehen lassen. Ich redete mir damals noch ein, als Pädagoge hätte ich etwas zu tun. Wir haben immer gedacht, beim Wiederaufbau, bei richtiger Erziehung – so möchte ich es mal nennen – helfen zu können. Sie müssen bedenken: mein Mann war der Sohn eines schon '34 Umgekommenen. Für uns war das ein Grund zurückzukehren.

Rostock war nicht ganz so schlimm. Meine Tochter, die zwei Tage nach unserer Ankunft sechs Jahre wurde, guckte in jede Ruine rein. Das hat sie unglaublich interessiert. Ein anderes junges Mädchen, das dabei war, fand alles so grau in grau, sie war von Mexiko die Farbigkeit gewohnt.

Daß alles zerstört war, hatten wir schon im Film gesehen. Im Kino gab es die Wochenschau. Wir hatten aber auch schon vorher die Grausamkeiten, die begangen wurden, im Film gesehen. Informiert waren wir. Man konnte sich keinen Illusionen hingeben. Vielleicht haben wir uns die Zerstörungen noch

schlimmer vorgestellt. Wir hatten auf unserer Reise die sowjetischen und polnischen Städte gesehen, wir wußten, Berlin ist
sehr zerstört.

> Sie sind also nicht wieder zurück
> nach Hanau.

Nein. Wir waren hier in Berlin. Meine Schwiegermutter wollte nicht wieder nach Süddeutschland »zu den Mördern«, wie
sie sich ausdrückte.

> Wieso waren die in Süddeutsch
> land?

Nun, die Familie meines Mannes stammte aus Karlsruhe. Und
dahin wollten sie nicht mehr. Man erklärte uns, daß man uns
hier in Berlin brauchen könne.

Ich bin dann im Bildungswesen eingesetzt worden. Später
habe ich auch noch mein Studium abgeschlossen an der Fernuniversität. Wir waren später eine Zeitlang in Chemnitz und
dann in Schwerin.

> Wie sah Ihre berufliche Tätigkeit
> aus?

Erst mal habe ich hier das Deutsche Pädagogische Zentralinstitut gegründet. Das ist inzwischen abgewickelt worden. Ich
habe erste psychologische Kongresse gemacht, die ersten Lehrpläne für Kurzausbildung. Dann war ich ein Jahr an einer
gewöhnlichen Grundschule. In Schwerin war ich in der Ausbildung der Kindergärtnerinnen tätig, und dabei bin ich dann
auch geblieben. Habe auch ein bißchen Forschung betrieben.

> Als Sie nach Berlin kamen, war es
> für Sie klar, daß Sie in die sowje
> tisch besetzte Zone gehen würden?

Ja. Ja.

> Aus politischer Überzeugung?

Ja.

> Ich frage Sie, weil wir bisher nicht
> darüber gesprochen haben.

Nun ja. Was soll man dazu sagen?

> Ich weiß nicht.
> Sie haben gesagt, sie hätten lange
> Zeit daran »geglaubt« ...

Woran geglaubt?

> Als Sie über die Erziehung spra-
> chen ...

Ach so, daß man umerziehen kann! Na, ich habe vor ein paar
Jahren gemerkt, daß diese Dinge nicht mehr so interessieren.
Ich bin dann nun auch schrecklicherweise Rentnerin geworden (*lacht*). Da sieht man dann mehr, so möchte ich es ausdrük-
ken. Da ich immer an zentraler Stelle gearbeitet habe, da wird,
bevor man irgendwo hinkommt, schön aufgeräumt und so
getan als ob. Das ist überall so, bei Ihnen genauso. Als ich dann
in Rente ging, mich aber weiter betätigt habe, sagte mir eine
Freundin mit Recht: »Jetzt tritt nicht auf als die und die, sondern ganz einfach als die Sophie Marun.«
    Und da guckt man wirklich ein bisserl mehr dahinter.
    Und da habe ich gemerkt, daß sie dies und das gar nicht
mehr wissen wollen. Ich sah, daß die ganze Haltung zum Antifaschismus und zur jüdischen Frage verhältnismäßig lax
genommen wurde. Das nahm ab. Das war früher interessant.
Dann kam eben die dritte Generation dran.

> Inwiefern kam die dran?

Nun ja, das waren die jüngeren Lehrer, die Eltern waren auch
jünger, ist doch ganz klar, man entfernt sich von vielem.

> Was die Haltung der DDR gegen-
> über Israel anbetrifft: die war klar
> antizionistisch.

Antizionistisch. Und ich muß sagen, ich hatte jüdische Freunde, die mich '33 gefragt haben: »Warum lernst Du nicht Hebräisch und kommst?« Ich habe damals gesagt: »Ich tausche einen
Chauvinismus nicht gegen den anderen aus.«
    Was mich immer erregt hat, war Chauvinismus, schon von
klein auf eigentlich. Nun gut. Ich habe die zionistische Haltung teilweise als einen Chauvinismus angesehen. Und jetzt

fragen Sie mich bitte nicht, wie ich dazu stehe, nachdem ich dort war. Ich habe dort gesagt und sage es mir selbst: Ich muß vieles noch verarbeiten. Ich kann mir nicht von drei Wochen ein Urteil bilden. Das wäre vollkommen verkehrt.

> Sie sagen, Sie waren in der Bildungsarbeit, Jüdin, politisch sehr wach und bewußt. Hat zum Beispiel der Slansky-Prozeß für Sie eine Rolle gespielt?

Also, diese ganzen Geschichten mit den jüdischen Ärzten: ich habe das als Ausgeburt – wie soll ich sagen? Ich habe Stalin, nachdem ich gehört hatte, was war, als einen Psychopathen angesehen. Ich habe nur nicht verstanden, daß sich so viele Menschen dem unterworfen haben. Ich habe immer gehofft, daß so etwas nicht hierherkommt. Vom Antisemitismus habe ich natürlich auch einiges gespürt. Ich habe mich gewundert, daß ein Psychologieprofessor, den wir alle gut kannten, erst sehr spät an die Akademie nach Moskau gerufen wurde. Ich wußte gar nicht, daß er Jude war, das habe ich erst da erfahren. So kleine Äußerungen gab es. Aber ich habe es nicht als eine solche Massenbewegung angesehen, wie es sich anscheinend nachher herausstellte. Aber ich möchte doch behaupten, daß der Antisemitismus in meinem persönlichen Leben nicht diese Rolle gespielt hat, sondern eine unter anderen. Und damit bin ich heute noch nicht ganz fertig: wie dieser Nationalismus und Chauvinismus immer wieder hervorbricht. Ich sehe, was in der Sowjetunion vor sich geht und auch in anderen Ländern, in Ländern Afrikas zum Beispiel. Ich sehe das nicht als eine Einzelsache an.

> Was hat damals der Bau der Mauer für Sie dargestellt?

Gott, für mich war das wirklich die Hoffnung, einen Krieg zu vermeiden. Krieg habe ich immer gefürchtet, nicht meinetwegen, ich bin alt, aber für das, was danach kommt. Und ich befürchte das auch weiterhin.

> Also, die Mauer war für Sie ...

... ein Schutz. Sagen wir: ein Schutz. Daß das Schwierigkeiten mit sich bringt – es gab auch für mich persönlich Schwierigkeiten in dieser Hinsicht. Man mußte vieles im Leben in Kauf nehmen, ich habe auch das in Kauf genommen.

Selbstverständlich waren Sie in der SED.

Natürlich.

Was haben Sie gedacht, als die Veruntreuung von Volksvermögen durch die SED aufgedeckt wurde?

Ich bin in dieser Hinsicht immer vorsichtig. Also, in Geldsachen kenne ich mich nicht aus. Da bin ich dumm. Über das, was da geschehen ist, erlaube ich mir kein Urteil. Die Herrschaften, möchte ich mal sagen, waren vielleicht zu alt. Und, wie meine Tochter es ausgedrückt hat: Macht ist gefährlich.

Und jetzt ist Deutschland wiedervereinigt.

Und es geht uns nicht besser. Es ist schlimmer geworden. Die Ausländerfeindlichkeit hat zugenommen, in einer fürchterlichen Weise. Und was ich in Frankfurt am Hauptbahnhof gesehen habe, mit den Drogen, ich habe eine wahnsinnige Angst, daß ich das auch hier erleben könnte. Also, diesen Anblick kann ich nicht vergessen. Man hat viele schlimme Bilder gesehen, aber das war wirklich schlimm. Meine Nachbarn haben mir schon Vorwürfe gemacht, daß ich nachts weiterhin spät nach Hause komme, wenn ich ins Theater gehe. Ich habe mir einen Gucker in die Tür einbauen lassen, nur damit sie beruhigt sind. Ich hatte früher nie Angst. Jetzt habe ich mir ein neues Schloß anbringen lassen. So etwas kannte ich nicht.

Das neue Schloß haben Sie sich nach der Vereinigung anbringen lassen?

Ja, jetzt, als es immer schlimmer wurde mit Einbrüchen. Unten ist in zwei Wohnungen eingebrochen worden. Es ist grauenhaft, wie unsicher die Leute in Bezug auf Verbrechen sind, die Angst, überfallen zu werden, aber auch in Bezug auf eine mögliche Arbeitslosigkeit. Ich habe nichts von der Wiedervereinigung. Gut, ich kann reisen, das ja. Aber das andere erschreckt mich auch. Vielleicht darf ich das mal sagen: Ich habe Angst, daß das, was der Hitler einmal wollte, jetzt auf einfachere Weise gewonnen wurde: ein Großdeutschland, die wirtschaftliche Vormacht in Europa; was weiß ich, was noch kommt?

> Was, glauben Sie, ist der Grund, warum sich relativ viel mehr Juden nach dem Krieg in Westdeutschland als im Osten niedergelassen haben?

Die Angst vor dem Kommunismus war immer da, schon seit 1917. Vielleicht war die sogenannte Wiedergutmachung auch ein Grund. Es waren doch viele Geschäftsleute. Ich weiß nicht, wie das mit der Intelligenz war, ob die zurückgekehrt ist. Die war, so weit ich es übersehe, doch in den USA geblieben.

> Die Bundesrepublik hat eine Art Kollektiventschädigung an den jüdischen Staat gezahlt. Wie haben Sie diese Politik beurteilt?

Ich sagte Ihnen, ich habe überhaupt kein Verhältnis zu Geld. Hier haben wir eine gute Rente bekommen. Aber kann man das, was man erlitten hat, eigentlich mit Geld aufwiegen? Mich hat das immer angekotzt. Mir war es mehr wert, daß man hier alles werden kann, daß mich keiner als Juden angeifert. Und wenn ich gehört habe, wie drüben damit umgegangen worden ist: daß ein Gehlen, ein Globke da sitzen konnten, also das fand ich furchtbar.

Ich finde zum Beispiel entsetzlich, daß ein jüdischer Kindergarten bewacht werden muß, wie ich es jetzt bei meinen Besuchen gesehen habe. Ich habe einen Neffen in West-Berlin, das ist der Sohn meines Bruders, der in Israel lebt. Wir waren zu einer Feier in die Synagoge eingeladen, die ganze Familie. Und die Synagoge wurde von einem Polizisten bewacht. Wir haben uns erkundigt, und das ist so üblich. Das muß so sein, weil eben Übergriffe geschehen. Wir waren darüber sehr erschrocken.

> Die Bewachung jüdischer Einrichtungen hat mit der Furcht vor Ter-

roranschlägen seitens der Palästinenser zu tun.

Nicht nur mit der Angst vor arabischen Terroristen. Es gibt
genug Antisemiten. Für mich sind Leute wie Gehlen und Globke ein Beweis dafür, daß man in dieser Hinsicht sehr lasch war,
wenn es genützt hat, oder wenn man sich einredet, daß es nützlich ist.

Vor ein paar Monaten war ich bei einer Matinée. Da hat Ste-
fan Heym eine Geschichte vorgelesen, wie junge Leute hier
überrascht werden von einem Westler: »Ach, da hat mein
Großvater gewohnt. Ja, das war mein Haus, und ich habe es
gekauft.« Die jungen Leute sind sehr erschrocken. Sie hören
also erst mal nichts mehr von diesem Westler. Und dann steht
eines Tages wieder ein Auto vor der Tür, eine alte Dame steigt
aus, kommt auch rein: »Da hat mein Großvater gewohnt.«

Sie kam aus Israel.

Und was kam heraus? Das Haus hatte ihrer Familie gehört,
aber sie hatte gleich gesagt, sie stelle keine Ansprüche. Ihr
Großvater hatte es an einen SS-Standartenführer verkauft, das
war dieser Mann, der jetzt seine Besitzanspüche geltend machte. Das waren damals legale Geschäfte! Ein Haus wurde für
hundert Mark verkauft, und das war legal!

Ich glaube, daß sich solche Geschichten häufig im Rahmen
der sogenannten Ansprüche, die jetzt gestellt werden, ereig-
nen werden. Für mich war das ein sehr typisches Ereignis.

Alfred Jachmann

geboren in Arnswalde/Pommern
Jahrgang 1927
Wohnort: Frankfurt am Main

> Leben hier im Jüdischen Alters-
> heim viele Überlebende der Kon-
> zentrationslager?

Es sind im Laufe der Zeit weniger geworden, weil ja nun die Jahre vergangen sind. Die Bewohner sind heute größtenteils solche, die in der Emigration gelebt haben. Die meisten mußten zwischen 1938 und 1941 Deutschland verlassen. Sie kommen, weil sie immer isolierter draußen leben, alles wegstirbt. Sie verlieren ihre sprachlichen Fähigkeiten und leben immer mehr in der Vergangenheit. Sie wollen dann wieder in Frankfurt leben, sie erinnern sich an das Jüdische Krankenhaus, das einmal hier existierte. Ein alter Mensch lebt eben in der Vergangenheit. Einige wenige gibt es noch, die im KZ waren, einige waren im Ghetto. Auch ich gehöre zu denen, die Auschwitz überlebt haben. Ich war von '43 bis '45 in Auschwitz, in Buna-Monowitz. Ich gehöre zu den Jüngeren. Ich bin mit siebzehn Jahren nach Auschwitz verbracht worden. Ich bin zusammen mit meinem Vater, meiner Mutter und meiner Schwester aus Berlin deportiert worden. Überlebt habe nur ich.

> Sind Sie in Berlin geboren?

Nein. Ich bin in Arnswalde geboren, das gehört zu Pommern. Damals lag das mitten in Deutschland, heute gehört es zu Polen. Ich mußte nach dem 9. November 1938, nach der sogenannten Reichskristallnacht, den Ort mit meiner Mutter und meiner Schwester verlassen. Mein Vater war inhaftiert, er kam nach Sachsenhausen, wurde dann aber im Juni '39 aufgrund einer Buchung nach Shanghai wieder entlassen. Leider konnten wir dann doch nicht dorthin fahren. Wir sind in Berlin 1943 alle dieser Schlußaktion zum Opfer gefallen. Wir mußten von Arnswalde nach Berlin und wurden dort in großen Wohnungen zusammengepfercht, sechs bis acht Parteien in einer Wohnung. Die Erwachsenen wurden dienstverpflichtet in Berliner Betriebe, die Deutsche Waffen- und Munitionsfabrik, Siemens, die ›Spinne‹ in Berlin. Ich war damals ja noch sehr jung und kam in eine jüdische Schule, die aber 1941 geschlossen wurde. Ich bin dann in ein jüdisches Altersheim am Senefelder Platz gegangen, was heute zum Westberliner Teil gehört und auch noch so steht, wie ich es damals verlassen habe. Mitte '42 sind alle Bewohner nach Theresienstadt deportiert worden. Ich bin in die Waffen- und Munitionsfabrik dienstverpflichtet worden, und von da bin ich im Februar '43 in der sogenannten ›Fabrik-Aktion‹ abgeholt und nach Auschwitz gebracht worden. Ich war in Buna-Monowitz, das war das Nebenlager von Auschwitz. Ich habe die ganze Zeit im selben Block gelegen, im Block 7. Gearbeitet habe ich auf dem Kommando 26, das war ein Kommando, das Materialien für die Buna-Fabrikation verteilte. Ich trage die Häftlingsnummer 105105. Mein Vater hatte die Häftlingsnummer 105106. Er war auch in Buna, aber ist im Juni 1944 einer Selektion zum Opfer gefallen. Er ist nach Auschwitz-Birkenau abtransportiert worden, in die Gaskammern. Ich habe ihn nie wiedergesehen. Und seit dem 27. Februar '43, als ich mich von meiner Mutter und meiner Schwester verabschiedete, habe ich auch sie nie wiedergesehen. Sie sind gleich in die Vernichtung gekommen. Durch Zufall habe ich meinen Vater auf dem Appellplatz getroffen, und so konnten wir eine Zeitlang zusammensein, auf dem gleichen Kommando und auf dem gleichen Block.

Sie haben durch Zufall Ihren Vater
auf dem Appellplatz getroffen?

Durch Zufall auf dem Appellplatz getroffen. Weil er auch in Berlin von der deutschen Waffen- und Munitionsfabrik, wo ich ebenfalls arbeitete, nur in einer anderen Abteilung, abtransportiert wurde. Wir waren gemeinsam, ohne uns zu sehen, in der Synagoge in der Levetzowstraße. Da waren wir zwei Nächte vor dem Abtransport hingebracht worden. Die Synagoge war sehr groß, so daß wir uns nicht gesehen haben. Aber auf dem Appellplatz haben wir uns dann wiedergetroffen. Ein ungewöhnliches Wiedertreffen. Leider hat es nur bis Juni '44 gedauert, dann war eine Selektion, wie fast an jedem Sonntag. Er war sehr abgemagert, bis auf die Füße. Er hatte ganz dicke Füße bekommen, Ödeme, also Wasser, und so ist er vor meinen Augen raufgeworfen worden auf einen Lastwagen und nach Birkenau transportiert worden.

Das ist ein Bild, das ich mein Leben lang nicht mehr loswerden werde.

Ich bin der einzige, der übriggeblieben ist von einer ganz großen Verwandtschaft, die alle in Berlin zusammengetrieben worden war. Die Jachmanns lebten alle in dieser Pommerschen Gegend, aber sie sind alle nach Berlin ›verzogen‹ worden, wie ich immer sage, und sie sind alle von dort weggekommen und niemand ist zurückgekommen.

> Befreit worden sind Sie dann von den Russen?

Wir sind im Januar in Auschwitz auf Fußmarsch gesetzt worden, Richtung Groß-Rosen. Das ging aber nicht mehr. Wir kamen nur bis Gleiwitz. Das war ein schrecklicher Fußmarsch.

> Der Todesmarsch.

Der Todesmarsch. Jede paar Sekunden knallte es. Jeder, der nicht mehr konnte, wurde einfach abgeknallt. Das kann man gar nicht beschreiben, wie das aussah, was da los war.

Wir kamen in Gleiwitz an, dort gab es mehrere kleinere KZs, aber nicht für Juden, sondern für Volksdeutsche; da wurden wir jedenfalls reingepfercht und sollten weiter nach Groß-Rosen. Wir wurden in Gleiwitz verladen auf Viehwaggons, aber wir kamen nur bis zu einem Ort, der hieß Riebnick. Nach Groß-Rosen gab es kein Durchkommen mehr. Wir wurden also abgeladen, in einen Wald getrieben, mit einem Stacheldraht war die eine Waldseite versehen, und auf der anderen Seite stand die SS mit Maschinengewehren und hat den ganzen Transport, so wie er war, abgeknallt. Wie durch einen Zufall bin ich übriggeblieben zusammen mit einem anderen Häftling, der hieß Georg Gerechter, das war ein Mann aus Leipzig, und einem Sigfried Krause, Krause war ein Berliner, der Auschwitz überlebt hatte, obwohl er damals für meine Begriffe sehr alt war. Er war fünfzig, ich war ein achtzehn-, neunzehnjähriger Junge. Der hatte das Glück, Bleiverglasungen zu machen, und auf diese Weise konnte er sich halten. Die SS hat ihm so einen kleinen Verschlag gegeben, da war ein Kanonenofen drin, und er hat für die SS Bleiverglasung gemacht. Wir waren im hinteren Teil des Zuges und konnten in den Wald fliehen, ohne über diesen Draht zu müssen. Wir haben uns dort eingebuddelt. Ich höre heute noch die Stimmen der SS: »Die sind alle tot!«

Es war eiskalt. Dieser Sigfried Krause hatte schon den Ersten Weltkrieg mitgemacht. Er hatte also Ahnung. Wir sind auf eine Lichtung bei Riebnick in eine Scheune. Ich wäre aus dem Wald nie rausgekommen, aber er konnte sich orientieren nach dem Mondlauf, sonst kommt man ja aus solch einem großen Wald gar nicht heraus. Und da sind wir dann von Russen befreit worden. Ich kam erst mal in ein Lazarett, bin behandelt worden. Wir waren ja völlig erfroren. Der Sigfried Krause hat nicht mehr lange gelebt, der Georg Gerechter auch nicht, da war nichts mehr zu machen, dem haben sie ein Glied nach dem anderen abgenommen.

> Wie lange waren Sie in dieser Eiseskälte?

Zwei Tage haben wir da gelegen.

Als wir in das russische Lazarett kamen, war es nicht einfach. Die haben erst gar nicht geglaubt, daß wir Häftlinge sind. Die SS hatte sich bereits Nummern angemacht ...

> Die SS hat sich Nummern eintätowiert?

Die SS hatte sich Nummern eintätowiert um durchzukommen. Jedenfalls haben die uns das erzählt, ich selbst habe keinen gesehen. Jedenfalls wurden wir durch einen russischen jüdischen Oberstleutnant identifiziert. Es war bei der russischen Armee sehr selten, daß man ein Gebetbuch mit sich führte, der hatte aber eines, und der Krause konnte Hebräisch lesen, der Gerechter auch, und ich auch ein bißchen, wenn auch nicht allzu viel. Wir konnten also verdeutlichen, daß wir wirklich Überlebende des Konzentrationslager Auschwitz sind.

Wir sind behandelt worden. Ich hatte von den Erfrierungen eine ganz schwarze Wirbelsäule, und ich habe heute noch einen Leberschaden, weil ich mit Salicyl damals behandelt werden mußte. Ich mußte dauernd umgebettet werden, ich war völlig unbeweglich. Ich konnte keinen Schritt tun, nicht einen Schritt. Bei mir ist es gut gegangen, ich muß zwar jeden Morgen ein Korsett tragen, wenn ich aufstehe, weil ich dann so Durchblutungsstörungen habe. Das ist also geblieben. Ich habe meine Behinderung, aber es geht.

Für die anderen beiden war es zu spät.

Ich habe zunächst einige Monate in Gleiwitz gelebt und bin dann im November 1945 mit einem Militärzug der Russen von Kattowitz nach Berlin gebracht worden. Dort bin ich zur jüdischen Gemeinde gegangen, die war in der Oranienburger Straße, habe mich dort gemeldet und bin dann gelegt worden in ein Durchgangslager in die Rykestraße. Dort haben wir drei, vier Wochen gelebt. Von dort wurde ich vermittelt ins Jüdische Krankenhaus, das war mittlerweile wieder übernommen worden. Während der Nazizeit war es eine Polizeistation gewesen. Es gab noch Akten, aus denen hervorging, daß ich Praktikant am Jüdischen Altersheim gewesen war.

Ich habe im Jüdischen Krankenhaus Koch gelernt. Man hat mir ein Jahr angerechnet meiner Praktikantenzeit, großzügigerweise, und im Februar '47 habe ich eine Kochprüfung abgelegt in Berlin, und bis 1960 war ich dann bei der Jüdischen Gemeinde in Berlin Wirtschaftsleiter für Krankenhaus, Altersheim und Kindergarten. Seit dem 1. Januar 1961 bin ich Leiter dieses Altenzentrums der Jüdischen Gemeinde Frankfurt.

War es für Sie klar, daß Sie in Deutschland bleiben würden?

Das kann ich Ihnen erklären. Wenn ich den heutigen Verstand und die Lebenserfahrungen damals gehabt hätte, wäre ich nicht in Deutschland geblieben. Es ist sehr schwer, das nachzuvollziehen. Sie müssen sich mal in die Lage versetzen, daß ein Kind, wenn Sie so wollen, 1939 von einer Kleinstadt in eine Großstadt verbracht wird, keine Entfaltungsmöglichkeiten hat, weil er als Jude überall gehandikapt ist, nur in die jüdische Schule kann, keinerlei Kontakte hat, doch nur das Elternhaus vor sich sieht, dann von einem Tag zum anderen kahlgeschoren in Auschwitz steht, mit gerade neunzehn Jahren wieder in Berlin auf der Straße ohne jeden Anhang ist, da hatte ich das

Gefühl, in Berlin ist die Welt zu Ende. Ich konnte mir das nicht vorstellen.

Ich war frei, ich konnte wieder tief durchatmen, es war alles eine Vergangenheit, die noch gar nicht verarbeitet war. Ich bin gar nicht auf die Idee gekommen herauszugehen.

Ich glaubte eigentlich gar nichts, wenn Sie so wollen. Ich sah zwar an den Litfaßsäulen – ich sehe das heute noch vor mir – die waren groß beklebt: ›Die Hitler kommen und gehen, aber das deutsche Volk bleibt!‹ –, das sah man in Berlin überall, aber diesen Spruch habe ich damals gar nicht gedeutet. Ich war glücklich, wieder festen Boden unter den Füßen zu haben. Ich habe dann auch das Glück gehabt, daß ich in die sogenannte jüdische Arbeit hineinwachsen konnte, was mich sehr befriedigt hat – bis auf den heutigen Tag –, für diese alten Leute diese Sozialarbeit zu leisten. Wenn man älter wird, ist das noch befriedigender, weil man sein Elternhaus nicht vergessen kann. Das, was man durchgemacht hat, sitzt viel tiefer, als man draußen glaubt. Das war eine sehr schwere Zeit. Die kann man auch nicht in Worten, in Bildern, in Ton schildern. Was sich da abgespielt hat an Sadismus, was einem da angetan wurde, ist überhaupt nicht zu vermitteln. Das kann niemand vermitteln. Es ist auch nicht zu schildern. Man kann sich nur bemühen.

Und so bin ich in Deutschland geblieben.

Ich wurde älter. Ich wurde immer gewandter im Umgang mit den Lebensformen. Ich habe versucht, mich ein bißchen selbst zu bilden. Ich habe gelesen. Ich war in Abendschulen. Ich befasse mich sehr viel mit Geschichte, mit der jüdischen Geschichte.

Und wenn ich mir heute überlege: wenn ich damals den Verstand gehabt hätte von heute und die Entwicklung von Deutschland damals hätte voraussehen können – auch nur annähernd –, dann würde ich heute hier nicht sitzen. Da bin ich ganz ehrlich.

Es ist schon eine bedrückende Situation. Es ist schon eine bedrückende Situation.

Daß heute wiederum Antisemitismus bekämpft werden muß! Wissen Sie, ich halte sehr viel von der Jugendarbeit mit der nichtjüdischen Jugend. Jugendgruppen kommen auch hierher ins Altenzentrum. Ich stelle fest: Es gibt ganze Landstriche, wo es keinen Juden gibt, aber man weiß, was typisch jüdisch ist! Das ist eine Form des Antisemitismus, der mir jetzt keine Angst einjagt, der mich aber sehr betrübt. Dieser vorhandene Antisemitismus betrübt mich viel mehr als die Tatsache – die auch schrecklich ist! –, daß es rechtsradikale Gruppen gibt. Das ist schlimm, aber vielleicht wird man sich damit abfinden müssen, daß sich solche Gruppen formieren. Aber dieser wilde Antisemitismus! Die Vorurteile!

Wissen Sie, wenn jemand aus unserer Gemeinschaft etwas tut, was nicht in Ordnung ist, – natürlich gibt es das, es gibt keine Gemeinschaft, die nicht schwarze Schafe unter sich hat – aber wenn das bei uns jemand ist, dann sind es gleich: die Juden. Das hat sich für meine Begriffe überhaupt nicht geändert. Ob das die Friedhofsschändungen sind, die ja in der Bevölkerung überhaupt keine Reaktion zeitigen. Es hat eine einzige Demonstration in Württemberg gegeben in all den Jahren, bisher hat sich doch keine Stimme gerührt. Das steht in der Zeitung, das nimmt man zur Kenntnis, und man geht zur Tagesordnung über. Ich denke heute öfter darüber nach: Der 9. November '38. Wenn ich mir überlege, daß die Kirchen – vielleicht – bis dahin gesagt haben: »Die Politik gegenüber den Juden ist zwar unmenschlich, und wir bejahen sie nicht, aber wir sind keine Politiker. Wir sind Kirche, wir wollen damit nichts zu tun haben.«

Es ist für mich heute noch unverständlich, daß nach dem 9. November '38, wo mutwillig Gotteshäuser zerstört wurden, hier in diesem Land hörbar niemand den Mut hatte zu sagen: »So, jetzt ist Schluß.«

So weit kann es nicht gehen, daß Häuser, wo nichts getan wird außer gebetet, wo die zehn Gebote drin sind, die praktisch für alle Religionen Gültigkeit haben, und keiner ist mal am Sonntag in die Kirche gegangen und hat was gesagt. Die Glocken haben geläutet, als sei nichts geschehen. Und ich habe das Gefühl, wir sind heute wieder so weit: Es interessiert keinen. Ob das die Woche der Brüderlichkeit ist, ob es Friedhofsschändung ist, ob es antisemitische Pöbeleien sind, es gibt keine Resonanz in der Bevölkerung. Es ist diese Tendenz: ›Nun laßt uns schon in Ruhe, es ist so lange her, man kann nicht ewig darüber sprechen.‹ Das ist genau das, was ich schrecklich finde.

> In anderen Ländern wütet der Anti-
> semitismus schlimmer als in
> Deutschland.

Das ist richtig. Ich sage nicht, der Antisemitismus wäre eine deutsche Erfindung. Antisemitismus hat es immer gegeben und Antisemitismus wird es weiter geben. Nur dürfen Sie nicht vergessen: Ich habe hier gelebt und geglaubt, wir gehörten dazu. Ich bin in der vierten Generation in Deutschland, Urgroßväter, Großväter, mein Vater, ich, wir sind alle hier aufgewachsen.

Es ist ein Unterschied. Sicher gibt es Antisemitismus in Rußland, in Polen, in Ungarn, in England, in Frankreich – Antisemitismus ist keine deutsche Erfindung. Das hat tiefe Gründe, das ist gar keine Frage.

Aber Sie dürfen nicht vergessen: erstmal gibt es in Deutschland keine Juden mehr. Sie wollen doch wohl nicht sagen, daß die 28.000 oder 30.000 Juden, die es heute in Deutschland gibt, genügen, um zu sagen: es gibt in Deutschland Juden. Für mich ist das ein Deutschland ohne Juden. Soviele Juden, wie es heute in Deutschland gibt, haben früher allein in Frankfurt gelebt. Das ist schon mal das erste. Dann gibt es ein paar, die hochgespielt werden, weil sie sich erlauben, auch ein Haus zu bauen – und das ist ihr gutes Recht, die anderen bauen auch –, aber wenn ein jüdischer oder zwei jüdische Bauherren tätig sind, dann wird so getan, als hätten die Juden ganz Deutschland bebaut, so ungefähr, das ist alles so unrealistisch. Es gibt in Deutschland kein bedeutendes jüdisches Unternehmen mehr, weder eine Bank, weder ein Kaufhaus noch irgendwas. Man sieht nur die im Lichte, die im Dunkel sieht man nicht. Wir hier im Altersheim haben siebzig Sozialfälle, die von 135 Mark leben.

Aber es ist noch etwas anderes: Von diesem Land, von dieser Stelle, von diesem Boden ist der perfektionierte Apparat des Mordens ausgegangen, perfektioniert, mit einer solchen Gründlichkeit, wie ich es Ihnen gar nicht beschreiben kann. Und da liegt der Unterschied. Da liegt der Unterschied. Die anderen Länder haben zwar Antisemitismus, es hat Pogrome gegeben und es wird Pogrome geben, das ist gar keine Frage, aber von hier aus ist eine perfekte Maschinerie eines brutalen Mordes ausgegangen und durchgeführt worden. Da liegt der

Unterschied. Daß jemand wie ich, der also noch in seinem Elternhaus das Bild vom Großvater sieht, »heil Dir im Siegerkranz mit der Pickelhaube, wir waren Soldaten, und wir waren es gerne und der Dank des Vaterlandes und ... und ... und.« Und die aus dem Grunde ihre Städte nicht verlassen haben, weil sie glaubten, sie gehörten dazu! – und von einem auf den anderen Tag bestialisch verbrannt wurden, wenn Sie so wollen, da liegt ein Unterschied! Da liegt ein Riesen-, Riesenunterschied.

Sind Sie verheiratet?

Ja, ich bin seit 1954 verheiratet. Ich habe einen Sohn. Er lebt hier in Frankfurt. Er ist Friseurmeister und betreibt zwei Geschäfte. Er fühlt sich sehr wohl. Ich hoffe immer nur, daß er nicht eines Tages enttäuscht wird. Er lebt also jetzt völlig normal, hat viele Freunde, es ist alles in Ordnung und bis jetzt war nichts. Wissen Sie, ich bin in einer kleinen Kleinstadt aufgewachsen. Das war stinknormal. Wir sind am Sabbat in die Synagoge, die anderen sind am Sonntag in die Kirche. Und zu Weihnachten sind wir zu denen und haben uns über den schönen Baum gefreut, und an Chanukka sind die zu uns gekommen. Das war ein richtiges Miteinander, kein Nebeneinander. Ich glaube, daß wir heute nicht so weit sind. Es ist heute kein Miteinander, sondern ein Nebeneinander, und deshalb hoffe ich immer, daß er nicht enttäuscht wird.

Wenn hier Leute am Jüdischen Altersheim vorbeigehen, habe ich manchmal so den Eindruck, daß die denken, hier lebten lauter Exoten. Das wird noch lange dauern. Und es kommt meiner Meinung auch von der Ablehnung her, daß jeder sagt: »Mensch, die sollen schon aufhören, über Auschwitz zu reden. Das ist doch Vergangenheit.«

Das ist keine Vergangenheit. Das ist nicht erledigt, das war kein Betriebsunfall, den man vergessen kann. Für jemanden wie mich, der da war, der das mitgemacht hat, wirklich hautnah bis zum letzten Moment, für den gibt es kein Vergessen.

Ich hasse niemanden. Ich bin auch nicht der Meinung, daß alle mit gebeugtem Haupt gehen sollten. Die jungen Leute haben mir nichts getan. Die sind nicht verantwortlich für ihre Eltern. Ich mache die Jugend nicht verantwortlich für das, was ihre Eltern getan haben. Aber wissen müssen sie es. Wissen

müssen sie es, denn sie sind verantwortlich für die Zukunft. Und wenn ich so höre, was so manche Leute, die hierherkommen, mir berichten, dann kann ich mir ein Bild machen, was in den Elternhäusern noch gesprochen wird. »Wenn Du schon Zivildienst machst, warum ausgerechnet im Jüdischen Altersheim?« Solche Formulierungen fallen. Und die Jungen sitzen dann manchmal hier und sagen: »Herr Jachmann, wir sind jetzt vier Wochen hier, ich weiß gar nicht, was die zu Hause gemeint haben.«
Da kann ich mir ausrechnen, was es für Vorurteile in Wohnzimmern nichtjüdischer Haushalte uns Juden gegenüber noch gibt.

Ist Ihre Frau Jüdin?

Ja. Sie hat im Jüdischen Kinderheim in Berlin, das unter Gestapo-Aufsicht stand, überlebt.

Haben Sie in Prozessen ausgesagt?

Ja. Ich war im Auschwitz-Prozeß. Aber vorher war ich schon im Nürnberger Prozeß, im Kriegsverbrecher-Prozeß. Ich habe dort einige Aussagen gemacht. Für mich war es damals unverständlich, wie großzügig es da war, daß die Herren unten im Gefängnishof spazieren gingen. Das konnten wir damals gar nicht begreifen. Ich habe dann in einigen Auschwitz-Prozessen hier in Frankfurt ausgesagt, aber das ist so schrecklich gewesen, daß man darüber auch ein Buch schreiben könnte. Wissen Sie, in Auschwitz hat man nicht gewußt, welcher Tag ist, welche Stunde ist, man hat nur unterscheiden können zwischen Tag und Nacht. Wenn es dunkel wurde, dann war abends. Und bei den Auschwitz-Prozessen wurde gefragt: »Um welche Zeit?« Wer es denn war? Und welche Begleitumstände? War es Dienstag oder war es Mittwoch?
Ich habe sehr großes Verständnis, da ich ja die Diktatur miterlebt habe, sehr großes Verständnis für Demokratie. Ich habe auch ein sehr großes Verständnis für einen Rechtsstaat. Ich habe auch sehr großes Verständnis dafür, daß ein Beschuldigter verteidigt wird. Aber das war ein bißchen zu überperfektioniert, was in diesen Prozessen geschehen ist, die ja auch ganz bewußt lange herausgezögert worden sind. Ich bin mir manchmal vorgekommen wie ein Angeklagter und habe dann einige Dinge gar nicht mehr wahrgenommen.

Als Sie damals in die jüdische Gemeindearbeit gekommen sind, gab es da Druck in irgendeiner Form auf die Juden, das Land zu verlassen?

Es gab keinen Druck. Es gab lediglich offiziell, also zwischen den Repräsentanten der Gemeinden im Ausland und den Repräsentanten der Gemeinden, die sich wieder gründeten, Probleme, ob man hier wieder jüdisches Leben aufbauen sollte. Ob man nicht sagt: ein für allemal Schluß. Aber es hat sich dann durchgesetzt, daß die Leute gesagt haben: »Nein, wir wollen wieder versuchen, jüdisches Leben aufzubauen.«

Waren Sie mal in Israel?

Ich war im Jahre 1968 und 1975 dort. Nun gut, das ist ein Gefühl, das kann man auch nicht beschreiben. Wenn jemand wie ich, der das mitgemacht hat, und dann aus Deutschland nach Israel fährt, da ankommt, da hat er es sehr schwer, die Tränen zurückzuhalten. Das ist ein Gefühl, wofür es keine Worte gibt. Ein jüdisches Land, ein jüdischer Staat, mit jüdischem freien Leben, mit Freunden, die dort sind und sagen: »Alfred, ach, hier können wir frei atmen. Hier sind wir keine Minderheit, hier sind wir gleichberechtigt. Hier brauchen wir nicht darüber nachzudenken, ob der Nachbar ein Antisemit ist oder nicht.«

Israel hat eine große Bedeutung für Überlebende wie mich. Es ist gar nicht die Frage, ob man immer mit der Politik einer Regierung einverstanden ist. Aber die Loyalität gegenüber Israel, der Wunsch, es möge blühen und gedeihen, es möge existieren, damit es einen Zufluchtsort für jüdische Menschen gibt, wo sie sagen können: »Das ist mein Land und hier muß ich mich nicht fürchten«, das ist schon eine großartige Sache und das beflügelt jeden jüdischen Menschen. Das hat aber mit der Loyalität gegenüber dem Land, in dem man lebt, überhaupt nichts zu tun. Ich habe letztlich noch gesagt: »Ich lebe in Deutschland, ich bin deutscher Staatsbürger. Ich werde alle meine Pflichten, die ich Deutschland gegenüber habe, erfüllen, alle Pflichten, alles, was notwendig ist.« Und ich interessiere mich sehr für Politik, für das, was geschieht. Aber das hat doch nichts damit zu tun, daß ich mich im Rahmen meiner Möglichkeiten für Israel engagiere.

> Was passiert, wenn Sie nach Israel fahren und sagen, Sie waren in Auschwitz und leben in Deutschland?

Nichts. Ich weiß nicht, wie die Atmosphäre jetzt ist, nach dem, was alles geschehen ist. Wissen Sie, das Judentum verbietet Haß. Und unsere religiösen Repräsentanten, die Rabbiner, die Vorstandsmitglieder oder wer auch immer, die predigen keinen Haß. Auch in Israel gibt es keinen Haß. Es gibt in Israel keinen Deutschen-Haß. Natürlich werde ich gefragt, aber das ist ja auch berechtigt! Aber es gibt keinen Haß, es gibt kein Unverständnis. »Du bist in Deutschland geblieben, Alfred, okay«, sagen meine Freunde, »wenn Du da lebst, machst Dein Altersheim, jeder muß wissen.«

Von denen, die in den Jahren '48/'49 nach Israel gegangen sind, gibt es Unverständnis. Damals war ja die Hauptalijah von den Überlebenden nach Israel, es gab ja in Deutschland einige Hunderttausend Juden. Die sagen: »Alfred, wie konntest Du?«

Ja, wie konnte ich, mit neunzehn Jahren?

Aber es gibt keinen Haß oder Vorwürfe. Es gibt auch keine Urteile gegen das deutsche Volk. Das gibt es vielleicht vereinzelt. Sicher, wenn jemand alles mitgemacht hat, dem Krematorium entronnen und '46, '47 oder '48 nach Israel gegangen ist, dort geblieben und sein Leben gefunden hat, und überlegt sich doch, was er alles verloren hat, kann man es ihm doch gar nicht übel nehmen! Man muß sich doch in deren Lage versetzen, wie es ihm ergangen wäre: Wenn Sie Ihre ganze Verwandtschaft hätten verbrennen sehen, Ihr ganzes Eigentum zerschlagen, und Sie sind von vierzig oder fünfzig Leuten allein auf dieser Welt geblieben. Da würden Sie sich hier mit dem Volk in Dankbarkeit verbrüdern? Da ist zu viel Theorie drin und zu viel Unverständnis von denen, die es nicht erlebt haben. Ich sage Ihnen aus eigenem Erleben folgendes, und Sie können jedes Wort von mir so nehmen, wie ich es sage: Wenn man älter wird, ich werde jetzt vierundsechzig Jahre, wird man diese Vergangenheit überhaupt nicht mehr los. Denn dann werden die Interessen, die das tägliche Leben hat, weniger, und man denkt immer mehr zurück. Man ist in der Wohnung, man denkt zurück: »Wie schön war es doch zu Hause, die schöne jüdische Atmosphäre an Feiertagen.«

Man denkt an seine Eltern.

Ich sehe schon keinen Film mehr, weil ich die ganze Nacht nicht schlafen kann. Diese Deportationsfilme, ich kann es einfach nicht, ich versuche es immer wieder, weil ich es verarbeiten will, aber ich mache die ganze Nacht kein Auge zu. Er verfolgt einen. Und ich sehe das hier bei uns, bei den Heimbewohnern: je älter die Menschen werden, desto schlimmer.

Ich kenne auch viele andere alte Menschen. Die denken auch nur noch an früher. Aber es ist anders. Sie haben ihre Probleme. Der hat den Mann verloren, der hat den Sohn verloren, alles sehr traurig, sie haben die Bomben im Krieg erlebt. Gut. Aber es ist eine Familie da, es war keine Entrechtung da, es war keine Verfolgung da.

Mit unseren alten Leuten hier endet jedes Gespräch bei den Kindern, bei der Schwester, bei den Eltern, die man verloren hat. Mit alten Leuten ist das so. Und ich merke es auch an mir selbst. Ich habe in jüngeren Jahren nicht so viel Probleme damit gehabt, wie ich heute habe. Ohne daß ich es herbeiführe, unwillkürlich habe ich sie. Es gibt Momente, wenn ich in das Pflegeheim gehe und sehe die Leute, die teilweise wirklich Schreckliches mitgemacht haben, da kämpfe ich manchmal mit den Tränen, das sage ich ganz offen.

> Sie haben Ihre Gesundheitsschäden erwähnt. Haben Sie Wiedergutmachung erhalten?

Auch das ist ein Kapitel. Auch das ist ein Kapitel, das ich für nicht in Ordnung halte. Wissen Sie, in der Bevölkerung draußen sieht es so aus, als seien die Wiedergutmachungsgesetze so, daß sie jeden Juden zum Millionär gemacht haben. Ich habe für einen Tag Auschwitz fünf D-Mark bekommen. Obwohl ich mich nicht bewegen konnte, habe ich heute – nach allen Erhöhungen, nach allen Rentenerhöhungen im Laufe der Jahre – eine Rente von 1003 Mark. Angefangen habe ich mit 635 Mark. Aber das glaubt niemand. Das war meine Gesundheitsschadenrente, obwohl ich mit dem Korsett rumgelaufen bin, auch lange Zeit den Tag über. Wissen Sie, das mag jetzt so klingen, daß ich mir etwas anmaße, aber ich sage Ihnen eines: Nach dem, was ich habe durchstehen müssen, unverschuldet durchstehen müssen! Im Grunde hat man mir mein Leben kaputtgemacht. Wenn alles normal gelaufen wäre, würde ich heute in Arnswalde in Pommern sitzen und hätte sicher das Haus meiner Eltern übernommen, das meine Eltern schon von den Großeltern hatten. Ich hätte ein völlig normales Leben geführt. Ich habe noch Glück gehabt, daß ich dieses Leben überhaupt führen konnte. Ich sage Ihnen: Jemand, der das mitgemacht hat, so entwurzelt wurde, so erniedrigt wurde, so am Tod vorbeigeschlendert ist, der hätte normalerweise so gestellt sein müssen, daß er nichts mehr tun muß für den Rest seines Lebens. Nicht mit goldenen Türklinken, aber so, daß er leben kann. Ich war vom ersten Tag darauf angewiesen, mir mein Brot zu verdienen. Und zwar sehr schwer. Ich sehe mich noch sehr abgemagert im Februar '47 mit dem Rucksack auf dem Rücken auf dem Bahnhof Gesundbrunnen in Berlin mit Kochtöpfen stehen, damit ich meine Prüfung machen konnte.

Die Summe, die ich erhalte, lege ich jederzeit offen. Die würden staunen, wie wenig ich an Entschädigung bekommen habe. Für meinen Ausbildungsschaden habe ich 5600 Mark bekommen. Ich habe nach Auschwitz immer schwer arbeiten müssen, bis auf den heutigen Tag.

> Sind Sie jemals wieder nach Arns-
> walde gefahren?

Ich bin vor der Wiedervereinigung mit meiner Frau und meinem Sohn dahin gefahren, über Friedrichstraße nach Stettin. Ich hatte das vorher über ein Reisebüro gebucht. Von Stettin sind wir mit dem Taxi gefahren. Meine Gefühle kann ich Ihnen nicht beschreiben.

> War es das erste Mal?

Ja, das erste Mal. Ich schäme mich gar nicht: Ich habe geweint. Das ist klar.

Arnswalde selber war mir eine fremde Stadt geworden. Es existierte noch der Bahnhof, es existierte noch die Kirche, es existierte noch das Gefängnis, in dem ich '38 gesessen habe, und es gab noch den See, an den wir als Kinder gelaufen sind.

Mein Elternhaus habe ich nicht wiedergefunden. Die Stadt war wohl zerstört worden. Es war alles völlig anders gebaut, es war eine polnische Stadt. Ich habe mir einen Dolmetscher genommen, um so einiges wiederzufinden. Und da habe ich meiner Frau und meinem Sohn gesagt: »Kommt mal, ich zeige Euch den Jüdischen Friedhof auf dem Stadtberg.«

Ich bin da raufgegangen. Ich weiß nicht mehr, wie ich wieder runtergekommen bin. Ich habe den Friedhof gefunden, aber keinen Friedhof. Kein Hinweisschild. Die Natur hat den Friedhof erhalten. Der war zerstört, da liegen heute noch die zerbrochenen Steine, da ist nichts geschehen! Die Natur hat das erhalten! In den Kleinstädten gab es nur Efeu auf den Hügeln, und die Natur hat diesen Efeu so wuchern lassen, daß Sie genau erkennen: das war das Friedhofsgelände. Sie können den Eingang noch tasten, das heißt, Sie können ihn nur tasten, weil es nur noch Steine gibt. Sonst erinnert in dieser Stadt nichts mehr dran, daß es jemals jüdisches Leben gab. Es gibt kein Hinweisschild: ›Hier war einmal ein Friedhof‹. Nichts! Ich bin da fünf, sechs Stunden geblieben, und dann schnell wieder nach Hause gefahren, weil ich einfach nicht mehr konnte. Ich war so erschüttert, das war so schlimm.

Ich möchte aber jetzt doch noch einmal hinfahren, jetzt, wo es viel einfacher geht. Damals war das ja eine Strapaze, über Friedrichstraße mit der S-Bahn und diese Warterei an der Grenze. Ich möchte noch in einige andere kleine Städte fahren, wo Verwandte von mir gelebt haben, um zu sehen, ob ich noch irgend etwas finde. Aber wahrscheinlich ist das nicht.

Haben Sie nichtjüdische Freunde?

Freunde nicht, Bekannte. Wir kennen ein Ehepaar, die wohnen nicht weit von hier. Mit denen treffen wir uns einmal im Monat. Nette Leute, wir gehen dann gemeinsam essen. Ja, ja, das gibt es schon, aber es hält sich im allgemeinen sehr in Grenzen.

Die Beziehungen zu Juden sind enger?

Ja, zwangsläufig enger. Das ergibt sich von allein. Sie sind enger, sie sind enger.

Warum zwangsläufig?

Die Ansichten! Die Ansichten über viele, viele Dinge sind in nichtjüdischen Kreisen doch sehr anders.

Max Mannheimer

geboren in Neutitschein/Mähren
Jahrgang 1920
Wohnort: München

> Sie sind Vorsitzender der »Ehemaligen Dachauer«. Da waren Sie wohl im Konzentrationslager von Dachau?

Auch, ja. Auschwitz, Warschau, Dachau.

> Wann sind Sie nach Deutschland gekommen?

Ich bin in der Nähe von Tutzing befreit worden.

Ich stamme aus der Tschechoslowakei. Neutitschein, das ist eine kleine Stadt in Mähren.

> Haben Sie nach der Befreiung den Impuls gehabt, in die Tschechoslowakei zu fahren?

Selbstverständlich.

Ich hatte mir geschworen, nie mehr deutschen Boden zu betreten wegen der Sachen, die eben passiert sind. Aber am 7. November 1946 bin ich mit meiner kleinen Tochter – sie war sieben Wochen alt – und mit der Mutter meiner Tochter, die aus einer sozialdemokratischen Familie stammte und auch verfolgt worden war, wieder nach Deutschland gekommen. Ich habe meine Frau in der Tschechoslowakei kennengelernt. Sie war Deutsche und keine Jüdin. Sie hat mir versichert, daß Deutschland jetzt, nach dem, was alles passiert ist, eine Demokratie werden wird. Ich habe ihr geglaubt.

Sie hat sich hier politisch betätigt, in der Sozialdemokratischen Partei. Sie war von 1952 bis 1960 Stadträtin hier in München.

Ich habe in jüdischen Wohlfahrtsorganisationen gearbeitet und auch bei einer Zeitung, einer zionistischen Zeitung in deutscher Sprache. Ich war so ein ›Mädchen für alles‹, ich habe

Nachrichten gelesen, sortiert, Korrekturen gelesen, ich war Chauffeur, also ich habe wirklich alles gemacht. Bei der Währungsreform ging die Zeitung pleite. Ich ging danach zum ›American Distribution Commitee‹. Ich lebte praktisch in einer Enklave, ich bewegte mich hauptsächlich unter jüdischen Menschen und unter solchen, die genauso wie ich verfolgt waren, dazu gehörten auch Sozialdemokraten.

Ich habe immer nach einer Rechtfertigung gesucht, weshalb ich hier sein muß. Erstmal habe ich elfeinhalb Jahre mit der Betreuung der KZ-Überlebenden zu tun gehabt, mit DP's, ›Displaced Persons‹; dann erschien mir die Arbeit meiner Frau hier sehr wichtig.

Die Entwicklung, daß nämlich sehr bald Nazis wieder in Positionen gekommen sind, die hing ja mit dem Kalten Krieg zusammen und mit der schnellen Rehabilitierung auch der großen Nazis. Dagegen mußte man halt ankämpfen. Meine Frau hatte da ja auch Möglichkeiten.

Meine Frau ist 1964 gestorben. Ich bin jetzt zum dritten Mal verheiratet. Meine erste Frau habe ich in Auschwitz verloren, die zweite eben 1964 an Krebs. Meine jetzige Frau ist Amerikanerin, die vorher mit einem deutschen halbjüdischen Mann – um die Naziterminologie zu gebrauchen – verheiratet war. Er ist auch an Krebs gestorben.

Seit ich meine Erinnerungen veröffentlicht habe, gehe ich in Schulen, Gymnasien, Universitäten, kirchliche Institutionen und halte Vorträge über meine Erfahrungen in diesen Lagern.

> Damals haben die jüdischen Institutionen im Ausland mit sehr gemischten Gefühlen den Wiederaufbau jüdischen Lebens in Deutschland beobachtet.

Ja. Die Bestrebungen waren, daß die Juden emigrieren sollen, daß sie sich hier nicht niederlassen sollen. Mein Fall war ja ein anderer, denn – wieder muß ich einen Naziterminus verwenden – ich war ja in einer ›Mischehe‹. Meine Frau war eine Deutsche und keine Jüdin. Sie war eine Atheistin, sie gehörte keiner Religion an, von Geburt auf Atheistin, aus einer sozialistischen Familie.

> Wieso ist die ›Mischehe‹ ein Grund gewesen, nicht aus Deutschland wegzugehen?

Es war der Glaube, daß meine Frau hier ein Betätigungsfeld hat und beim Aufbau der Demokratie mitwirken kann, was sie auch in großem Maße tat. Die Aussichten waren anfangs ja gar nicht so schlecht. Ich war eben der Meinung, daß nur Demokraten eine Demokratie aufbauen können.

> Haben Sie die großen Naziprozesse aus der Nähe verfolgt?

Sicher, ich war daran interessiert.

Ich war natürlich enttäuscht, daß man sich gegenseitig bescheinigt hat, daß – um es kurz zu sagen – zum Schluß eigentlich nur Adolf Hitler schuld war, und die anderen nur Befehle ausgeführt haben. Umso mehr hat mich der Widerstand beschäftigt, zum Beispiel der Botschafter in Dänemark, der Duckwitz, der die dänischen Juden gewarnt hat. Ich war ja auch mit Deutschen im Konzentrationslager. Das hat mich auch bewogen, umzudenken und von meinem Haß wegzukommen und nicht mehr zu sagen: Nie mehr Deutschland! Es waren ja eigentlich Deutsche, die am 22. März '33 als erste nach Dachau eingeliefert worden sind.

> Ist Ihnen jemals ein ehemaliger Peiniger über den Weg gelaufen?

Ja. Es war ein Wachmann, der aus Jugoslawien stammte, ein Volksdeutscher. Den hatte ich im Jahre 1947 von der Straßenbahn aus gesehen. Er stand am Marienplatz, im Zentrum Münchens. Ich konnte aber nicht mehr raus aus der Bahn. Ich lief dann von der nächsten Haltestelle, vom Stachus, zurück und bat den Schutzmann, ihn zu verhaften. Am nächsten Tag fand das amerikanische Schnellgericht statt. Der Richter hat gefragt: »Haben Sie gesehen, daß er jemanden erschlagen, erschossen hat?«

Sag ich: »Nein.«

»Hat er Sie mißhandelt?«

»Nein.«

Da war er frei. Er ist dann aus meinem Gesichtskreis verschwunden. Er ist weggezogen. Vorher stand er im Telefonbuch, dann nicht mehr.

> Haben Sie keine Lust gehabt, ihn
> zu erschießen?

Nein. Überhaupt nicht. Er hat mich nicht geschlagen, er hat
uns beim Kommando begleitet, das war bei der Nachtschicht.
Ich schieße nicht so schnell. Ich bin Humanist. Ich habe
noch nie jemanden getötet. Ist das nicht ein gutes Gefühl, einundsiebzig zu sein und noch nie jemanden getötet zu haben?

> Ich weiß es nicht.

Für mich ist es ein wunderbares Gefühl. Obwohl mir das
alles passiert ist. Und ich werde meine Haltung auch nicht
ändern. Es könnte sein, daß wenn jemand mit einem
Gewehr auf mich losgeht und mich erschießen will und ich
hätte auch eins, würde ich mich vielleicht wehren. Aber ich
würde nie jemanden erschießen. Haß ist aus meinem Voka-
bular gestrichen.

> Und auch damals im Lager hätten
> Sie nicht getötet, wenn Sie die
> Möglichkeit gehabt hätten?

Ich war viel zu ängstlich. Mir kam nie der Gedanke, jemanden
zu töten. Ich war kein Held. Meine einzige Heldentat war, daß
ich 1940 in einem Kurort in Mähren nach acht Uhr, das war
die Sperrstunde für Juden, fünf Tafeln mit zweisprachiger Aufschrift ›Für Juden nicht zugänglich‹ herausgerissen habe. Das
war eigentlich alles.

> Wenn Sie ein großer Held gewesen
> wären, wären Sie dann aus Deutsch-
> land nach 1945 weggegangen?

Das hat nichts mit Heldentum zu tun gehabt. Ich war ja nicht
mehr in Gefahr.

> Aber es wäre vielleicht schwierig
> gewesen wegzugehen, oder? Ihre
> Frau war doch Deutsche.

Naja, ich hatte ja mit dem Gedanken gespielt.
(*Herr Mannheimer sucht in Papieren und Photos herum*) Ich
habe sogar einmal Formulare für den Einwanderungsantrag

nach Amerika heimgebracht, und dann hat sie etwas gesagt, was nicht so unlogisch war. Sie hat gesagt – aus der damaligen Sicht, das war 1946: »In Amerika sind die Neger …«

(*Herr Mannheimer zeigt mir ein Photo*) … das war meine erste Frau, die in Auschwitz umgekommen ist …

… darf ich mir das Photo angucken?

Ja, ja, sicher. »… waren die Neger diejenigen, die dort hauptsächlich verfolgt wurden, und wenn es nicht die Neger sind, dann werden es die Juden sein.«

Wie haben Sie das Photo über die ganze Zeit retten können?

Das war versteckt. Ich habe eine uneheliche Tochter, bei ihr waren die Photos versteckt.

Und dann sagt sie: »Ich will hier beim Aufbau der Demokratie helfen.«

(*Herr Mannheimer sucht weiter in seinen Unterlagen*)

Welches andere Photo suchen Sie?

Das mit den fünf Tafeln. Ignorieren Sie, was ich hier mache! Fragen Sie weiter!

Hier, das ist meine Heimatstadt, 1931.

Das ist ja phantastisch, daß Sie diese ganzen Photos noch haben.

Mein Vater ist immer mit einem Pferd gefahren und hat Schokolade verkauft. Hier ist das Pferd, sehen Sie. Und das ist mein Vater. Hier ist meine Familie, nur dieser hat überlebt.

Ihre Eltern sind umgekommen?

Alles, alles, bis auf einen Bruder. Ich sage doch, nur dieser hat überlebt. Meine erste Frau ist auch umgekommen. Ich war nur vier Monate verheiratet.

Wie ist denn das für Sie, wenn Sie sich diese alten Photos anschauen?

Hier sehen Sie die Fußballmannschaft, das war eine Sensation, daß da ein Jude mitspielte.

Das war in einem Kurort.

Aha, hier habe ich das Photo. Ich habe es sogar ordentlich
… das gibts doch nicht. Hier, das war meine Heldentat!

Solch eine Tafel haben Sie herausgerissen?

Fünf Stück.

So, jetzt vergessen wir das, das war nur, damit Sie ein bißchen sehen.

Das ist in der Synagoge in Prag.

Das war mein Vater.

Ein schöner Mann.

Ja. Ja, aber ich habe ihn nur mit Glatze gekannt.

Aber Sie können das alles in meinen Erinnerungen lesen. Es
steht alles drin. Sie verlieren nur Zeit. Sie können das alles nachlesen.

Was gibt es denn, was da nicht steht?

Glauben Sie, ich weiß, was ich alles gesagt habe?

Soviel haben Sie schon erzählt.

Sagen Sie!

Ich habe eine Idee, Sie können sie verwerfen. Wenn Sie
noch Fragen haben: just write! Ich werde Ihnen die Frage dann
noch beantworten.

Noch eine Frage: Wie war es für
Sie, daß Sie dann noch ein Kind in
Deutschland bekommen haben?

Ein Kind. Sie meinen jetzt meine Tochter oder meinen Sohn?

Beide.

Meine Tochter ist ja in der Tschechoslowakei geboren.

Aber Ihre Kinder sind doch hier aufgewachsen.

Ich war im guten Glauben, daß sie in eine Demokratie hineinwachsen würden. Ich habe sie in diesem Sinne erzogen, was
auch gelungen ist. Da habe ich mir überhaupt keine besonde-
ren Gedanken gemacht.

Sind Ihre Kinder als Juden aufgewachsen?

Leider nein. Atheistisch. Aber beide fühlen sich zu Juden hingezogen, insbesondere durch die Aktivität meines Sohnes. Er befaßt sich sehr viel mit diesen Themen. Er schreibt Rezensionen über Paul Celan, Kafka, das sind seine Spezialthemen. Er studiert Literaturwissenschaften.

Was bedeutet es für Sie, viele Vorträge zu halten und Ihre Geschichte zu veröffentlichen?

Für mich ist die Bedeutung: Dort wo ich eingeladen werde, sehe ich eigentlich nur das Positive. Denn die Leute kommen freiwillig. Es ist kein Zwang. Ich werde von Geschichtslehrern oder Pfarrern in diese Schulen eingeladen. Nächste Woche gehe ich in eine Schule, da war ich bereits viermal. Die Diskussionen sind positiv, und die Schüler beschweren sich, daß zu wenig Zeit zur Verfügung steht. Ich bin auf meine neunzig Minuten beschränkt in den Schulen. Ich habe das jetzt schon so komprimiert, daß ich beim Münchner Abkommen beginne. Früher bin ich immer auf Abwege gegangen, man muß ja auch die Technik des Vortrags beherrschen. Ich beginne jetzt am 29. September 1938, Münchner Abkommen, und ende dann bei Auschwitz, Ankunft in Auschwitz. Und dann lasse ich Fragen stellen. Es kommt ja drauf an, daß die Leute fragen. Das macht mir viel Freude, weil ich glaube – und es ist vielleicht eine Überschätzung – ich glaube, daß ich jetzt etwas mache, an meinem Lebensabend – ich male außerdem, also ich habe mehrere solcher Hobbys – was einen Sinn hat, als Hysteriker, dieser Versprecher kommt immer, Historiker wollte ich sagen, als Zeitzeuge zu wirken. Ich komme dann auch auf Parallelen zu sprechen, die Republikaner und die Anfänge der Nazizeit. Eine Zeitlang sah das ja beängstigend aus. Heute ist das nicht mehr so aktuell.

Wenn Sie so viel darüber sprechen, nutzt sich Ihre Erinnerung nicht ab?

Anfangs war es schwer, sehr schwer. Manche Passagen konnte ich nur sehr schwer ablesen. Das war, als ich in die Drähte laufen wollte. Und dann, als mein Bruder Ernst am 7. März vergast wurde, als er weggeholt wurde. Diese Passagen konnte ich nicht ablesen. Bei meinem ersten Vortrag habe ich mit der Lehrerin vereinbart, daß sie die Passage liest. Und dann habe ich es immer mit Beruhigungstabletten gemacht. Heute brauche ich es nicht mehr.

Was mir heute noch sehr schwer fällt: Ich mache sehr viele Führungen mit internationalen Gruppen, ich spreche ja mehrere Sprachen, und die Krematorien in Dachau sind doch sehr schwer. Obwohl meine Eltern in Auschwitz-Birkenau umgekommen sind, ist diese Assoziation doch da, man kann es nicht ganz auslöschen. Und je nachdem wie es mir gerade geht, dann sehe ich, wenn ich gefährdet bin, und dann nehme ich eine Tablette. Ich versuche mir zu sagen, daß es ja um Geschichtsvermittlung aus erster Hand geht, ohne Emotionen zu zeigen.

Und jetzt bin ich so weit, daß mich manche Leute fragen, wie ich so emotionslos, ohne irgendwie bewegt zu sein, über diese Sachen spreche. Sie werden ja meine Erinnerungen lesen. Ich empfehle Ihnen, sie möglichst nicht am Abend zu lesen. Ich meine, es ist nicht so schlimm wie ein Science-Fiction-Film. Es sind ja Sachen, die bekannt sind, aber trotzdem: Jetzt kennen Sie mich, und Sie könnten Schwierigkeiten haben. Dabei beschreibe ich gar keine Grausamkeiten, ganz wenig, ich habe es eigentlich für meine Tochter geschrieben.

Das sollten Sie auch noch wissen. Ein halbes Jahr, nachdem ich meine Frau an Krebs verloren habe, wurde ich operiert. Das war eine Unterkieferoperation. Ich habe den Arzt nach dem histologischen Befund gefragt, ob das Krebs war. Alles sei in Ordnung, und er bringe mir den Befund. Und den hat er dreimal hintereinander vergessen. Und da habe ich gedacht, das ist diese barmherzige Lüge. Da mußte ich mich irgendwie betäuben. Ich dachte, daß meine siebzehnjährige Tochter gerade ihre Mutter verloren hat und jetzt auch noch den Vater. Und da habe ich gedacht, ich werde etwas aus meinem Leben schreiben.

> Was antworten Sie, wenn die Leute Sie fragen, wie Sie es schaffen, relativ emotionslos über Ihre Geschichte zu sprechen?

Ich sagte: Wie es drinnen aussieht, geht niemand etwas an. Jetzt hat sich eben auch eine gewisse Routine entwickelt und ein starker Wille, Emotionen nicht zu zeigen. Die Leute sollen durch den Inhalt meines Vortrags informiert werden und nicht abgelenkt sein durch irgendwelche emotionalen Regungen oder Ausbrüche, die sie bei mir beobachten könnten.

Ich mußte mir diese ganzen allgemeinen politischen Informationen über die Nazizeit erst aneignen. Ich bin nur auf eine Baumschule gegangen. Meine Universität war das Leben.

> Was für eine Universität! Waren Sie in Israel?

Ja, viermal. Meine Erinnerungen sind auch in Hebräisch erschienen.

Das erste Mal war ich 1969 dort. Da hat meine nichtjüdische Frau gesagt: »Ich möchte hier leben.«

Da habe ich gedacht, wenn meine nichtjüdische Frau sagt, sie will hier leben, dann kann ich doch als Jude nicht sagen, ich will nicht hier leben. Wir haben uns also bemüht. Sie ist hier zum Rebbe gegangen, weil sie zum Judentum übertreten wollte. Der wollte jetzt von mir, daß ich am Schabbat nicht arbeite, ich sollte in der Nähe der Synagoge wohnen usw. nicht? Ich habe mich schon gesehen mit Pejes und mit Bart. Es war also alles ziemlich kompliziert. Meine Frau hat sich gefragt, ob man die Trennung zwischen milchig und fleischig kontrollieren wird, und ich habe ihr dann gesagt, daß das Risiko bestehe.

Zuhause hatten wir blaue Töpfe für Milchiges und rote Töpfe für Fleischiges.

Kennen Sie das mit den vier Eisschränken?

> Nein.

Da wandert einer nach Israel ein. Wird er gefragt: wozu mit vier Eisschränken? Sagt er: einen für Milchiges, einer für Fleischiges, einer für Pessach. Fragt der andere: und wozu der vierte? Sagt er: Nu, was ist, wenn man will essen einmal *trejfe*?

Haben Sie nicht gekannt?

> Nein, habe ich nicht gekannt.

Nun ja, Sie sind noch jung. Sie werden noch viel lernen.

Gerd Lifschitz

geboren in Berlin
Jahrgang 1935
Wohnort: Berlin (West)

Ich möchte nicht, daß in dem Buch mein richtiger Name genannt wird. Es passieren so viele Einbrüche. Im Nachbarhaus wurde kürzlich eingebrochen, da haben sie zwei Wohnungen leergeräumt.

> Wir können Ihren Namen ändern.

Darauf lege ich Wert.

> Gut. Wir denken uns am Ende des Gesprächs ein Pseudonym aus.

Ich bin da sehr skeptisch, weil zuviel passiert. Und ich will Ihnen auch sagen: es gibt zuviele Neo-Nazis in Deutschland. Ich weiß nicht, ich bin hier schon angesprochen worden auf meinen Namen, der hängt unten am Briefkasten. Ein Mieter hat mich gefragt, ob ich jüdischen Glaubens wäre. Ich habe das bestätigt. So kommen die Leute drauf, wenn sie den Namen lesen.

> Wenn Sie jemand fragt: Sind Sie Jude? oder: Sind Sie jüdischen Glaubens?, ist Ihnen das unangenehm?

Nein, das ist mir nicht unangenehm, ich habe ja geantwortet. Obwohl ich vom ganzen Glauben nichts halte, weder von der einen noch der anderen Religion, weder von der, die ich in die Wiege gelegt bekommen habe, noch überhaupt der Glauben. Ich bin aber nach wie vor Mitglied der Jüdischen Gemeinde, aber, ich muß Ihnen sagen, von den religiösen Dingen halte ich absolut nichts. Das hat nichts mit dem jüdischen Glauben speziell zu tun, ich halte auch vom christlichen oder vom mohammedanischen Glauben nichts. Mich kann keine Bibel überzeugen und auch kein Koran. Und auch kein, kein ... wie heißt das bei uns?

Tora.

... auch keine Tora kann mich überzeugen. Vielleicht hat das etwas damit zu tun, daß meine Familie wirklich eine streng gläubige Familie war. Wir waren also sehr orthodox. Meine Mutter mußte zum Judentum übertreten, sonst hätte mein Vater gar nicht heiraten können. Wir haben einen kosheren Haushalt geführt mit zwei Küchen, also milchig und fleischig getrennt, so wie es sein mußte. Mein Vater war ein überzeugter Jude. Und dafür hat er sein Leben gelassen. Und da habe ich mich immer gefragt: »Wo bleibt denn da der liebe Gott? Wo bleibt denn die Gerechtigkeit?«

Die war ja nicht da! Sechs Millionen hat man vergast. Jeder hat zugeguckt, niemand hat etwas unternommen, und dann sollte ich noch gläubig werden? Da habe ich mir gesagt: »Nein, das wirst Du nicht!« Mich konnte keiner überzeugen, obwohl ich Bar Mitzwah geworden bin, auch das habe ich noch gemacht, aber dann habe ich entschieden: Schluß!

Wurden Sie nach dem Krieg Bar Mitzwah?

Ja. Zu Kriegsende war ich neuneinhalb Jahre alt. Bar Mitzwah wird man mit dreizehn.

Wie ist Ihr Vater umgekommen?

Das weiß ich nicht genau. Mein Vater ist im Oktober 1942 von Berlin deportiert worden mit unbekanntem Ziel gen Osten.

Schon 1933 mußte er seinen Job aufgeben.

Also, was ich Ihnen erzähle, weiß ich alles nur vom Hörensagen. Ist ja logisch. Ich bin '35 geboren, da war ich also 1933 nicht dabei. Ich weiß alles bröckchenweise von Verwandten, die übriggeblieben sind. Meine Mutter ist im Frühjahr 1942 verstorben, an einem Gallenleiden. Sie war ja der schützende Teil. Man hat zwar meiner Mutter ihr Gewerbe weggenommen, sie hatte so eine kleine Schneiderei, die hat man ihr weggenommen. Telefon durfte sie auch nicht mehr haben. Wir hatten eigentlich nichts. Mein Vater mußte Zwangsarbeit leisten, aber ich weiß jetzt nicht, wo.

Können Sie sich an Ihre Eltern
noch erinnern?

Nein, so gut wie nicht. Ich war noch nicht sieben Jahre alt, als
ich sie verloren habe, im November 1942 wäre ich sieben Jahre
alt geworden.

Da meine Mutter verstarb, galten wir nicht mehr als »Mischehe«. Nach den damaligen Gesetzen war ich nicht mehr Mischling
ersten Grades, sondern galt als Jude, und mein Vater sowieso. Ich bin zusammen mit meinem Vater abgeholt worden.

Und der Bruder meiner Mutter, also von der nichtjüdischen
Seite, der war hier bei der Deutschen Wehrmacht. Er war
Pilot. Er hatte die Brust voller Plaketten, also Auszeichnungen. Er hat es geschafft, mich innerhalb von drei Tagen aus
dem Sammellager in der Levetzowstraße herauszuholen. Berliner Juden kennen das, da war ein großer Tempel, den man zu
einem Lager gemacht hat.

Können Sie sich daran erinnern?

Daran nicht, aber an das zweite Mal noch so vage. Ich bin also
nach drei Tagen wieder rausgekommen. Mein Onkel hat mir
später erzählt, daß man zu ihm sagte, er solle seine arische Mutter hinschicken, wenn dieser Judenjunge dort entlassen wird.
Meine Großmutter wohnte auch in Berlin, in Berlin-Wilmers-
dorf, hat mich also da abgeholt, und ich blieb dann auch bei
ihr. Von meinem Vater haben wir nie wieder etwas gehört.

Vier Wochen später hat man mich wieder abgeholt. Ich
spielte in einem kleinen Park nicht weit von unserer Wohnung, und da standen zwei Kerle neben mir. Den Stern hatte
meine Großmutter in der Tasche. Den hat sie mir nie draufge-
macht. Mir wurde auch immer eingeprägt, ich hieße nicht
Gerd Lifschitz, sondern Gerd Schulz, denn Schulz, das ist der
Geburtsname meiner Mutter, der Name der »arischen« Seite
meiner Mutter, wie es damals hieß. Nun ja, ich wurde trotzdem wieder abgeholt.

Dann wurde ich gebracht nach Schönhausen. Ich weiß
nicht mehr, ob das ein Heim war oder eine Sammelstelle, aber
da sind viele Kinder gewesen, die übriggeblieben sind, jüdische Kinder. Von dort hat man uns ins jüdische Krankenhaus
gebracht. Das war allerdings kein jüdisches Krankenhaus

mehr in dem Sinne, das war von der SS übernommen worden. Und nach einem halben Jahr ist es wiederum meinem Onkel mütterlicherseits gelungen, mich da rauszuholen. Der hat es geschafft, mich da rauszuholen. Die Nazis haben ihm Schwierigkeiten gemacht, aber er war bei der Luftwaffe, »Frontkämpfer«, wie das damals so schön hieß, und hatte eben hohe Auszeichnungen, das Deutsche Kreuz in Gold. Er hat es geschafft aufgrund seines Mutes und aufgrund seiner Uniform, obwohl er nicht in der Partei war!

Dieser Kommissar, dieser Gestapo-Fritze, der mich freigelassen hat und dem man übrigens 1955 in Frankfurt den Prozeß gemacht hat, der hat zu ihm gesagt, wörtlich!: »Ihrer Schwester sollte man heute noch in den Arsch treten, daß sie eine solche Judensau geheiratet hat!«

Und mein Onkel hat dann gesagt, – und das glaube ich ihm, denn er war ein Draufgänger: »Sechs Schuß habe ich in meiner Pistole. Entweder der Junge kommt frei oder fünfe sind für Sie und einer ist für mich.«

Er hätte Schluß gemacht. Er war gegen das System, wenn er auch als Soldat kämpfte. Er hatte seine Arbeit im öffentlichen Dienst verloren, weil er als »jüdisch versippt« galt. Er hatte also schon einen ziemlichen Haß, und ich glaube, daß er es getan hätte. Auf jeden Fall bin ich freigelassen worden.

So. Nun hatten meine Großeltern mütterlicherseits nicht weit von Falkensee ein Grundstück, das lag später dann in der DDR. Man hat mich dorthin gebracht, und meine Großmutter ist bei mir geblieben.

Meine Großmutter hat keine Lebensmittelkarten mehr für mich geholt. Da stand ja immer drauf: »Jude«. Sie hat meinen Ausweis vergraben. Sie hat meine Papiere in einen Blechkasten gepackt und eingebuddelt in die Erde unseres Grundstücks.

Ich habe dann dort gelebt. Die Leute, die dort in der Siedlung lebten, wußten, wer ich war. Aber sie haben mich alle akzeptiert. Das waren Leute, die politisch gegen das Regime waren. Das waren Leute, die der SPD sehr nahe standen, auch der Kommunistischen Partei.

Mein Großvater hatte das Grundstück 1924 erworben. Ich habe jetzt kürzlich alle Unterlagen zusammengesucht, weil ich das Grundstück jetzt nach der Vereinigung wiederhaben möchte.

Damals wohnten dort kleine Handwerker. Viele von ihnen waren vorher in der sozialdemokratischen Partei gewesen. Auch mein Onkel, der mich gerettet hat, war SPD-Mitglied gewesen. Nach dem Krieg ist er gleich wieder in die SPD gegangen. Auf berlinerisch würde man sagen: »Meine Mutter kommt aus einer stinkigen SPD-Familie.« Das sagt man so. Sonst hätten die das ja auch nie zugelassen, daß meine Mutter einen Juden heiratet. Die Einstellung der Familie war hundertprozentig dafür. Denen war das egal, ob mein Vater Jude war oder nicht.

Ich konnte auf diesem Grundstück also unbehelligt leben, mit meiner Großmutter, immer unter dem Namen Schulz. Wir hatten natürlich keine Lebensmittelkarten, keinen Ausweis, ich war ja nicht mehr da!

Sind Sie zur Schule gegangen?

Nein. Das war ein Handikap, daß ich nicht zur Schule gehen konnte.

Wir hatten einen Nachbarn, das war ein Edel-Kommunist, der hatte einen Milchladen. Er hat mich unterstützt. Alles, was nicht auf unserem Grundstück gewachsen ist, haben wir über ihn bekommen. Er hat geschoben, daß die Schwarte krachte. Es wurde überhaupt nur hin- und hergeschoben. Ich habe ihm sehr viel zu verdanken, denn bei uns im Garten gab es nur Obst und Gemüse. Ihm wollte man dann den Laden wegnehmen, das weiß ich auch, und er ist daraufhin in die Partei eingetreten, es blieb ihm nichts anderes übrig. Er hat mich aber weiter unterstützt, und war nie von diesem Regime überzeugt. Und für mich war das überlebenswichtig, daß der Mann so entschieden hat, denn hätte er den Laden aufgegeben, hätte ich nichts mehr gehabt.

Wir haben dort bis Kriegsende gewohnt.

Können Sie sich an das Kriegsende erinnern? Haben Sie Bombardierungen erlebt?

An das Kriegsende kann ich mich schon erinnern. Unsere Siedlung wurde zum Glück von Bombardierungen verschont. Wir haben immer nur von weitem gesehen, daß Bomben einschlugen. Wir haben auch die Dunstwolken über Berlin gesehen, und nachts sah man roten Feuerschein.

Dieser Nachbar von uns hatte einen Enkel, der war ein halbes Jahr älter als ich. Er ging zur Schule. Und da hat mir dieser Nachbar – ich habe immer Opa zu ihm gesagt –, er hat also gesagt: »Du wirst immer mit Willi zusammen Schularbeiten machen! Dann lernst Du das! Da lernst Du lesen, schreiben und rechnen.«

Und so habe ich das gelernt. Als der Krieg zu Ende war, konnte ich ganz gut lesen, ganz gut schreiben und ganz gut rechnen. Wenn der von der Schule kam und mußte seine Schulaufgaben machen, da machte ich eben mit. Als der Krieg zu Ende war, bin ich gleich in die dritte Klasse gegangen.

Nach dem Krieg sind wir wieder nach Wilmersdorf gezogen. Die Wohnung meiner Großmutter war noch da. Das Haus ist stehengeblieben.

Die Geschwister meines Vaters, er hatte neun oder zehn, waren teilweise aus Deutschland emigriert, nach Shanghai, nach Frankreich, einer ist nach Israel gegangen – also damals noch Palästina –, und die haben sich nach dem Krieg gemeldet. Sie haben an die Adresse meiner Großmutter geschrieben, um herauszufinden, was aus meinem Vater Leo, aus Else, also meiner Mutter, und dem Jungen geworden. Wir haben natürlich geantwortet, das war im Jahr 1946. Die Geschwister meines Vaters, die nach Shanghai gegangen waren, waren in der Zwischenzeit nach Amerika gegangen, und sie haben uns dann weitgehend unterstützt. Die haben uns Freßpakete geschickt, Spielsachen, Kleidung, sie haben alles geschickt, was ich nur brauchte. Dazu kam die Unterstützung, die man seinerzeit über den »Joint« bekommen hat. Mein Onkel in Paris hat mir öfter Dollar geschickt, damals konnte man auf dem Schwarzmarkt mit Dollar alles kaufen, was man wollte. Und das habe ich dann auch gemacht. Man war ja recht pfiffig. Wenn man nur Zigaretten gekriegt hat, hat man die gekauft, und sie dann gegen Brot oder andere Sachen, die man nicht aus Amerika bekam, eingetauscht. Aus Amerika haben sie sogar Dauerwurst geschickt, die war so hart, wenn man sie auf den Tisch geschlagen hätte, wäre nicht die Wurst, sondern der Tisch entzwei gegangen.

Waren Sie der einzige Sproß des jüdischen Teils Ihrer Familie, der

nach dem Krieg in Deutschland lebte?

Ja, der einzige.

Und doch sind Sie dann 1948 Bar
Mitzwah geworden. In welchem
Rahmen?

Das will ich Ihnen sagen: als der Krieg zu Ende war, sind wir
zu Fuß nach Wilmersdorf gelaufen, es fuhr ja noch nichts.
Und die Schwierigkeit war: ich war ja nicht mehr da! Ich existierte ja nicht mehr! Meine Großmutter ist dann mit mir zur
Polizei gegangen, ich mußte ja irgendwo wieder Gerd Lifschitz sein, ich galt ja als Schulz. Ich mußte mich erstmal
umstellen, meine Großmutter hat mir erklärt, wie sich das mit
den Namen verhielt, und warum ich nicht mehr Schulz heiße.
Die Polizei wußte nicht so recht, was sie von der Sache zu halten hatten, aber wir hatten ja die Geburtsurkunde …

… die in der Blechdose …

… ja, die in der Blechdose, da war die Geburtsurkunde und das
Stammbuch drin. Wir mußten zur englischen Kommandatur
gehen, und dann habe ich eine Einbürgerung – so kann man
das vielleicht nennen – bekommen. Ich bin wieder aktenkun-
dig geworden als deutscher Staatsangehöriger. Meine Großmutter hat die Vormundschaft für mich bekommen.
   Es gab hier dann auch wieder eine jüdische Gemeinde, und
da bin ich auch erfaßt worden. Es gab Religionsunterricht,
eine jüdische Jugendgruppe, wo man dabei war.

Wer hat Sie denn dahin gebracht?

Meine Großmutter.

Also, sie hat das unterstützt.

Ja, das hat alles meine Großmutter gemacht, die Mutter meiner Mutter. Die Familie meines Vaters hat sich auch um mich
gekümmert. Die in Amerika wollten, daß ich zu ihnen
komme und Deutschland verlasse.
   Das habe ich nicht getan. Dafür mußte man auch Verständnis haben. Meine Großmutter!, sie war für mich mein

Ein und Alles. Meine Mutter kannte ich nicht richtig, meinen Vater auch nicht so. Also, meine Großmutter war mein Ein und Alles, und die hätte ich nie verlassen. Ich hätte es nicht über das Herz gebracht, nach Amerika zu gehen. Ich hatte ihr ja so viel zu verdanken. Die Frau hat Mut bewiesen, wenn das rausgekommen wäre, dann wäre sie genauso ins KZ gewandert wie ich auch. Ich habe sie geliebt über alles, ich hätte sie nie verlassen, und deshalb bin ich in Deutschland geblieben. Und nun mußte ich mich also mit den Leuten arrangieren. Meine ganzen Schulkameraden, meine ganzen Freunde, es waren ja alles Deutsche. Aber diese Kinder waren ja nicht verantwortlich für das, was geschehen war.

Man war innerlich irgendwie damit beschäftigt, was passiert war. Das große Amerika hat gelockt, aber auf der anderen Seite war die Großmutter. Ich konnte nun auch kein Englisch, und dann bin ich eben geblieben. Und je länger man hier war, hat man sich – ja wie soll ich sagen? reingefunden. Man hat sich engagiert. Und eines Tages war es so, 1952, daß ich eine Lehrstelle bei einer Bank bekommen habe. Seinerzeit hatte man die »Jüdische Bank« gegründet. Das lief aber nicht so, – der Name! Die ältere Generation ist nicht zu einer »Jüdischen Bank« gegangen. Ich bin dann zur Börse gegangen, habe meinen Börsenhändler gemacht und später als Vermögensberater gearbeitet.

Hatten Sie Kontakt zum Beispiel
zu Ihrem Onkel in Paris?

Ja. Zu dem habe ich Kontakt im Jahre 1955 aufgenommen, als ich genau zwanzig Jahre alt war. Da bin ich das erste Mal nach Paris gefahren. Von da an bis zu seinem Todestag – das war 1978 – war ich zwei-, dreimal im Jahr in Paris. Er war Makler, hatte ein Büro mit ein paar Angestellten und hat an der Börse gehandelt, nicht mit Aktien, aber mit Gold und Devisen. Das war so ein bißchen meine Welt, und ich sollte den Laden auch übernehmen. Bloß war ich zu blöd, richtig französisch zu lernen. Ich war jung, ich war faul.

Aber um noch einmal auf Ihre Frage zurückzukommen: Für die Bar Mitzwah bin ich hier zum jüdischen Religionsunterricht gegangen. Wir waren die ersten dreizehn Jungen, die nach dem Krieg hier in Berlin Bar Mitzwah wurden. Das war 1948 hier in Berlin. Vorher waren es nur einzelne gewesen.

> Sind diese Jungen in Deutschland geblieben?

Von einem weiß ich, daß er noch in Berlin lebt. Einer lebt in Mainz, er ist mit einer Jüdin verheiratet. Wo die anderen abgeblieben sind, weiß ich nicht. Ein paar sind wohl ausgewandert. Die Kontakte haben sich verloren, wir wurden älter und gingen eben nicht mehr in eine Jugendgruppe.

Meine Großmutter ist 1952 verstorben. das war schlimm, sehr schlimm. Das hat mich mehr getroffen – auch wenn das jetzt merkwürdig klingt – als der Tod meiner Eltern. Den hatte ich nicht so bewußt mitbekommen.

> Da waren Sie noch kleiner.

Eben. Die Großmutter war die Bezugsperson. Und als die nun nicht mehr war, das war furchtbar. Ich habe geweint, geflucht, ich war tagelang ungenießbar, nicht ansprechbar. Obwohl ich sagen muß, daß ich Ende der vierziger Jahre, als ich noch zur Schule ging, mir manchmal auch gewünscht habe, Vati oder Mutti sagen zu können, vor allem, wenn Elternabend war. Bei mir kam dann eben »nur« die Großmutter. Aber meine Großmutter, also ich habe sie Oma genannt, war trotzdem das Ein und Alles.

Ich bin dann zu meinem Onkel gekommen, dem, der mich gerettet hatte. Er war in russischer Kriegsgefangenschaft gewesen und ist erst 1948 zurückgekehrt. Er ist wieder in sein Amt eingesetzt worden im öffentlichen Dienst. Er war stellvertretender Forstamtsleiter. Ihm ging es ganz gut. Ich bin also 1952 zu ihm gezogen und seiner Frau, und er hat auch die Vormundschaft bekommen. Bis 1962 habe ich bei Ihnen gelebt.

Ende 1962 habe ich geheiratet. Keine Jüdin. Es gab kaum welche. Ich hatte mal ein jüdische Freundin gehabt, aber man konnte ja nicht eine Frau heiraten, nur weil sie Jüdin war. Es mußte ja auch alles andere stimmen. Man kann ja nicht nur heiraten, weil man sagt: »Weil ich Jude bin, muß ich auch eine Jüdin heiraten.«

Das gab es für mich nicht, das habe ich abgelehnt. Man kann nur jemanden heiraten und zusammen durch dick und dünn gehen, durch gute und schlechte, oder schlechte und gute Zeiten, wenn man diesen Menschen – ich will nicht unbedingt sagen: lieben, das ist relativ –, wenn man zu diesem Menschen nicht paßt. Offensichtlich habe ich die richtige Wahl getroffen, denn ich bin immer noch mit ein und derselben Frau verheiratet. Sie ist keine Jüdin, aber es hat uns eben nichts ausgemacht. Die einzige Frage, die uns immer beschäftigt hatte: was machen wir eigentlich, wenn Kinder kommen? Und so hart, wie es jetzt vielleicht klingen wird: Wir hatten uns dann so geeinigt: wird es ein Junge, dann behält er den Namen Lifschitz und wird als Jude erzogen – so weit es uns möglich ist –, und wenn es ein Mädchen wird, dann wird es protestantisch. Und wenn ich sage: hart klingen, dann meine ich, daß ich im Stillen immer gehofft habe, daß wir keine Kinder kriegen, und wir haben auch keine gekriegt. Also, es sollte wahrscheinlich so sein. Wir haben keine Kinder gekriegt. Meine Frau hat niemals Verhütungsmittel genommen. Meine Frau war gegen die Antibabypille. Aber wir haben eben keine Kinder bekommen, und vielleicht sollte das so sein. Es war eben höhere Bestimmung.

> Sie haben gesagt, Sie seien immer noch Mitglied der Jüdischen Gemeinde. Wenn Sie mit hundertzwanzig sterben, legen Sie sich dann auf den jüdischen Friedhof?

Wissen Sie, bislang habe ich mich noch nicht so großartig damit beschäftigt.

Das ist ein Problem, denn meine Frau würde auf einem jüdischen Friedhof nicht beerdigt werden können. Ich glaube, so tolerant ist man nicht.

Ich möchte aber nicht, daß meine Frau auf Friedhof x und ich auf Friedhof y liege. Das würde ich nicht machen. Wenn man nicht so tolerant ist, soll – das sage ich ehrlich – meine Frau mich auf einem städtischen Friedhof begraben, wenn ich der Erste bin, und umgedreht ist es genauso, dann wird meine Frau auf dem städtischen Friedhof beerdigt, und wenn ich so weit bin, daß ich abtreten muß, lege ich mich daneben. Meine Frau war immer tolerant meiner Religion gegenüber. Da kann ich umgedreht ja auch nicht meiner Frau sagen: »Die

Religion schreibt vor, daß nur ein Jude auf dem jüdischen Friedhof liegen darf und niemand sonst.« Da verzichte ich doch lieber drauf. Mir ist das sowieso schnurzpiepegal. Von mir aus kann man mich in einen Persilkarton packen, ich merke davon sowieso nichts mehr. Ich würde das nicht machen, – daß mich nachher eine Religion trennt? Nein. Mich hat bisher kein Regime trennen können, glücklicherweise haben wir sowas nicht wieder bekommen, und ich hoffe, daß wir nie wieder bekommen, was wir hier mal hatten. Und ich lasse mich auch durch keine Religion trennen von meinem Partner, nur weil er die Religion nicht hat. Ich habe meine Frau nicht gezwungen, ich habe sie gefragt, ob sie bereit wäre, zum Judentum überzutreten. Da hat sie zu mir gesagt: »Wenn Du das möchtest, würde ich das tun.«

Das haben wir vor der Heirat abgeklärt.

Da habe ich gesagt: »Ich bin nicht überzeugt von Religion. Von keiner. Also, wenn Du nicht willst, brauchst Du das nicht zu tun. Ich trete auch nicht zu Deiner Religion über.«

Und dann war die Sache erledigt.

Sind Sie jemals nach Israel gefahren?

Nein. Ich kann Ihnen sagen, warum ich noch nicht in Israel war: Das hat nichts damit zu tun, daß ich gegen Israel wäre oder mich da nicht hintraue, weil die Luft – wie man so schön sagt – ein bißchen bleihaltig ist. Das hat damit nichts zu tun. Lediglich war ich noch nicht in Israel, weil man dort nicht mit dem Auto hinkommt. Ich habe eine furchtbare Angst vor der Fliegerei. Ich steige also nicht freiwillig in ein Flugzeug. Ich mußte manchmal aus beruflichen Gründen fliegen – eine Katastrophe!

Nach Israel kann man mit dem Boot fahren.

Nun ja, das ist aber sehr umständlich, es ist ein bißchen weit.

Aber vielleicht mache ich es irgendwann noch mal.

Aber nicht mit dem Flugzeug. Ich war auch nicht bei meiner amerikanischen Verwandtschaft. Meine Frau war da! Sie war in New York, sie sind zusammen nach New Jersey gefahren, sie sind zusammen in die Karibik geflogen – ich nicht! Ich hatte schon immer Moire, wenn ich nach Frankfurt oder nach

München zu einer Besprechung fliegen mußte. Ich habe mir oft einen Tag Urlaub genommen, um mit dem Auto fahren zu können. Auch nach Paris bin ich meistens mit dem Auto gefahren.

Ich fühle mich aber sehr solidarisch mit Israel. Ich habe mich unwahrscheinlich darüber aufgeregt, daß sie Saddam Hussein in Amt und Würden gelassen haben, statt ihn am nächsten Baum aufzuhängen. Ich muß Ihnen sagen: je mehr sich die Araber, die Korangläubigen, untereinander die Köpfe einschlagen, desto besser ist das für Israel, und für einige andere Staaten auch. Ich sehe das auch nicht so wie viele Israelis, die sagen, man sollte mehr Kompromisse machen. Nix! Wenn die Palästinenser einen Staat haben wollen, dann sollen sie zu König Hussein von Jordanien gehen. Dort sind sowieso schon sechzig Prozent der Bevölkerung Palästinenser, und dann sollen sie ihren Staat dort machen. Aber nicht in Israel. Und nicht in den Gebieten, wo Israel heute drin ist. Man sagt immer: die »besetzten« Gebiete. Wieso besetzt? Sie haben die Gebiete erobert! Ich habe immer zu denen, die verurteilt haben, daß die Israelis besetzte Gebiete haben, gesagt: »Ja, warum geht ihr denn nicht hier hinter die Mauer und beschwert Euch? Der Russe besetzt das Land schon vierzig Jahre lang! Und kein Mensch regt sich darüber auf! Kein Mensch redet mehr darüber. Das sind vollendete Tatsachen. Es gibt eine BRD und eine DDR. Die DDR ist aber vom Russen besetzt! Warum regt Ihr Euch also darüber auf, daß die Israelis nun was besetzen? Die haben doch den Krieg nicht angefangen.«

Ich habe auch immer gesagt, daß wir uns hier in Deutschland auch nicht aufregen können. Der Russe ist doch nicht zu uns gekommen! Sie haben ihn doch geholt mit diesem nationalsozialistischen Wahn, den die Deutschen hatten. Und die Palästinenser wollen Israel zerschlagen, sie wollten doch die Juden »ins Meer treiben«. Das ging nun nicht, weil die Israelis tüchtig sind. Nun müssen sie die Konsequenzen tragen. Ich würde nicht einen Zentimeter zurückgehen, wenn ich Israeli wäre.

Um noch einmal auf Deutschland zurückzukommen: Wenn man sich

> Ihre Geschichte betrachtet, kann man sagen, daß Sie mit nichtjüdischen Deutschen sehr gute Erfahrungen gemacht haben. Ihnen ist in der Nazi-Zeit sehr viel Hilfe und Solidarität entgegengebracht worden.

Ja. Das sage ich ganz offen und ehrlich. Wenn die Leute nicht gewesen wären, dann würde ich heute nicht hier sitzen. Es waren alles Deutsche, die mir geholfen haben, angefangen von meiner Großmutter über meinen Onkel bis zu den Nachbarn da draußen in der Siedlung.

Gitta Guttmann

geboren in Piotrkow-Tribunalski/Polen
Jahrgang 1923
Wohnort: Frankfurt am Main

> Es hat etwas gedauert, bis wir uns treffen konnten.

Ja, während des Golf-Krieges war man doch ein bißchen durcheinander, so daß man einfach nicht fähig war, die Gedanken zu ordnen, um mit jemandem ein Gespräch zu führen. Und jetzt geht es ja weiter, es ist noch nicht ausgestanden. Die Briefe, die ich aus Israel bekomme, sind nicht sehr erfreulich. Sie kennen ja selbst die Situation, es ist nicht eine Geldfrage. Es ist eine Frage der Arbeitsplatzbeschaffung für die Leute und von Wohnungen.

> Für die sowjetischen Juden?

Für die sowjetischen Juden. Es kommen in erster Linie Leute aus Sowjet-Rußland, aus Albanien und aus Äthiopien nach Israel. Ich konnte Sie nicht eher empfangen, weil ich einfach keinen Kopf dafür hatte, jeden Tag die Anrufe, man bangt auch um die Familie, die dort ist, und da verstehen Sie, daß man sich nicht konzentrieren kann. Auch heute werde ich mich nicht so konzentrieren können, denn es geht schon wieder den ganzen Tag. Heute haben wir Wahlen in der Loge, ich bin in der Wahl-Kommission. Ich habe mich aufstellen lassen, weil ich nicht kandidieren wollte, die Leute in der Wahl-Kommission sind nicht wählbar *(lacht)*. Ich bin in der WIZO sehr aktiv, ich bin auch im Gemeinderat, und man kann nicht auf allen Hochzeiten tanzen. Man muß eine Sache machen, aber die dann richtig, und sich nicht verzetteln, das ist mein Standpunkt. Sie wissen das schon, daß ich alleinstehend bin, ich habe keinen Mann, und ich muß auch ein bißchen für meine Familie sorgen.

Ich tue was ich kann, am dringendsten ist im Augenblick die Hilfe für die sowjetischen Juden, die hier in Frankfurt sind.

Es geht nicht um finanzielle Hilfe, man muß denen helfen sich einzugliedern, sie irgendwie in die Gesellschaft aufzunehmen, damit sie nicht wie ein Fremdkörper wirken. Aber sie kommen sich so vor.

Sprechen Sie Russisch?

Ja, ich war während des Krieges in Rußland. Ich habe dort mein Studium begonnen, beendet habe ich es nach dem Krieg in München. Als ich mein Examen hatte, war ich fest entschlossen auszuwandern.

In welchem Jahr war das?

Die Auswanderung stand mir bevor im Jahre 49/50. Das dauert immer, diese Prozedur. Mein Gott, ich war damals schon in der Funkkaserne. Das wird Ihnen kein Begriff sein. Das war ein Durchgangslager für die Auswanderer. Ich mußte einen anderen Beruf angeben als Ärztin, weil die Ärztequote geschlossen war. Aber das ist jetzt unwichtig. Es war alles erledigt beim Konsulat. Dann habe ich meinen Mann kennengelernt, und der war nicht registriert. Er hatte vorgehabt, nach Israel zu gehen. Die Auswanderung ist dann daran gescheitert, daß wir seine Mutter nicht mitnehmen konnten, und mein Mann wollte seine Mutter nicht allein lassen, was ich auch sehr gut verstehen konnte. So sind wir hier hängen geblieben. Es hat damals geheißen: ›Für eine gewisse Zeit‹. Dann habe ich ein Kind bekommen, das Kind war krank. Da konnten wir wieder nicht weg. Dann habe ich das zweite Kind bekommen. Und dann hat es geheißen: ›Wenn das Kind in die Schule kommt, also dann ist es aus, dann wandern wir bestimmt aus!‹ Aber es hat sich eben anders ergeben. Es gab finanzielle Schwierigkeiten. Mein Mann war Architekt von Beruf. Er hat sich langsam hier etabliert. Er war ein sehr bekannter Synagogenbauer. Und so sind wir eben hier sitzengeblieben und haben versucht, das Beste daraus zu machen, indem wir den Dialog mit unseren nichtjüdischen Mitbürgern gesucht haben. Mein Mann hatte mit Christen viel beruflich zu tun. Er hatte im Büro nur Christen beschäftigt, nicht, weil wir keine Juden haben wollten, es gab damals einfach keine jüdischen technischen Zeichner oder Architekten, die schon so weit waren, daß sie arbeiten konnten. Sie waren noch im Studium. Ich habe meinen Mann in seiner Arbeit unterstützt. Da mein Kind krank war, konnte ich selber nicht berufstätig sein, sondern habe mich dem Kind gewidmet. Ich bin also mit den Leuten auch in Berührung gekommen.

Eine Episode ist mir ganz besonders in Erinnerung geblieben. Mein Mann hat das erste jüdische Kinderheim in Wembach gebaut, die Einweihung war im Jahre 1956. Das war ein Umbau. Und da gibt es doch normalerweise kein Richtfest, es gibt keine Einweihung in dem Sinne, zumindest nicht für die Handwerker. Ich empfand das als Ungerechtigkeit, daß man da nicht für die Leute etwas ausrichtete. Sie wissen doch nicht, was das bedeutet, für eine jüdische Institution zu arbeiten. Jeder hat eine andere Meinung, und das alles unter einen Hut zu bringen, dauert eine gewisse Zeit. Es war aber ein Termin festgesetzt für die Einweihung, die Arbeit mußte also fertiggestellt sein. Ich habe die Leute so weit gebracht, ich habe sie bearbeitet, daß sie Tag und Nacht gearbeitet haben. Und wir haben dann bei der Zentralwohlfahrtsstelle, die der Bauherr war, bewirkt, daß sie für die Handwerker ein Fest gemacht haben. Und da kam ein junger Mann auf mich zu, der war Elektriker, ich weiß heute noch den Namen, Zimmermann hieß er, und da sagt er:

»Wissen Sie, ich war bei der Hitlerjugend, ich habe immer eine ganz andere Meinung von Juden gehabt, das wurde uns eingebleut, und seit ich mit Ihrem Mann hier zusammenarbeite, muß ich meine ganze Weltanschauung ändern. Ich sehe, daß Juden anders sind. Das sind keine Parasiten.«

Das war ja, was den Leuten während der Hitler-Zeit eingebleut wurde.

Mir hat das damals mehr gegeben als die ganze christlich-jüdische Zusammenarbeit. Dieses Alltagsleben, das Arbeiten mit den Leuten Tag und Nacht, an einem Strick ziehen, das hat wirklich sehr viel bewirkt. Es ging so weit, daß der Priester in der Kirche gepredigt hat: »Es mußte ein Jude kommen aus Frankfurt, um die Leute hier zum Arbeiten zu bringen und sie alle unter einen Hut zu bringen!«

Wir haben uns phantastisch mit den Leuten verstanden. Man muß auch mit Leuten reden können. Und so ging das später weiter. Wenn dann Leute kamen, die gleich sagten: »Ach, wie wir den Juden geholfen haben!«, also die waren gleich abgeschrieben.

Man mußte die Leute ein bißchen durchleuchten, wenn man einen Auftrag bekommen hat. Es ließ sich natürlich nicht vermeiden, daß man auch mal für solche Firmen gearbeitet hat, die vielleicht einmal gegen Juden während des Krieges gehandelt haben. Es ging ja nicht soweit, daß wir immer Recherchen anstellen konnten. Der Bauherr hat ja auch mitzureden, wenn es um die Auswahl einer Firma geht. Aber wir haben schon ein bißchen aufgepaßt, daß wir Leute hatten, die sich einigermaßen nicht zuviel haben zuschulden kommen lassen.

Beide waren wir immer gesellschaftlich tätig, als wir nach Frankfurt gekommen sind. Wir haben einen jüdischen Club gegründet. Das war also rein jüdisch, weil wir gesagt haben, okay, wir sind die ganze Woche beruflich mit Christen, und einmal muß man sich aussprechen, auch darüber, was sich in Israel tut.

> Sie haben eben gesagt, daß Sie 1946 ...

... ich hätte es nie für möglich gehalten, daß ich hier bleiben würde ...

> Sie haben sogar gesagt, daß, wenn Ihnen damals jemand gesagt hätte: »Im Jahre 1991 wirst Du hier leben«, Sie sich die Augen ausgekratzt hätten.

Ich hätte wirklich mit großer Empörung darauf reagiert, weil ich fest entschlossen war, Deutschland zu verlassen. Es war für mich eine Selbstverständlichkeit, nach all dem, was passiert ist, daß ich hier in Deutschland nicht leben werde.

> Wo sind Sie geboren?

Ich bin in Polen geboren und dort aufgewachsen, in Piotrkow-Tribunalski, das ist nicht weit von Lodz, so fünfzig Kilometer entfernt. Ich habe zuhause bereits Deutsch gelernt. Wir haben Polnisch, Deutsch und Jiddisch gesprochen. Also, die erste Fremdsprache in der Schule war Deutsch. Man konnte wählen. Ich bin dann vor den Nazis nach Rußland geflüchtet und habe mein Studium dort fortgesetzt.

> In welchen Jahr war das?

Ich bin ziemlich spät nach Rußland gekommen. 1940.

Zusammen mit Ihren Eltern?

Nein, allein. Ich war allein. Wir wurden getrennt. Mein Vater ist umgekommen, meine Mutter ist durchgekommen, wir haben uns nach dem Krieg wiedergefunden.

Wo ist Ihr Vater umgekommen?

Wenn ich das genau wüßte. Genau weiß ich es bis heute nicht. Aber er ist im Lager umgekommen. Ich habe sehr viele Recherchen angestellt. Es sind nur ganz wenige meiner Familie am Leben geblieben. Wir waren eine sehr große Familie. Mein Vater hatte sieben Geschwister, die Mama sechs. Und überlebt hat ein Bruder meiner Mutter und von Vaters Seite niemand.

Wie hat Ihre Mutter überlebt?

Meine Mutter war im Lager. Aber ich möchte das nicht alles aufwühlen. Wir haben uns dann nach dem Krieg wiedergetroffen. Wir sind im DP-Lager Weilheim gewesen, das ist in Oberbayern.

Wie sind Sie von Rußland dorthin gelangt?

Es kam ja dann die Befreiung. Wie alle anderen auch bin ich befreit worden.

Befreit worden? Waren Sie auch im Lager?

Doch schon, ich war in der Taiga, in Sibirien, wieso nicht?

Wieso waren Sie in Sibirien?

Man hat die Flüchtlinge aus Polen verschickt, und ich war darunter. Man hat mich aus der Schule genommen, in einen Viehwagen verfrachtet und verschickt. Aber trotzdem muß ich noch dankbar sein, denn mir hat nie gedroht, daß ich mein Leben verliere.

Ab 1944 konnte ich dann mein Studium fortsetzen. Und später konnte ich nach Deutschland fahren. Ich bin allerdings zuerst nach Polen gefahren, und von dort bin ich hierher. Ich bin aus Rußland weg, um meine Familie zu suchen, ganz einfach. Ich hatte auch keine Lust, in Rußland zu bleiben, meine Erfahrungen waren zur damaligen Zeit nicht die besten.

Wie war es in Polen?

Das war eine ganz schlimme Erfahrung. Das einzig Gute war, daß ich meine Mutter gefunden habe. Das war ein großes Glück. Aber ich bin in der Stadt, in Piotrkow, herumgegangen wie auf einem Friedhof. Ich habe niemanden gefunden. Aber jedes Haus hat mich an jemanden erinnert, an eine Tante, an einen Onkel, an den Großvater oder an einen angeheirateten Cousin. Es war nichts da. Es war für mich ein großer Friedhof. Ich bin danach so krank geworden! Ohne daß ich irgendwelche Symptome gehabt hätte wie Fieber oder so etwas. Es war eine rein seelische Erkrankung. Ich war wochenlang krank, ich konnte überhaupt nicht fassen, was da passiert ist. Ich mußte erst wieder zu mir kommen. In Lodz habe ich Schulfreunde wiedergetroffen. Ich bin nämlich nach Lodz gefahren, und auf der Fahrt habe ich im Zug ganz böse Erfahrungen gemacht. Die Leute im Abteil hatten nicht erkannt, daß ich Jüdin bin. Und da ist also ein Jude eingestiegen, und da sagt einer:

»Also, Juden schmeißen wir einfach aus dem Zug raus.«

Und offensichtlich habe ich ein Gesicht gemacht, das Bände gesprochen hat. Da sagt er:

»Sie scheinen sich zu wundern. Sie vergessen wohl, daß wir die ganzen Jahre keine Juden mehr gesehen haben. Wir sind an so was nicht mehr gewöhnt. Die gehören nicht hierher.«

Ich habe ganz still gehalten, weil ich dachte, wenn ich etwas sage, schmeißen sie mich aus dem Zug raus. Sie können sich vorstellen, wie es in mir ausgesehen hat. Ich habe mir gesagt: Dazu hast Du den Krieg überlebt, kommst hierher, um das zu hören?

Ich habe dann eine Freundin von mir aufgesucht, eine enge Freundin, und ihre erste Reaktion war: »Bitte nenne mich nicht bei meinem richtigen Namen, man kennt mich jetzt unter einem anderen Namen. Die wissen nicht, daß ich Jüdin bin.«

Das war im Jahre '46.

Verstehen Sie, was das bedeutet?

Also, es war für mich ein schrecklicher Schock.

Ich bin gewandert von einer Adresse zur anderen. Habe alles abgeklappert. Ich habe versucht, auf die Universität in Lodz zu kommen. Es ist aber anders gekommen, als ich gedacht hatte. Ich bin jemandem begegnet, der aus Israel damals kam. Er sagte, er könne mir dazu verhelfen, daß ich aus Polen wegkomme und nach Israel auswandere. Da meine Mutter krank war, sagte er: »Du mußt aber über Deutschland gehen. Es gibt keinen anderen Weg.«

Sag ich: »Gut, ich nehme alles in Kauf.«

Und da sind wir nach Deutschland gekommen, in das DP-Lager Weilheim in Oberbayern.

> Gab es damals tatsächlich keinen anderen Weg als über Deutschland?

Er hat mir damals gesagt, es gäbe zwar andere Wege, aber die z.B., die damals über Zypern gegangen sind, wurden dort verhaftet. Es war aber sowieso unmöglich, mit meiner kranken Mutter so eine lange Reise zu machen. Sie war ein Wrack. Ein menschliches Wrack, das ich erst aufmöbeln mußte. Deswegen war es völlig unmöglich, so eine Reise zu riskieren.

> Über Italien hätte man nicht fahren können?

Davon war überhaupt nicht die Rede. Als wir damals aus Polen ausgereist sind, sind wir als Griechen gefahren. Wir durften kein Wort reden, uns nicht verraten, daß wir Polnisch sprechen. Wir sind als griechische Juden gefahren, man hat uns praktisch rausgeschmuggelt aus Polen. Ich brauchte kein Geld zu bezahlen, manche mußten viel Geld bezahlen dafür. Als wir hier angekommen sind, gab es im Lager selbst keine Möglichkeit mehr unterzukommen. Uns wurde eine Privatwohnung zugewiesen. Das war auch keine sehr schöne Erfahrung mit der Eigentümerin. Jedes Lager hat seine Polizei gehabt. Ich mußte diese Polizei einschalten, um zum Beispiel Bettwäsche zu bekommen. Mit Widerwillen hat sie mit uns gesprochen. Dann habe ich eine andere Wohnung bekommen, und die waren schon sehr menschlich, zumindest der Hausherr. Von ihr ist nicht zu reden, sie war eine fromme Katholikin. Sie hat mir gesagt:

»Fräulein Tornberg, Sie sind bestimmt keine Jüdin.«

Sag ich: »Wieso bin ich keine Jüdin?«

»Juden sehen anders aus.«

Sag ich: »Glauben Sie, Frau Oswald, daß Juden Hörner haben?«

»Nein, aber Juden sehen doch ganz anders aus.«

Sag ich: »Ich versichere Ihnen, ich bin Jüdin, und bei uns war auch nichts Gemischtes. Ich bin eine Jüdin.«

Zu dem Zeitpunkt habe ich auch begonnen zu studieren und bin täglich von Weilheim nach München gefahren. Das ist eine ziemliche Strapaze, vor dem Examen habe ich mir dann eine Wohnung in München genommen, denn ich konnte das nicht mehr mitmachen. Wir waren fünfhundert jüdische Studenten in München. Sehr viele haben sich registrieren lassen für die Einwanderung nach Amerika, darunter auch ich. Wir waren fest entschlossen, uns ein neues Leben in Amerika aufzubauen. Meine Mutter war damals noch jung, und es war kein Problem.

Aber wie gesagt, durch die familiären Gründe sind wir hängen geblieben. Bei mir ist es ein bißchen schief gelaufen, weil ich ein so krankes Kind hatte. Ich habe ein behindertes Kind gehabt. Es ist 1960 gestorben.

Was hatte es für eine Behinderung?

Das war durch die Geburt. Durch die Geburt. Es war bei der Geburt. Es war eine Übertragung, und der Kaiserschnitt wurde zu spät gemacht. Das Fruchtwasser war schon weg. Das Kind konnte nicht mehr richtig atmen, keine Durchblutung des Hirns. Sauerstoffmangel des Hirns. Ich habe sieben Jahre gekämpft, um das Kind zu retten, es ist mir aber nicht gelungen. Das Kind ist gestorben. Als das Kind drei Jahre alt war, habe ich eine zweite Tochter geboren. Sie ist heute in München und arbeitet als Ärztin. Sie war Gott sei Dank gesund.

Hat Ihre Tochter jemals etwas darüber gesagt, daß sie in Deutschland zur Welt gekommen und groß geworden ist?

Eigentlich nicht. Ich habe sehr darauf geachtet, daß sie gute Verbindungen zu ihren deutschen Freundinnen hatte. Sie kamen immer hierher. Sie war in einer deutschen Schule. Zum damaligen Zeitpunkt gab es die Jüdische Schule noch nicht. Sie ist mit ihren Freundinnen sehr gut ausgekommen. Von sich aus ist sie eines Tages gekommen und hat gesagt:

»Weißt Du, ich werde jetzt zum Beispiel die Sabine nicht mehr so oft sehen können.«

Sag ich: »Warum? Habt Ihr Euch zerstritten?«

Sagt sie: »Nein. Ich habe jetzt mehr Arbeit in der Schule und das bißchen Zeit, was ich noch habe, möchte ich doch im (jüdischen) Jugendzentrum sein.«

Das war ihr eigener Entschluß. Sie ist zur Religionsstunde in die Gemeinde gegangen. Sie war vom Religionsunterricht in der Schule als Jüdin befreit.

Das war ein sehr schönes Erlebnis noch in der Volksschule – in der Grundschule, sagt man hier. Vor Weihnachten hat man mich plötzlich gerufen in die Schule. Und da von uns beiden mein Mann der Religiöse war, sag ich:

»Wenn es die Religion betrifft, sei so freundlich, geh Du mal hin.«

Und da hat die Lehrerin uns eröffnet: »Wissen Sie, ich bin eine fromme Katholikin. Es liegt mir fern, jemanden zu bekehren. Ich respektiere die Religion eines anderen. Aber was mache ich jetzt mit Ihrer Tochter? Vor Weihnachten steht bei uns alles im Zeichen des Festes.«

Für die Religionsstunde war das kein Problem, das war so gelegt worden, daß meine Tochter eine Stunde später zur Schule ging und damit war die Sache erledigt.

»Aber was mache ich jetzt? Wir haben Spezialunterricht eben für Weihnachten. Ich kann das Kind doch nicht rausschicken. Aber so wird sie alles mitbekommen.«

Sag ich: »Da weiß ich auch keinen Rat.«

Und da ist sie selbst drauf gekommen. »Ich werde es genauso machen wie bei der Religionsstunde. Wir werden das in der ersten Stunde machen. Dann fühlt sie sich nicht ausgestoßen. Weil der evangelische und der katholische Religionsunterricht sowieso getrennt waren, ist das gar nicht weiter aufgefallen, daß meine Tochter gar nicht teilnahm. Aber die Kinder wußten, daß die Rosie Jüdin war, und sie hat auch kein Hehl draus gemacht. Sie hat aber immer christliche Freunde gehabt, auch später während des Studiums und bis auf den heutigen Tag.

Ist Ihre Tochter verheiratet?

Nein. Sie ist nicht verheiratet, zu meinem Leidwesen. Sie ist nicht verheiratet. Sie ist verheiratet mit dem Beruf. Daran ist nichts zu ändern. Aber sie hat viele christliche Freunde. Ich habe auch sehr viele christliche Freunde. Zum einen durch meinen Beruf. Ich habe bis vor kurzem im Gesundheitsamt in Offenbach gearbeitet. Ich glaube, ich war die einzige Jüdin da. Aber ich habe nie Probleme damit gehabt. Nie, denn wenn es zu einer politischen Diskussion gekommen ist, habe ich das abgewürgt. Ich wollte mich nicht auf politische Debatten bei der Arbeit einlassen. Privat gerne, aber nicht während der Arbeit mit Arbeitskollegen.

Nach dem Tod von meinem Mann haben mir Christen sehr geholfen, christliche Freunde.

> Wie lange ist Ihr Mann schon tot?

Das werden jetzt vierzehn Jahre werden. '77 ist er gestorben.

> Ist er in Frankfurt begraben?

Nein. Mein Mann ist nach Israel überführt worden, wo seine Mutter auch liegt. Ich habe auch dort schon ein Plätzchen.

> Wollen Sie nicht in Deutschland begraben sein?

Ich habe einen Platz neben meinem Mann. Ganz einfach. Ich habe den Platz dort, meine Tochter braucht sich da nicht den Kopf zu zerbrechen, wo sie mich hinbringen soll. Die Überführung meines Mannes damals war eher auf Initiative der Familie hin, und die Gemeinde hat darauf gedrängt. Mein Mann war Vorsitzender des Gemeinderates. Vielleicht hatte man Angst vor der Schändung der Friedhöfe. Manchmal habe ich es bereut, weil man doch das Bedürfnis hat, auf's Grab zu gehen. Ich fahre jedes Jahr nach Israel zur Jahrzeit. Mein Gott, jeder muß wissen, was er tut, da gibt es keine Vorschriften. Meine Mutter hat mir schon gesagt, daß sie hier begraben sein will. Es ist so schwer zu beurteilen, was richtig und was falsch ist.

> Glauben Sie, daß Deutschland heute ein guter Ort für Juden ist?

Ich glaube, daß muß jeder individuell beurteilen. Für mich persönlich – ich habe mich eingelebt hier, ich fühle mich wohl. Obwohl dieser neue Trend, diese Republikaner und Neo-Nazis machen mir sehr viel Kopfzerbrechen. Ich habe mich mit meinen christlichen Freunden darüber unterhalten. Die bagatellisieren das, indem sie sagen, das ist eine verschwindende Minderheit und die kommen überhaupt nicht zum Zuge. Aber jetzt sind bei den Wahlen in Rheinland-Pfalz die Republikaner auf 2,5% gekommen, und das gibt mir schon zu denken.

Aber wohin? Wenn man als Jude vor Antisemitismus flüchtet, ja wohin? Antisemitismus gibt es auf der ganzen Welt. Dann ist Israel das einzige Land, wohin man als Jude gehen kann. Wahrscheinlich werde ich irgendwann nach Israel gehen. Solange meine Mutter noch lebt, kommt das nicht in Frage. Aber da ich nun mal hier lebe, bemühe ich mich, das Beste draus zu machen. Ich bin im Gemeinderat, ich bin in der Christlich-Jüdischen Gesellschaft, in der Deutsch-Israelischen Gesellschaft. Ich bemühe mich, mit meinen christlichen Freunden Kontakt zu halten. Ich bemühe mich, im Dialog zu bleiben, denn ich glaube, daß man vieles nur im Gespräch klären kann. Wie jetzt auch der Golfkrieg, das kann man nur im Gespräch ausräumen. Das geht nicht mit Protesten, mit Demonstrationen, das bringt nicht viel. Man muß das direkte Gespräch mit den Leuten suchen. Das bringt viel mehr.

> Sie sagen: »Ich werde nach Israel gehen, jetzt geht es nicht wegen meiner Mutter.« Das erinnert ein bißchen an das, was Sie von früher erzählt haben: daß es immer familiäre Gründe gegeben hat, warum Sie nicht wegkonnten. Früher hat man oft scherzhaft über die Juden in Deutschland gesagt, sie hätten die Ideologie der ›gepackten Koffer‹.

Ja, ja. Man sitzt auf gepackten Koffern. Das hat es eine Zeitlang gegeben, daß man immer auf gepackten Koffern gesessen hat, daß man gedacht hat, nicht morgen, aber übermorgen, hier bleibe ich nicht. Das hat sich mittlerweile völlig geändert. Es gibt eine ganze Menge von meinen Bekannten, die sich schon irgendwo eine Zweitwohnung gesichert haben. Aber dann muß ich schmunzeln und mich fragen: Wo bist Du sicher? Das ist doch keine Lösung des Problems.

Wenn Sie sich eine Wohnung in Israel gekauft haben, – okay, dann haben Sie die Absicht, irgendwann rüber zu gehen. Das ist Ihr gutes Recht. Überhaupt, jeder der nach Israel geht – das finde ich gut. Aber ich habe auch kein Recht, jemanden zu kritisieren, der nicht geht, wenn ich selbst hier sitze.

Ich habe Bekannte, die sechs Monate im Jahr in Israel sind, die sagen, statt hier mein Geld auszugeben, gebe ich es lieber in Israel aus. Okay, aber wenn Sie arbeiten müssen, Ihr Geld verdienen müssen, dann können Sie den Leuten nicht sagen: ›Geh nach Israel‹, wo sie gar nicht wissen, ob sie Arbeit finden.

> Sie kümmern sich um die sowjetischen Juden, die hierher kommen.

Ja, ich sehe das so: Die Juden, die jetzt aus der Sowjetunion kommen, rennen um ihr Leben. Sie laufen vor der Pamjat weg. Israel möchte natürlich, daß sie dorthin gehen. Aber wenn sie jetzt hier eine bessere Chance haben, ihr Leben zu gestalten, dann kann man das nicht verurteilen. Und wenn sie hier sind, dann sind wir verpflichtet, die wir hier sind und auch schon so etwas mitgemacht haben, ihnen – so weit es geht – unter die Arme zu greifen. Für Wohnungen sorgt die Stadt. Und in der Gemeinde haben wir eine Initiative gestartet, daß alle Leute, die Häuser besitzen, bei frei werdenden Wohnungen in erster Linie die sowjetischen Juden berücksichtigen. Mehr Probleme gibt es natürlich bei der Arbeitsplatzbeschaffung. Die deutschen Firmen nehmen nicht gerne russische Immigranten auf.

> Warum?

Das kann ich Ihnen nicht beantworten. Vielleicht nehmen sie lieber Deutsche. Sie sprechen mit Akzent. Ich bin auch schon fast 45 Jahre hier, und mein Akzent ist mir doch geblieben, trotz des Studiums und obwohl ich fast ausschließlich Deutsch spreche. Ich lese Deutsch, ich spreche Deutsch, ich denke Deutsch, das einzige, was mit geblieben ist: ich rechne auf Polnisch.

> Und träumen?

Auch nicht Polnisch.

Das nicht.

Ich habe das verdrängt. Vielleicht, wissen Sie, weil ich diese Zeit, wo ich meine Familie gesucht habe, das war für mich so ein

Schock. Man hat mir vorgeschlagen, das ist jetzt schon Jahre her, ich soll mitfahren nach Polen als Dolmetscherin.

Ich konnte es nicht.

Ich konnte es nicht, ich weiß, ich würde wieder krank sein. Ich bewundere jeden, der schafft, wenn er in Auschwitz war, da wieder hinzufahren und sich das anzugucken. Mir hat schon gereicht: mein Mann hat das Denkmal in Dachau gebaut, und bei der Einweihung habe ich die Leute gesehen in diesen gestylten Anzügen, ich war da im Krematorium, ich war völlig bedient. Und nach Polen noch mal zurückgehen und mir das wieder alles ansehen? Und antisemitische Parolen zu hören?

> Symbolisiert Polen mehr als Deutschland für Sie den Antisemitismus?

Nein. Nein, mehr als Deutschland nicht. Deutschland ist der Gipfel. Deutschland ist der Gipfel.

Durch den Holocaust ist Deutschland der Gipfel. Polen hat uns auch viel angetan. Als Kind habe ich das nicht empfunden. Aber nach dem Krieg habe ich es empfunden, als ich dort war. Da sind mir die Augen aufgegangen. Vielleicht war ich damals nicht reif genug, aber nach dem Krieg habe ich es begriffen. Und das ist sehr tief sitzen geblieben. Man kann nicht sagen: »Alle Polen sind Antisemiten.«

Man kann auch nicht sagen: »Alle Deutsche sind Antisemiten.« Gott behüte, dann dürfte ich hier nicht sein, wenn ich so dächte.

Deutschland hat sich verändert. Es gibt eine neue Generation. Und gerade mit dieser Generation muß man sprechen, die sind anders.

> Waren für Sie die großen Nazi-Prozesse in Nachkriegsdeutschland von Bedeutung?

Ja. Vor allem der Treblinka-Prozeß, weil dort der größte Teil meiner Familie umgekommen ist. Aber es ist zuviel Zeit ins Land gegangen, verstehen Sie? Wenn das direkt nach dem Krieg gewesen wäre, dann wäre die Stellungnahme anders gewesen, dann wäre es nicht so lasch abgelaufen. Mit der Zeit haben sich die Wogen geglättet, und man hat versucht zu vergessen – auch unsere Leute haben vieles verdrängt und vergessen. Nicht alle, aber viele.

Vielleicht ist das auch, um weiterzuleben – hier. Denn wenn Sie dauernd mit dem konfrontiert werden, dann sind Sie gar nicht imstande, hier zu sein. Man muß ein Stück verdrängen, um hier weiter leben zu können. Das muß man. Man muß auch vergessen können. Man muß sich bewußt sein, daß nicht alle dran schuld sind. Es gibt keine Kollektivschuld.

Man muß sehr wachsam sein, daß nicht wieder diese Kräfte an die Macht kommen. Das ist mit unsere Aufgabe.

> Die Aufgabe von Juden hier in Deutschland?

Nein. Das ist in erster Linie die Aufgabe von Christen. Nicht von Juden. Wir müssen auch mit aufpassen. Glauben Sie nicht, daß wir auch eine gewisse Verantwortung haben?

Für uns selbst, für unsere Kinder.

> Wie wäre es für Sie gewesen, wenn Ihre Tochter nach Israel hätte auswandern wollen?

Das wäre eine Selbstverständlichkeit gewesen. Ich hätte ihr keine Steine in den Weg gelegt. Wenn sie morgen kommt und sagt: »Mama, ich wandere aus. Nach Israel oder nach Amerika oder nach Australien!«, da werde ich keinen Ton sagen. Das ist okay. Bei meiner Tochter ist man nie vor Überraschungen gefeit.

> Und wenn sie Sie mit einem nichtjüdischen Ehemann überraschen würde?

Ich wäre nicht glücklich darüber. Nicht, weil ich etwas gegen Christen habe. Aber ich bin der Meinung, daß es einen Unterschied zwischen einer Freundschaft und einer Ehe gibt – schon der Kinder wegen. Es sind doch zwei Welten, die aufeinanderprallen. Meine Tochter ist in einem jüdischen traditionellen Haus aufgewachsen. Und so etwas steckt tief, das kann sie gar nicht verleugnen. Es würde Komplikationen geben. Wenn sie sich trotzdem so entscheiden würde, kann ich es nicht ändern, aber glücklich wäre ich nicht darüber.

Leben Sie nach der Tradition?

Ja, aber nicht, weil ich so fromm bin. Mein Mann war sehr traditionsbewußt. Ich habe einen koscheren Haushalt. Es ist so eingeführt, und so bleibt es. Außerhalb esse ich aber alles. Schweinefleisch esse ich sowieso nicht. Aber hier zu Hause ist es anders. Mein Mann hat es so gewünscht, und so bleibt es.

Gehen Sie in die Synagoge?

Zu Jom Kippur. Ich gehe an den hohen Feiertagen und zur Todesandacht. Wissen Sie, in Polen war das gar nicht üblich, es ist eine rein deutsche Sitte, daß Frauen in die Synagoge gehen. Ich habe eine sehr fromme Großmutter gehabt, sie hat sogar eine Perücke getragen, aber sie ist auch nicht in die Synagoge gegangen.

Hier in Deutschland gehen die Frauen am Freitagabend, am Samstagabend, nein, zu den Frauen gehöre ich nicht, und ich werde wohl auch nie dazu gehören.

Der Atheismus ist allerdings auch problematisch. Als ich letztens in der Synagoge war, hatte ich eine Begegnung mit einer jungen Frau. Das war ganz komisch. Die steht da und betet wie verrückt. Da denke ich mir: die muß ja von B'nei Brak sein. Denn ich hatte noch keinen jungen Menschen gesehen, am Jom Kippur in der Synagoge mit Hausschuhen! Ich konnte es mir nicht verkneifen und habe sie gefragt: »Sie scheinen ganz neu in Frankfurt zu sein? Seit wann sind Sie denn da?« Sagt sie: »Ich bin überhaupt nicht aus Frankfurt. Ich bin auf der Durchreise.«

Sag ich: »Besuchen Sie Ihre Eltern?«

»Nein. Meine Eltern leben in Köln. Ich bin übergetreten. Ich bin überhaupt keine Jüdin.«

Da habe ich zuerst geschluckt. Aber ich hatte mir schon was gedacht. Als sie so angefangen hat, habe ich schon gedacht: da kommt was auf dich zu.

Sagt sie: »Ja, wir sind fünf Geschwister, und wir wurden ohne Religion erzogen. Jedem ist freigestellt, wenn er erwachsen ist, seine Religion selbst zu wählen. Und ich habe mich für die jüdische Religion entschieden. Ich bin nach Amerika gegangen, bin dort übergetreten, und jetzt lebe ich in einem ganz frommen Kibbuz in Israel.«

Sehen Sie?

Sind Sie im Alltag jemals alten Nazis begegnet?

Wenn ich zum Beispiel eingekauft habe, hatte ich immer im Hinterkopf die Frage, was der Ladeninhaber wohl während der Nazizeit gemacht hat und wen ich da unterstütze. Ich habe zum Beispiel herausbekommen, daß es hier in Frankfurt einen Friseur gab, der einer der ersten war, wo am Fenster stand: »Juden Zutritt verboten«.

Ich habe das unter meinen jüdischen Freunden, hab gesagt: »Kinder, geht da nicht hin! Das war ein großer Nazi.«

Das Café Schwille! Trotzdem gehen unsere Juden hin. Ich war selbst neulich eingeladen zu einem Geburtstag und hatte das nicht gewußt. Ich habe das zufällig einem ehemaligen Frankfurter erzählt, und da sagt er: »Wo warst Du?«

Sag ich: »Im Café Schwille.«

Sagt er: »Schämst Du Dich nicht?«

»Warum sollte ich mich schämen?«

Sagt er: »Weißt Du nicht, was das Café Schwille gemacht hat in der Nazizeit?«

Sag ich: »Nein. Ich war ja nicht hier.«

»Juden raus! Juden war der Zutritt verboten. Und da gehen die Juden jetzt hin?«

Sag ich: »Die wissen es nicht.«

Ich habe es jetzt verbreitet, so weit ich konnte, unter den Juden. Ob es was hilft, weiß ich nicht. Denn die Juden sind wie eine Horde. Wissen Sie, wenn einer irgendwohin geht, dann gehen die anderen auch. Gehen Sie zu einem Arzt, gehen sie alle dahin. Gehen Sie in eine Wäscherei, rennen sie alle. Gehen Sie zu einem Architekten, sind sie alle da.

Wie kommt das?

Ich weiß es nicht. Es ist vielleicht wie das Ghettoleben. Wenn sie irgendwo leben, leben sie in Grüppchen. Ich habe mich oft selbst gefragt, warum einer den anderen nachahmt, ob das ein Charakteristikum ist. Denn das betrifft nicht nur die Ost-Juden.

Esther Bejarano

geboren in Saarlouis
Jahrgang 1924
Wohnort: Hamburg

> Sie haben mir am Telefon gesagt, Sie seien 1960 nach Deutschland gekommen.

Ja. Ich bin 1945, nach meiner Befreiung, zunächst im ›Kibbuz Buchenwald‹ gewesen in der Nähe von Fulda. Das war eine frühere *Hachscharah*-Stätte, die erst später den Namen ›Kibbuz Buchenwald‹ bekam. Ich wurde in Bergen-Belsen befreit, das gleich danach zum Displaced-Persons-Camp wurde, aber ich wollte dort nicht bleiben. Und ich hatte eben gehört, daß es diesen ›Kibbuz Buchenwald‹ gibt und daß es von dort eventuell die Möglichkeit gab, nach Palästina auszuwandern. Ich bin also dorthin getrampt.

> Wieso hieß das ›Buchenwald‹?

›Buchenwald‹ als Synonym für Konzentrationslager überhaupt. Das war ein Name, der sehr bekannt war als Name für ein Konzentrationslager hier in Deutschland. In Buchenwald waren viele Häftlinge gewesen, die auf *Hachscharah* gewesen waren.

Es hat dann etwas mehr als drei Monate gedauert, bis es so weit war. Am 15. September 1945 bin ich in Israel angekommen.

> Wo haben Sie früher gewohnt?

Als ich zweieinhalb Jahre alt war, sind meine Eltern von Saarlouis nach Saarbrücken gezogen. Mein Vater war Lehrer und Oberkantor der Jüdischen Gemeinde in Saarbrücken. Bis Anfang 1936 habe ich in Saarbrücken gelebt. Dann ist meine Familie nach Ulm gezogen, weil die Gemeinde in Saarbrücken immer kleiner geworden war. Dort haben wir bis Ende

1939 gelebt. Anfang 1940 sind meine Eltern wieder umgezogen, nach Breslau, dorthin ist mein Vater versetzt worden. Ich bin auf *Hachscharah* gegangen, nach Gut Winkel und Arensdorf in der Nähe von Berlin.

Meine älteren Geschwister sind 1937 ausgewandert, meine Schwester nach Palästina, mein Bruder nach Amerika.

> Sie waren damals noch klein.

Ja. Meinen Eltern fiel es schon sehr schwer, meine erwachsenen Geschwister wegzuschicken, obwohl sie wußten, daß sie keine Zukunft in Deutschland mehr haben würden. Ich war damals dreizehn Jahre alt.

> Haben Ihre Eltern damals auch ihre eigene Auswanderung ins Auge gefaßt?

Irgendwann ja, aber mein Vater war zunächst überzeugt, daß den Juden nichts passieren würde, daß das nur eine vorübergehende Sache ist. Mein Vater war ein deutscher Patriot, kann man sagen. Er hatte im Ersten Weltkrieg gekämpft, war fünfzig Prozent kriegsbeschädigt, hatte das Eiserne Kreuz, ja? Er war in diesem ›Reichsbund Jüdischer Frontsoldaten‹. Er war schwer zu überzeugen; – erst nachdem er selbst im Gefängnis gesessen hatte, ist ihm ein Licht aufgegangen.

> Wo hat er gesessen?

Er ist in Ulm in der Reichspogromnacht festgenommen worden und hat in Augsburg im Gefängnis gesessen. Man wußte damals schon, daß das die Vorstufe für Dachau war. Gott sei Dank ist er entlassen worden, – im Gegensatz zu anderen ist er entlassen worden, wahrscheinlich weil er Halbjude war. Er hatte eine christliche Mutter, wurde aber jüdisch erzogen. Es kann auch sein, daß es zu der Zeit keinen zweiten Seelsorger in der Gemeinde Ulm gab. Zu der Zeit war eine alte Frau gestorben, und die mußte beerdigt werden. Also, wir wissen nicht genau, was der Grund für seine Entlassung war.

> Bis wann waren Ihre Eltern in Breslau?

Bis 1941. Am 25. November 1941 hat man ungefähr eintausend Juden deportiert, und zwar nach Riga. Und die Menschen auf diesem Transport nach Riga sind alle von den Nazis erschossen worden. Sie sind nicht in ein Lager gekommen, sondern in einem Wald in Riga erschossen worden, über tausend Menschen.

Und darunter waren Ihre Eltern.

Ja.

Wo waren Sie zu diesem Zeitpunkt?

Ich war zu diesem Zeitpunkt schon in einem Zwangsarbeitslager.

Sind Sie auf *Hachscharah* festgenommen worden?

Ja, Mitte 1941 wurden die *Hachscharah*-Stätten eigentlich alle geschlossen. Ich bin dann zusammen mit den anderen Jugendlichen nach Neuendorf bei Fürstenwalde/Spree gekommen.

Wie alt waren Sie da?

Da war ich sechzehn.

Ich habe dann bald einen Brief von der Polizei in Breslau erhalten, in dem es hieß, ich solle nach Breslau kommen, um die Wohnung meiner Eltern zu liquidieren. Ich habe eine Sondergenehmigung bekommen, 1941 durfte man als Jude ja schon nicht mehr die Bahn benutzen, und bin dann mit zwei Polizisten in Breslau in die Wohnung gegangen und durfte nur ein paar Sachen, die mir persönlich gehörten, mitnehmen. Alles andere blieb dort. Das wurde beschlagnahmt.

Ich habe die Polizisten gefragt: »Wo sind denn meine Eltern?«

Und da haben sie gesagt: »Die sind in einem Arbeitslager irgendwo in Polen.«

Dann mußte ich wieder zurück ins Zwangsarbeitslager. Dort habe ich zwei Jahre lang gearbeitet, bis zum 17. oder 18. April '43.

Was mußten Sie arbeiten?

Ich war immer auf Außenarbeit. Ich habe die ganze Zeit in einem Blumenladen gearbeitet, wo ich Kränze binden, saubermachen mußte. Morgens bin ich hingefahren zur Arbeit und abends fuhr ich wieder zurück, mit dem Zug. Unser Essen mußten wir uns mitnehmen. Ich habe dort zwei Jahre jeden Tag gearbeitet und keinen Pfennig dafür bekommen. Es war eben Zwangsarbeit.

Haben Sie im Zug den Stern getragen?

Ja, natürlich.

Und die Mitreisenden waren normale Zivilisten?

Natürlich. Wir waren eine Gruppe, die auf Außenarbeit gegangen und jeden Tag mit demselben Zug gefahren ist.

Waren Sie bewacht?

Am Anfang ja, aber dann haben sie gesehen, daß wir nicht weglaufen, und es gab keine laufende Bewachung mehr. Aber im Prinzip standen wir, also das Lager, unter SS-Bewachung.

Haben Sie mit den Mitreisenden gesprochen?

Niemals. Ich kann mich nicht erinnern, daß ich mit denen gesprochen habe.

Haben die Ihnen nie etwas zugesteckt?

Nein, nie. Sie haben sich höchstens abgewendet. Ja.

Und Sie sind in einem ganz normalen Personenwagen gereist ...

... in einem ganz normalen Personenwagen.
Das ging bis zum April 1943. Unser Transport war so ungefähr der letzte, der aus Berlin wegging. Am 20. April 1943 sind wir deportiert worden.

War das ein Geburtstagsgeschenk für den ›Führer‹?

›Ja, wahrscheinlich. Ich weiß es nicht, in jedem Fall war es am 20. April. Wir waren über tausend Menschen und sind in Viehwaggons mehrere Tage unterwegs gewesen. Das war ganz entsetzlich in diesen Viehwaggons, es gab keine Sitzgelegenheiten, keine Toiletten, es stand nur ein Kübel in der Ecke – das war unheimlich erniedrigend. Ältere Menschen sind schon unterwegs gestorben, sie konnten das nicht verkraften.

> Sind sie an Durst gestorben?

An Durst, aber auch an schlechter Luft, besonders solche Menschen, die was mit dem Herzen hatten. Tatsache war, daß allein in unserem Waggon fünf Menschen bei der Ankunft tot waren. Wir haben sie an die Seite gelegt.

Wir hatten nichts zu trinken, nichts zu essen, es gab keine Toiletten, und wir wußten nicht, wohin wir fahren. Man hat uns immer gesagt: »Ihr kommt in ein Arbeitslager in den Osten.«

Also, an ein Konzentrationslager haben wir eigentlich nicht gedacht.

> Wo sind Sie schließlich angekommen?

In Auschwitz.

> Wie lange hat die Fahrt von Berlin nach Auschwitz gedauert?

Ich weiß es nicht genau, aber fünf, sechs Tage bestimmt. Wir haben oft gestanden, auf der Strecke ging es nicht mehr weiter. Wir haben immer nach Luft gelechzt, wir wollten unbedingt, daß die Türen aufgemacht werden, denn in diesen Viehwaggons gibt es nur diese kleinen Fensterchen, da kam ja kaum Luft rein. Und wir waren so viele Menschen, fünfzig, sechzig Menschen in einem Waggon! Und dann ohne Luft zu sein, das war ganz schlimm. Immer wenn wir standen, hatten wir die Hoffnung, daß man mal die Tür öffnet, damit frische Luft hereinkommt, aber das war niemals der Fall. Immer blieb alles geschlossen, nie haben die Nazis die Türen geöffnet.

Als wir in Auschwitz ankamen, haben wir nicht gleich gewußt, daß wir in Auschwitz sind. Die Türen gingen auf, da waren Männer in Zivil, sie waren noch nicht einmal in Uniform. Sie waren nicht so häßlich zu uns, wie man das sonst im

Lager gewöhnt war, also angeschrien zu werden, getrieben oder ausgepeitscht zu werden. Die waren ganz höflich. Sie haben gesagt: »Ihr kommt jetzt in ein Arbeitslager.«

Die Frauen und die Männer sollten sich trennen, auf der einen Seite die Frauen, auf der anderen die Männer. Und die, die krank sind oder die nicht laufen können oder schwangere Frauen oder Frauen mit kleinen Kindern, die sollen doch bitte auf die Lastautos steigen. Und da sind sehr viele, auch weil sich die Familien nicht trennen wollten, zusammen auf die Lastwagen gestiegen. Manche wurden wieder heruntergeholt, vor allem die Sechzehn-, Siebzehnjährigen, junge Menschen eben. Aber sie wollten gar nicht, sie wollten mit ihren Eltern zusammenbleiben.

> Die Lastautos haben die Menschen zur Vergasung gebracht?

Ja, sie wurden sofort vergast. Das wußten wir allerdings nicht. Als wir schon zwei Tage im Lager waren, haben wir unsere Mitgefangenen, die schon länger im Lager waren, gefragt: »Wo sind denn die Leute, meine Mutter, meine Schwester? Wir sehen sie gar nicht mehr.«

Sie haben alle gesagt: »Die seht Ihr nie wieder.«

> Waren die Männer in Zivil Häftlinge?

Nein, das waren SS-Leute.

> Die sich in Zivil verkleidet hatten, um keine Panik auszulösen?

Richtig.

> Sie sind zum Glück nicht auf den Lastwagen herauf.

Nein. Ich bin in einer Kolonne ins Lager marschiert. Wir mußten uns zu siebt jeweils in einer Reihe aufstellen, und dann sind wir ins Lager marschiert.

> Ich habe auf einer Ihrer Schallplatten gelesen, daß Sie dann im Mädchenorchester in Auschwitz gespielt

haben. Waren Sie schon vorher
musikalisch tätig?

Nein, aber ich war sehr musikalisch und hatte Klavierunter-
richt zu Hause gehabt und auch Flöte gespielt. Wir hatten ein
sehr musikalisches Haus, mein Vater war sehr musikalisch und
konnte wunderbar Klavier spielen. Ich war das gewöhnt, ich
war auch gewöhnt, klassische Lieder zu singen, Schubert,
Mozart usw.

Als ich nach Auschwitz kam, habe ich zunächst vier
Wochen in einer Arbeitskolonne gearbeitet. Wir mußten
jeden Morgen aus dem Tor raus auf ein großes Feld und haben
dort Steine gesammelt. Da haben große Brocken von Steinen
gelegen und die mußten wir auf die andere Seite des Feldes
bringen. Das war unheimlich schwer. Als ich das vier Wochen
gemacht habe, habe ich gedacht, jetzt kann ich nicht mehr.
Mit diesem schrecklichen Essen, was wir dort bekommen
haben, merkte man, daß die Kraft von Tag zu Tag schwindet,
ja? Ich dachte, wenn ich da so weitermache, werde ich bald
genauso zugrunde gehen wie viele andere, die wir ja gesehen
haben, auf der Straße im Lager lagen und einfach verendet
waren.

Und da hatte ich eben das Glück, daß zu dieser Zeit ein
Orchester gegründet werden sollte, ein Mädchenorchester.

Wer hatte die Initiative?

Na, die SS natürlich. Die SS hat den Befehl gegeben, man
muß ein Orchester gründen. Das war nichts Neues, im Män-
nerlager gab es schon lange ein Orchester, im Zigeunerlager
gab es ein Orchester, also das war keine Neuheit, sie wollten
eben, daß in diesem Lager, in Birkenau, auch noch ein Orchester entsteht, ein Mädchenorchester.

Warum ein Mädchenorchester?

Es waren ja nur Frauen dort, es war ein Frauenlager. Und die
Frau, der von der SS befohlen wurde, dieses Frauenorchester
zusammenzustellen, hieß Tschaikowska. Sie war, glaube ich,
nicht verwandt mit Tschaikowsky, aber sie war eine Frau, die
was von Musik verstand. Sie hat die Frauen, die sich gemeldet
haben, geprüft und entweder hat sie sie aufgenommen oder

nicht. Ich habe mich auch gemeldet, und zwei Freundinnen, die mit mir nach Auschwitz kamen, auch. Die eine konnte Geige spielen, die andere Blockflöte. Beide sind angenommen worden. Ich hatte meine Zweifel, weil ich nur Klavier spielen konnte. Ich konnte auch Flöte spielen, aber in dem Moment ist mir das gar nicht eingefallen, daß ich Flöte spielen konnte. Und da sagte die Tschaikowska dann zu mir: »Ein Klavier haben wir nun aber nicht hier.«

Dann sagte sie: »Wir haben ein Akkordeon. Wenn du Akkordeon spielen kannst, dann kannst Du im Orchester mitmachen.«

Ich habe dann also meine ganze Energie zusammengenommen, und obwohl ich noch nie ein Akkordeon in der Hand hatte, ich wußte gerade mal, daß da, wo die Knöpfe auf der linken Seite sind, die Bässe sind, habe ich es geschafft. Ich habe mir gesagt: ›Das mußt du unbedingt schaffen, dann hast du bessere Lebensbedingungen.‹

> Wie waren dann Ihre Lebensbedingungen? Wie oft haben Sie geprobt und gespielt?

Wir haben jeden Morgen und jeden Abend am Tor gestanden und gespielt, wenn die Arbeitskolonnen rausgingen und wenn sie wieder zurückkamen. Natürlich haben wir das nicht von Anfang an gemacht, wir mußten ja erstmal üben. Wir haben den ganzen Tag geübt. Es waren ungefähr vierzig Frauen im Orchester, die ganz verschiedene Instrumente gespielt haben. Die Instrumente waren von den Gefangenen, sie haben sie mitgebracht: Geigen, Flöten, Querflöten, sogar ein Kontrabaß war da, Celli waren da, also ganz viele Instrumente waren dort, und es hatten sich Frauen gemeldet, die Cello spielen konnten, Gitarre spielen konnten usw.

> Was haben Sie für Musik gespielt?

Meistens Märsche, ja?

> Hat die SS das Programm bestimmt?

Das Programm hat nicht die SS bestimmt, das hat die Tschaikowska bestimmt. Aber da wir nur für die Kolonnen spielten, bot sich das ja an, daß wir entweder Märsche oder Wanderlieder spielen, nach denen man marschieren kann. Und das haben wir auch gemacht. Aber wir haben auch die leichte Muse gespielt, zum Beispiel den ›Schlittschuhläufer‹ von Waldteufel, auch Tangos. Zu meiner Zeit im Orchester war es nicht wie dann später, als diese Alma Rosé kam. Das war eine sehr musikalische Frau. Sie war in dem berühmten Rosé-Quartett in Wien, sie hat, glaube ich, Geige gespielt. Sie hatte diese Ambition, ganz besonders gute Musik zu machen, was mich eigentlich gewundert hat, als ich das gehört habe. Ich habe sie selber nicht erlebt, da ich vorher schon aus dem Orchester wieder rausgekommen bin. Das war im November 1943. Ich wäre wahrscheinlich in diesem Orchester geblieben, wenn man mich nicht aus Auschwitz rausgeholt hätte.

> Noch eine Frage zu Ihren Lebensbedingungen: Hatten Sie als Orchestermitglied z.B. bessere Essensrationen?

Das nicht, nein. Aber wir haben dadurch bessere Lebensbedingungen gehabt, daß wir erstens mal jeder ein eigenes Bett hatten, was ja ganz besonders wichtig war; daß wir in einer Holzbaracke wohnten, die einfach wärmer war als diese Steinbarakken; daß wir in dieser Baracke auch einen Ofen hatten, ja.

> Haben die Mädchen aus dem Orchester alle zusammen in dieser Holzbaracke gelebt?

Ja, alle zusammen. In dieser Holzbaracke haben nicht nur die Orchestermitglieder geschlafen, da waren vielmehr alle sogenannten ›Funktionshäftlinge‹. Zu diesen Funktionshäftlingen gehörten Läuferinnen, Effektenkammer-Arbeiterinnen, Schreiberinnen, Dolmetscherinnen, das waren alles Frauen, die bestimmte Funktionen hatten. Natürlich hatten die bessere Bedingungen.

> Sie sagen, Sie wären dann aus Auschwitz wieder rausgekommen?

Es war so, daß das Internationale Rote Kreuz nach sogenannten Mischlingen gesucht hat, nach Halbjuden. Ich hatte eigentlich nicht daran gedacht, mich zu melden. Beim Appell war der Befehl gekommen, daß alle diejenigen, die *arisches Blut* in sich haben, sich melden sollten, sie würden wahrscheinlich in ein anderes Lager kommen. Wir hatten das auch gehört, daß das Internationale Rote Kreuz dies veranlaßt hatte, denn für Mischlinge gab es andere Gesetze als für Volljuden, sie durften eigentlich nicht in Vernichtungslagern sein.

Ich habe mich dann gemeldet, nachdem ich mich mit meinen Freundinnen beraten habe. Ich wollte eigentlich gar nicht. Ich wußte, im Orchester habe ich es eigentlich ganz gut, also nicht so schlimm wie die anderen. Wer weiß, in welches Lager ich komme und wie ich es dort haben werde? Aber sie sagten zu mir: »Wenn man aus Auschwitz rauskommen kann, muß man das unbedingt machen. Das ist ein Vernichtungslager. Du kannst jeden Tag vergast werden«"

Die Tatsache, daß wir im Orchester waren, hat uns nicht davor geschützt, vergast zu werden. Wenn wir krank geworden wären oder der SS irgend etwas nicht gepaßt hätte, hätten sie gesagt: »Also, die sollen mal ins Gas.«

> Haben Sie eigentlich nur für die Kolonnen gespielt oder auch für die SS?

Zu meiner Zeit gab es das noch nicht, daß man Konzerte für die SS gegeben hat. Ich weiß nicht, ob das später kam. Ich habe mit Freundinnen gesprochen, die bis zum Schluß im Orchester waren. Sie haben gesagt, sie hätten nie für die SS gespielt, allerdings hätten sie für die Häftlinge gespielt und da wären auch SS-Leute dabei gewesen.

> Sie haben sich dann gemeldet und haben gesagt, sie hätten *arisches Blut*. War das das von der Großmutter väterlicherseits?

Meine Großmutter väterlicherseits war Christin. Ich habe mich also gemeldet und hatte eigentlich gedacht, daß die das gar nicht akzeptieren würden. Das haben sie aber. Und so bin ich mit noch siebzig anderen Frauen nach Ravensbrück gekommen. Das war auch ein ganz schlimmes Konzentrationslager.

Ich kann mich an niemanden erinnern, mit dem ich zusammen in Ravensbrück war, das ist ganz komisch.

Es war ein reines Frauenlager, ein Frauenstraflager. Da waren sehr viele Schwerverbrecherinnen, viele politische Häftlinge, viele Kommunistinnen, Sozialdemokratinnen, Christinnen – also überzeugte Christinnen, aber auch Jüdinnen.

Ich habe zunächst Kohleloren geschoben, also ganz schwere Arbeit gemacht, dann hörte ich, daß man einen Test machen kann, um bei Siemens zu arbeiten. Das habe ich gemacht, denn da brauchte man nicht draußen zu arbeiten, bei Wind und Wetter, sondern in einer Halle. Ich habe den Test bestanden, das waren Lappalien, man mußte einen Draht zu einer vorgegebenen Figur drehen, ich wurde gefragt, ob ich rechnen kann und Zeichnungen lesen kann, das kann jeder – und bin dann, zusammen mit vielen anderen, Zwangsarbeiterin bei Siemens geworden. Die hatten ihre Hallen im KZ. Sieben Hallen von Siemens waren dort errichtet worden.

> Haben Sie zu dem Zeitpunkt schon gewußt, daß Ihre Eltern tot sind?

Nein, ich habe immer gedacht, daß sie noch leben, auch meine Schwester. Ich hatte keine Ahnung.

> Haben Sie bis zur Befreiung in Ravensbrück gelebt?

Ja. Eineinhalb Jahre. Ich bin allerdings nicht in Ravensbrück befreit worden. Das ganze Lager wurde eines Nachts evakuiert, weil die Rote Armee schon fast vor der Tür stand. Und dann sind wir auf den sogenannten ›Todesmarsch‹ gegangen. Dieser Name ist zu Recht so gewählt worden. So viele, viele Frauen, die jahrelang im KZ gesessen haben, sind da, in der letzten Minute, kurz vor Kriegsende, noch von der SS erschossen worden, weil sie hinfielen, weil sie nicht mehr weiterkonnten.

> Wie lange hat der Marsch gedauert?

Fünf Tage. Ein Ziel war gar nicht abzusehen. Man wußte überhaupt nicht, wo die uns hinführen. Es war in den letzten Tagen vor Kriegsende. Wir sind in Mecklenburg herumgeirrt, allerdings immer in dieser Kolonne mit diesen SS-Männern mit ihren Gewehren. Weglaufen war also nicht möglich. Sie hätten uns gleich erschossen.

Haben Sie nachts geruht?

Nachts durften wir uns auf Marktplätzen hinsetzen. Ende April, Anfang Mai war es aber kalt. Und dann haben die SS-Männer irgendwann zueinander gesagt: »Jetzt darf nicht mehr geschossen werden.«

Und da haben wir gesagt: ›Jetzt laufen wir weg!‹

Und da sahen wir auch schon, daß sich die SS-Leute aus dem Staub machten, also die sind getürmt.

Wir haben uns im Wald versteckt, obwohl das gefährlich war. Die SS hat noch ein Weile dort gekämpft.

Wir haben uns dann in die deutschen Flüchtlingstrecks aus Berlin gemischt, die auf der Flucht vor den Russen waren, und haben niemandem gesagt, daß wir aus dem KZ kommen. Zu den Deutschen hatten wir kein Vertrauen. Wir haben gedacht, wenn die hören, daß wir aus dem KZ sind, daß wir Juden sind, dann werden sie uns wieder irgendwo anzeigen und wir werden wieder eingesperrt.

Wir sind zu einem Bauern gegangen und haben gefragt, ob wir in der Scheune übernachten dürfen. Er hat uns das erlaubt. Wir haben ihm gesagt, daß wir schrecklichen Hunger haben, und er hat uns gekochte Kartoffeln geschenkt. Die haben wir dann aufgegessen.

Als wir am nächsten Tag von der Scheune auf den Hof kamen, da stand der Bauer da und sagte: »Jetzt könnt Ihr Euch aussuchen, wohin Ihr gehen wollt. Auf der linken Seite sind die Amerikaner, auf der rechten Seite die Sowjets.« Aber wir brauchten uns gar nicht zu entscheiden. Auf der linken Seite kamen die amerikanischen Tanks schon an. Wir sind dorthin gelaufen, und die Amerikaner haben uns auf die Tanks hochgeholt, haben umgedreht und sind in ein kleines Städtchen namens Lübz gefahren, in Mecklenburg.

Ich war kürzlich noch einmal da, um es mir anzusehen.

Und dann haben sie uns eingeladen in eine Wirtschaft, sie haben uns alles mögliche zu trinken, zu essen gegeben; die Amerikaner hatten ja immer genug Proviant. Also, es hat Zigaretten und Schokolade geregnet. Sie waren sehr happy, daß sie uns getroffen haben. Wir haben ihnen die Nummer auf dem

Arm gezeigt, die Auschwitz-Nummer. Wir mußten natürlich erzählen, ich konnte ganz gut Englisch sprechen, eine Freundin auch. Und so haben wir ihnen gemeinsam alles mögliche erzählt, unter anderem, daß ich im Orchester Akkordeon gespielt hatte. Daraufhin ist ein Amerikaner in irgendeinen Laden gegangen und hat mir ein Akkordeon, tja, wahrscheinlich geklaut. Das hat er mir geschenkt.

»Jetzt machen wir erst mal Musik, denn der Krieg wird bald zu Ende sein«, hat er gesagt.

Waren Sie zu der Zeit unterernährt?

Ja sicher, wir waren alle unterernährt. Ich habe vielleicht 36 Kilo gewogen. Ich war völlig abgemagert. In Auschwitz hatte ich auch Typhus gehabt.

Ich habe dann angefangen, Akkordeon gespielt, und die anderen haben gesungen. Alle waren lustig und haben sich gefreut. Dann hören wir einen großen Krach auf der Straße, wir laufen raus und da sahen wir, daß die Rote Armee einmarschierte. Die schrien: »Kapitulation, der Krieg ist zu Ende, Hitler ist tot!«

Alle haben sich umarmt und geküßt, wir sind wieder in die Kneipe zurück. Ein russischer und ein amerikanischer Soldat sind dann später mit einem lebensgroßen Hitlerbild aufgekreuzt, haben es auf dem Marktplatz angezündet, und alle haben ringsrum getanzt, außer mir, weil ich die Quetsche gespielt habe. Das war eine herrliche Befreiung.

Aber von den Bewohnern der Stadt hat man nichts gesehen.

Anscheinend haben die sich überhaupt nicht gefreut, daß der Krieg zu Ende war.

Wie erklären Sie sich, daß Sie sich an niemanden aus der Zeit in Ravensbrück erinnern können?

Ich kann mich an die Zeit in Auschwitz viel eher erinnern als an die Zeit in Ravensbrück. Auschwitz war so eine gravierende Zeit für mich, so entsetzlich, so schrecklich, daß mir das viel mehr in Erinnerung ist. Auch die Namen derjenigen, mit denen ich zusammen war, sind mir geläufiger als die in Ravensbrück. Ich kann mich eigentlich an niemanden erinnern, mit dem ich zusammen war. Das ist ganz komisch.

Wie ging es nach der Befreiung weiter?

Ich wollte im westlichen Teil bleiben, da ich dachte, daß die Auswanderung einfacher sein würde. Für mich war klar: In Deutschland würde ich nicht bleiben. Ich fahre entweder nach Palästina oder nach Amerika, wo meine Geschwister waren. Aber ich wollte nicht aus Deutschland weg, ohne nachzuforschen, ob meine Eltern noch leben.

Dazu bin ich zuerst nach Bergen-Belsen gegangen, weil ich gehört hatte, daß es in ein Displaced Persons Lager umgewandelt worden war und es eine große Wand gab, mit den Namen vieler Überlebender. Alle, die durch Bergen-Belsen gegangen sind, haben sich dort eingeschrieben. Ich habe gesucht und gesucht und gesucht, nach Ruth Loewy, nach Rudolf Loewy, – nichts habe ich gefunden.

Ich hatte dann noch die Hoffnung, daß sie sich vielleicht bei einem meiner Geschwister gemeldet haben, aber da war nichts.

Mein Bruder und meine Schwester haben mir beide angeboten, zu ihnen zu kommen. Die erste Gelegenheit, Deutschland zu verlassen, war die illegale Einwanderung nach Palästina. Ich bin mit einem falschen Zertifikat eingereist.

Erst dort habe ich von Juden aus Breslau gehört, was mit meinen Eltern geschehen war. Meinem Vater, der ja Halbjude war, hatte man angeboten, sich scheiden zu lassen und dann in Deutschland zu bleiben. Das hat er aber nicht gemacht. Er soll gesagt haben, daß er so viele schöne Jahre mit seiner Frau verlebt hat, daß er sie nicht im Unglück im Stich lassen wird. Und dann ist er mit ihr gegangen.

Es gab viele, die sich haben scheiden lassen und dann in Deutschland bleiben konnten, aber mein Vater hätte das nie fertiggebracht.

Was haben Sie in Palästina gemacht?

Ich konnte ja nicht viel. Ich hatte das Gymnasium mit vierzehn Jahren verlassen müssen. Ich war auf Landarbeit vorbereitet, auf den Hühnerstall, den Kuhstall, auf Küchenarbeit. Ich konnte jetzt auch nicht anfangen zu studieren, zumindest nicht auf staatlicher Ebene. Ich konnte das nur privat machen.

Ich habe erst in der Nähe von Ramat Gan, dann in Tel Aviv gewohnt. Dort habe ich dann meine Gesangsausbildung gemacht. Ich bin ausgebildete Koloratur-Sopranistin. Ich habe das fünf Jahre lang gelernt. Am Tage habe ich schwer gearbeitet, als Haushaltshilfe, als Kindermädchen, in der Zigarettenfabrik, aber daneben hatte ich einen Korrepetitor, eine Gesangspädagogin. Bis 1950 habe ich gelernt.

1948 bin ich in den Krieg gezogen, also ich bin in die Armee eingezogen worden, allerdings nicht mit dem Gewehr in der Hand, sondern mit Musik. Ich habe dort ein Jahr verbracht. Nicht mit dem Akkordeon, ich habe nur gesungen, klassische Lieder, Opern, Arien, Mozart, Händel, Haydn, Bach habe ich gesungen. Wir waren zu dritt. Das war eine schöne Sache, wir haben sehr viele Konzerte gehabt. Die Armee hat uns immer wieder engagiert.

Nach dem Krieg habe ich als Kellnerin gearbeitet und ab und zu Engagements gehabt. Dafür setzte man sich damals in ein Kaffeehaus, das war ein Künstlertreff, Café *Frack* hieß das, auf der Dizengoff, da hat man gesessen, bis ein Impresario kam und einen engagiert hat. Ich habe in Kibbuzim gesungen, aber ich konnte mich nicht davon ernähren.

> Haben Sie Ihren Mann in Israel kennengelernt?

Ja.

> Sind Sie dann zusammen 1960 nach Deutschland gekommen?

Ja. Da hatten wir schon zwei Kinder, sieben und neun Jahre alt, Edna war neun, Joram war sieben. Es war ganz schön schlimm, als wir hierher kamen. Es war eine totale Umstellung, nach fünfzehn Jahren in Israel. Das war ein Sprung ins kalte Wasser. Ich hatte nicht gewußt, was ich mir da vornehme.

> Sie waren auch nicht auf einer Reise zwischendurch mal da?

Nein.

> Was gab denn den Ausschlag, wieder nach Deutschland zu gehen?

Also, ich wollte nicht unbedingt nach Deutschland gehen. Es war so: Ich war sehr krank in Israel, ich hatte immer ganz schreckliche Kopfschmerzen von der Hitze, ich habe schlimm ausgesehen, ganz abgemagert, ich hatte sieben Magengeschwüre, das war natürlich die Folge vom Konzentrationslager. Und durch diese Hitze wurde es immer schlimmer. Alle Ärzte haben mir gesagt, ich müsse wieder in ein europäisches Klima. Da ich deutschsprachig war, hatte ich nur die Möglichkeit, entweder in die DDR oder in die Bundesrepublik zu gehen.

Ich hatte auch Briefe bekommen von Freunden, die aus Israel nach Hamburg gegangen waren. Sie schrieben: »Hier ist es wunderbar. Es gibt keinen Antisemitismus, keinen Fremdenhaß, im Gegenteil, die wollen unbedingt, daß Leute aus dem Ausland kommen. Ihr werdet Euch bestimmt wohlfühlen.«

> An Amerika haben Sie nicht mehr gedacht?

Amerika war mir ein bißchen zu weit. Außerdem hat mein Bruder mich nicht eingeladen. Es war auch nicht leicht, die Überfahrt zu bezahlen.

> Haben Sie in Israel mit Ihrer Familie eigentlich Deutsch gesprochen?

Nein, Hebräisch. Mein Mann ist Sabra, er ist dort geboren. Meine Kinder sprachen kein Wort Deutsch, auch mein Mann nicht. Ich war die einzige, die Deutsch sprach.

> Was hat Ihr Mann zu der Übersiedlung gesagt?

Er war eigentlich ausschlaggebend. Er wollte aus Israel weg, nicht ich. Ich wäre auch dort geblieben, trotz meiner Krankheiten. Mein Mann hat immer gesagt, er will nicht mehr in den Krieg ziehen, er hat keine Lust mehr. Er ist Pazifist, in jeden Krieg ist er mit Unwillen gegangen. Wir hatten politisch sehr viel auszusetzen, z.B. an der Diskriminierung von Arabern, von Palästinensern. Das hat uns viel zu schaffen gemacht. Ich bin selbst eine Verfolgte, ich kann nicht ja sagen zur Verfolgung von anderen, ja? Für mich war das gleich einer Verfolgung.

Hm.

Und da haben wir gesagt: Wir gehen jetzt mal für fünf Jahre in die Bundesrepublik. Ich wollte meine Wiedergutmachung regeln. Ich wollte unbedingt eine Wiedergutmachung für meine Krankheit bekommen. Und so sind wir dann eben hergekommen. Aber als ich dann hier war und zum ersten Mal wieder die Polizisten sah, deutsche Polizisten, diese Uniformen sah, da wurde es mir ganz anders. Ich wußte plötzlich gar nicht mehr, wieso ich nach Deutschland gekommen war. Es fiel mir unheimlich schwer, mich wieder einzuordnen. Der Beginn war eine schreckliche Zeit. Es hat sehr lange gedauert, bis ich wieder angefangen habe, mich einigermaßen wohlzufühlen. Ich habe mich hier in erster Linie um die Kinder gekümmert, sie mußten ja Deutsch lernen. Ich hätte sofort in den Opern-Chor gehen können, das hatte man mir angeboten, aber das habe ich der Kinder wegen nicht getan.

Mein Mann hat sofort Arbeit gefunden, obwohl er kein Wort Deutsch sprach. In Israel war er Busfahrer, das war dort ein sehr guter Beruf. Hier hat er zunächst Lastwagen gefahren. Ein Jahr später haben wir uns selbständig gemacht, wir haben eine Wäscherei eröffnet, wovon weder ich noch mein Mann Ahnung hatten, aber das ging ganz gut. Das haben wir vier Jahre lang betrieben, dann habe ich gesagt, jetzt ist Schluß, ich kann nicht mehr. Das war sehr schwere Arbeit, zumal wir die Kinder ja noch hatten.

Wir lebten ziemlich zurückgezogen. Mit Deutschen anfreunden konnte ich mich überhaupt nicht. Ich habe in jedem älteren Menschen die Mörder meiner Eltern und meiner Schwester gesehen.

In der Jüdischen Gemeinde hat es uns auch nicht besonders gut gefallen. Wir sind allerdings eingetreten, waren aber trotzdem ziemlich isoliert am Anfang.

Wir haben uns so durchgewurstelt. Ich habe später eine kleine Boutique aufgemacht, das hat mir sehr viel Spaß gemacht, weil ich alles alleine machen konnte. Ich konnte allein einkaufen, allein dekorieren, es war eben meine Arbeit. Und in dieser Zeit habe ich sehr viele Menschen kennengelernt. Man kam in Kontakt.

Ich habe nie einen Hehl daraus gemacht, daß ich aus Israel bin, daß ich Jüdin bin. Und ich habe nie antisemitische Äußerungen mir gegenüber erlebt, obwohl ich weiß, daß es das gibt.

Einmal hat ein Informationstisch von der NPD nicht weit von meiner Boutique aufgemacht. Da bin ich so ausgerastet, daß ich mein Geschäft zugemacht habe und dahin gegangen bin und gesagt habe, sie sollen da weggehen. Und da kam auch schon die Polizei und Linke mit Transparenten. Da hat drauf gestanden: ›Nazis raus! Nie wieder Faschismus, nie wieder Krieg!‹

Das waren Leute von der Vereinigung der Verfolgten des Naziregimes (VVN). Die Nazis haben Handzettel verteilt und die Polizei hat sich vor sie gestellt und sie vor den Linken geschützt, obwohl die Nazis mit Knüppeln auf die Linken losgegangen waren. Da bin ich auf einen Polizisten zugegangen und habe gesagt: »Sagen Sie mal, was tun Sie eigentlich hier? Statt denen zu verbieten, hier zu stehen, schützen sie die noch!«

Da hat er gesagt: »Fassen Sie mich nicht an!«

Ich hatte den so leicht am Ärmel angefaßt.

»Fassen Sie mich nicht an! Ich werde Sie gleich einsperren.«

Da habe ich gesagt: »Ich habe keine Angst. Ich war im KZ, ich weiß, was das ist.«

»Ach, gehen Sie nach Hause«, hat er gesagt, »sonst kriegen Sie noch einen Herzinfarkt.«

Na ja, ich bin dann wieder in mein Geschäft zurück, und die Nazis haben abgebaut.

Mir hat das den Rest gegeben, daß es wieder ganz legal Nazis gibt, die da ihren Stand machen können, obwohl im Grundgesetz steht, daß alle Nachfolgeparteien der NSDAP verboten sind. Die hatten so richtig antisemitische Hetzschriften.

Am nächsten Tag bin ich in die VVN eingetreten. Von da an hat sich mein Leben völlig verändert.

Inwiefern?

Insofern, als ich von da ab politisch sehr aktiv geworden bin.

Sind Sie eigentlich wieder nach Israel gefahren?

Ja, nach zehn Jahren. So lange hat es gedauert, bis ich mir das leisten konnte.

Was gab es für Reaktionen, wenn
Sie erzählt haben, daß Sie wieder in
Deutschland leben?

Nun ja, gut. Die Reaktionen waren wie gegenüber jedem, der
abgewandert ist, – kann man sich ja vorstellen: sie haben
gesagt, daß wir Verräter sind, daß sie nicht verstehen können,
daß ich – die ich so viel erlebt habe – wieder in Deutschland
lebe; also man kam mir schon irgendwie feindlich entgegen.

Was schon auffällt: In Israel haben
Sie deutsche Lieder gesungen und
jetzt singen Sie jiddische Lieder.

Ja. Es ist eben so, daß ich die jiddischen Lieder dazu benutze,
um die Menschen aufzuklären. Ich singe ganz besondere Lieder, wir haben immer zum Thema die Freiheit oder den Frie-
den.

Wer ist: wir?

Das ist unsere Gruppe, wir sind eine reine Frauengruppe und
nennen uns *Coincidence*. Angekündigt werden wir meist als
Esther und Edna Bejarano und die Gruppe Coincidence. Meine
Tochter ist vor drei Jahren mit mir zusammengegangen, und
jetzt machen wir das gemeinsam. Sie singt sehr gut und hat
schon etliche Schallplatten gemacht. Wir haben derzeit ziemlich viel Konzerte. Man kann sich ja vorstellen, daß bei dieser
Ausländerfeindlichkeit, die wir heute wieder in der Bundesrepublik haben, da muß man ja etwas dagegensetzen. Und da
die Linke so erscheint, als sei sie zerschlagen, also durch den
Zusammenbruch der Sowjetunion und durch dieses Groß-
Deutschland, das sich anbahnt, da muß man etwas dagegensetzen. Wenn die Politiker nichts tun, muß eben das Volk etwas
machen.

Wenn ich so mit Neo-Nazis konfrontiert bin, mit Ausländerfeindlichkeit, dann steigen die alten Bilder wieder auf. Wissen Sie, ich behaupte mal so, daß die Verfolgten des Naziregimes irgendwie andere Menschen sind. Sie sehen alles anders,
sie fassen alles anders auf, weil sie immer diese alten Bilder vor
sich haben. In jedem Fall geht es mir so: Wenn Du das überlebt
hast, dann kann Dir nicht mehr viel passieren.

> Wurde in Israel viel über die Vergangenheit gesprochen?

Eigentlich nicht. Aber als ich dort war, war ich auch noch ganz zugeschnürt, ich hatte das nicht verarbeitet. Ich kann mich erinnern, als ich nach Israel kam, wollte ich überhaupt nichts erzählen. Es hat mich unheimlich gestört, wenn Leute auf mich zukamen, weil sie meine Nummer gesehen haben. Sie haben mich alles mögliche gefragt, ob ich vielleicht den oder jenen gekannt habe, ob ich vielleicht Verwandte von ihnen gesehen hatte.

Ich wollte damals einfach nichts mehr davon wissen. Ich hatte auch meinen Kindern nichts erzählt. Sogar meinem Mann habe ich wenig erzählt.

Wissen Sie, wie weit das ging? Ich habe mir meine Nummer wegmachen lassen! In Israel! Ich bin extra nach Israel gefahren. Aus Protest, weil ich auch mit der israelischen Politik nicht einverstanden war, habe ich mir von einem Araber in Jerusalem diese Nummer wegtätowieren lassen.

> In welchem Jahr war das?

Ich weiß gar nicht genau, das war in den 70er Jahren.

> Was haben Ihre Bekannten und Freunde dazu gesagt?

Die haben gesagt, daß ich vollständig übergeschnappt bin. Die konnten das überhaupt nicht begreifen. Mein Mann zum Beispiel hat gesagt, das kann er nicht verstehen. Ich bin extra allein nach Israel gefahren, weil ich wußte, daß wenn er mitgefahren wäre, dann hätte er mich davon abgehalten.

> Warum haben Sie die Nummer nicht in Deutschland wegmachen lassen?

Das wollte ich nicht. Ich wollte mir nicht von den Deutschen die Nummer wegmachen lassen.

Das ist doch irgendwie schizophren, nicht?

Dabei hätten die Deutschen das viel besser gemacht.

Die Nummer sieht man immer noch, im Grunde.

(*Frau Bejarano zeigt mir ihren Unterarm*)

　　　　　　　Stimmt. Man sieht, daß da was
　　　　　　　wegtätowiert ist.

Und wie der das gemacht hat! Ich wäre beinahe daran gestorben. Wenn ich nicht so gutes Blut gehabt hätte, hätte ich ganz schnell eine Blutvergiftung haben können. Das war nicht antiseptisch, also es war schlimm.

　　　　　　　Das war nicht in der Klinik?

Ach was. Das war ein Tätowierer.
　　Das war so komisch. Ich bin in Jerusalem in der Altstadt rumgelaufen. Und da kam ein Araber zu mir und hat gesagt: »Sag mal, warum hast Du eigentlich immer noch diese Nummer auf Deinem Arm? Das brauchst Du doch nicht zu haben.«
　　»Ja«, sag ich, »ich will das schon lange weghaben, weil mich das auch furchtbar stört.«

　　　　　　　Das war aber nicht der Aufenthalt,
　　　　　　　wo Sie die Nummer dann wirklich
　　　　　　　haben wegmachen lassen?

Doch!

　　　　　　　Aber Sie haben doch gesagt, Sie
　　　　　　　wären extra nach Israel deswegen
　　　　　　　gefahren.

Ja, ich bin extra nach Israel gefahren, um mir die Nummer irgendwo wegmachen zu lassen. Und da bin ich zufällig von diesem Araber angesprochen worden. Und da habe ich gedacht: Das ist eine gute Idee! Ich lasse mir von einem Araber meine Nummer wegmachen.

　　　　　　　Das ist stark.

Ja, alle haben mich für verrückt erklärt.

　　　　　　　Ja.

Ich habe bei meiner Schwägerin gewohnt, und die hat immer nur mit dem Kopf geschüttelt und gesagt: »Du bist wahnsinnig.«

　　　　　　　Aber welcher Impuls stand dahinter?

In Israel bin ich immer auf die Nummer angesprochen worden. In Berlin hatte ich auch zwei Erlebnisse. Eines war gut. Da bin ich in die DDR gefahren. Und als einer der Wachposten die Nummer gesehen hat, hat er mir gleich einen Hof gemacht. »Kann ich etwas für Sie tun? Sie sind Verfolgte des Nazi-Regimes?«

Da habe ich gesagt: »Ja.«

»Kommen Sie doch mal mit. Was möchten Sie denn? Ich sehe, Sie suchen etwas.«

Sag ich: »Ja, ich suche ein Telefon. Ich möchte gerne meine Freundin in der DDR anrufen, ob sie zu Hause ist, denn wenn sie nicht da ist, hat es keinen Sinn. Ich komme aus Hamburg.«

Sie haben mir also sehr geholfen. Ich konnte telefonieren und mußte nicht in der Schlange stehen.

Aber am gleichen Tag oder einem Tag danach bin ich in die U-Bahn eingestiegen. Es war furchtbar heiß und ich bin ohne Ärmel gegangen. Da kommt einer und fragt mich, ob die U-Bahn zum Bahnhof-Zoo fährt. Ich wußte das nicht, ich wußte nur, wohin ich fuhr.

Da habe ich gesagt: »Es tut mir leid, ich weiß es nicht.«

Und da sagt ein Älterer zu mir: »Naja, was kann man schon verlangen von einer, die sich eine Nummer auf den Arm tätowieren läßt? Das ist sicher so eine leichte Person, die keinen Grips im Kopf hat.«

Ganz laut hat er das gesagt.

Ich habe gesagt: »Das wissen Sie wohl nicht, was das für eine Nummer ist, oder tun Sie nur so, als wüßten Sie das nicht?«

Es kamen dann ein paar Leute dazu, die mich beruhigt haben: »Es gibt immer solche Leute. Lassen Sie sich nicht beirren.«

Danach war für mich klar: Ich muß mir meine Nummer wegmachen lassen.

Auch als wir die Wäscherei hatten, hat mich jemand angequatscht: »Haben Sie sich die Nummer draufmachen lassen, damit Ihr Mann Sie in die Waschmaschine stecken kann?«

Oder man hat mich gefragt: »Ist das Ihre Telefonnummer?«

Oh Gott. Das ist ja furchtbar.

Ja, das ist wirklich furchtbar. Ich wollte also diese Nummer weghaben, habe mir aber überhaupt nicht überlegt, warum mache ich das jetzt?

Und heute könnte ich mich ohrfeigen. Warum habe ich das gemacht?

Warum ausgerechnet von einem Araber?

Wissen Sie, ich glaube, das war doch eher Zufall. Wichtig war mir nur, daß es kein Deutscher war.

Quält Sie heute noch die Lagerzeit?

Ja, oh ja. Ich hatte und habe Alpträume. Jetzt sind sie manchmal noch schlimmer als früher. Früher haben sich die Träume nicht mit der Gegenwart vermischt. Damals wußte ich, wenn ich aufwachte: Ach, das stimmt doch gar nicht mehr. Wenn ich jetzt träume, habe ich irgendwie durch den neuerlichen Neo-Nazismus eine bestimmte Angst in mir, nicht? Durch diese ganzen Geschehnisse, die wir jetzt wieder in Deutschland haben, durch Hoyerswerda oder letztlich ist in Düsseldorf ein sechzigjähriger jüdischer Mann zusammengeschlagen worden, – durch diese Geschehnisse, über die man ja liest, vermengen sich Vergangenheit und Gegenwart. Und wenn ich dann aufwache, dann denke ich: Oh Gott, jetzt kommt diese ganze Sache wieder. Das habe ich früher nicht gedacht.

Was träumen Sie denn?

Ich träume immer einen bestimmten Traum. Das ist, daß ich verfolgt werde, daß man mich fängt und daß man mit solchen SS-Stiefeln auf mir rumtrampelt. Das ist ganz schlimm.

Haben Sie das selbst erlebt?

Nein, aber das habe ich in Auschwitz gesehen – hunderte Male.

Lola Fischel

geboren in Sosnowiec/ Polen
Jahrgang 1914
Wohnort: Hannover

Ich bin in Bergen-Belsen befreit worden. Ich habe dort in meinem Beruf gearbeitet. Man hat mich aufgefordert, eine Zahnambulanz zu organisieren. Es gab viele Kollegen unter den Häftlingen, die mitgemacht haben. Das hat mir den Mut gegeben, wieder zu leben. Ich habe gemerkt: ich kann helfen.

> War die Zahn-Ambulanz für die Insassen von Bergen-Belsen?

Ja.

> Für das Wach-Personal auch?

Während der Kriegszeit? Da durften wir kein Wach-Personal behandeln. Die hatten ihr eigenes Personal, ihre eigenen Ärzte.

> Ich höre einen leichten Akzent. Wo sind Sie geboren?

Ich bin in Polen geboren, im Grenzgebiet Oberschlesien.
   Wissen Sie, am besten machen Sie Ihr Gerät aus und ich lese Ihnen vor, was ich aufgeschrieben habe.

> Hm

Legen Sie keinen Wert drauf?

> Doch. Aber mir wäre lieber, wenn Sie mir erzählen würden, dann kann ich meine Fragen stellen.

Ehrlich gesagt: man kann das gar nicht ›alles‹ erzählen. Es ist fast unmöglich, das alles behalten zu haben, was Ihnen dienen könnte.
   Wenn Sie das Gerät ausmachen, kann ich Ihnen vorlesen.

Ich kann ja aufnehmen, was Sie lesen.

Gut. Also, vorlesen. Ich habe zum 40. Jahrestag der Befreiung in Bergen-Belsen eine Ansprache gehalten. Es waren etwa fünftausend Menschen gekommen, aus Deutschland, aus dem Ausland, von überall, aus Kanada, aus Amerika, aus Israel, Belgien, Frankreich, ich kann gar nicht alle Länder aufzählen. Nach einer kurzen Begrüßung habe ich angefangen mit meinem Leid:

»Nach einer vom Hunger geprägten Zeit der Tyrannei unter den SS-Posten des Ghettos bin ich im August '43, nach dramatischen Familientrennungsszenen am Sammelpunkt, mit dem letzten Aussiedlungstransport in das Vernichtungslager Auschwitz verschleppt worden. Ich war neunundzwanzig Jahre alt.

Zunächst bekam ich die schmerzhafte Tätowierung am linken Arm. Anschließend wurden wir bis zur Unkenntlichkeit geschlagen und gequält. Die Köpfe wurden kahlgeschoren. Zum Zählappell nackt und barfuß im Sumpfboden, aus purer Schikane Laufübungen, stundenlanges Strafstehen. Dies führte zur völligen Erschöpfung. Bei jedem Appell wurden mehrere Menschen auf grauenvolle Weise erschlagen. In den zugewiesenen Baracken konnten wir nur stehen, auch nachts, denn es wurde die zehnfache Menge Häftlinge zusammengepfercht, als die Baracken aufnehmen konnten. Liegen bleiben konnten nur die Ohnmächtigen zwischen unseren Füßen.

Die Baracken waren verdreckt und verseucht. In Windeseile verbreiteten sich Krankheiten. Ich bekam Flecktyphus, unterbrochen durch Malaria, und nach kurzer Zeit Bauchtyphus.

Erschöpft, krank, fast verhungert, ohne Medikamente schleppte ich mich mit letzten Kräften zweimal täglich zum Appell. War man dazu nicht mehr fähig, wurde man zur Gaskammer geschickt.

Jeden Tag Selektionen und neue Transporte, die ins Lager kamen. Wir wußten, daß die Gasöfen weiter ununterbrochen brennen würden. Den spezifischen Geruch der verbrannten Menschen werde ich nie im Leben los.

Das übersteigt jedes Maß menschlicher Vorstellung. Es ist heute unfaßbar, aber es ist wahr: Bei all diesen Torturen verlor ich jedes Zeitgefühl. Irgendwann wurde ich nach Bergen-Belsen transportiert. In Bergen-Belsen gab es kein Licht, kein Wasser, keine Latrinen. Die Häftlinge selbst haben die notwendigen Latrinen auf primitive Art eingerichtet. Regelmäßig wurden sogenannte Hygiene-Kontrollen vorgenommen, nachdem wir wieder in zerfetzten Lumpen, halbnackt, herumliefen. Ein schreckliches Bild. Wir haben uns gegenseitig nicht erkannt. Durch die grausame Behandlung durch die SS waren wir zu entstellten Kreaturen geworden, geschwollen und wund am ganzen Leibe. Die sadistischen Quälereien, die Krankheiten, der Hunger, die Sterbequoten wurden immer größer. Haushohe Berge von Leichen lagen vor den Baracken. Es war nicht zu schaffen, sie wegzuholen. Der größte Teil der am Leben gebliebenen Häftlingen, hat die Befreiung nicht vernommen. Wir waren apathisch, ...

... körperlich wie auch seelisch dazu nicht in der Lage. Wir hatten absolut keinen Lebenswillen mehr, obwohl nun endlich ein Ende des barbarischen vorsätzlichen Mordens und das sinnlose Sterben zu Ende ging. So wie ich konnten viele gar nicht erfassen, daß sie das alles überstanden hatten.«

– das kann ich heute noch nicht fassen –.

Entschuldigen Sie, die Tränen kommen von allein.

»Die heutige Gedenkstunde ist gleichzeitig ein Treffen der wenigen Überlebenden von Bergen-Belsen, die heute im Staate Israel leben. Es ist auch der Tag des Gedenken für unsere Angehörigen, ...

... Angehörigen, die hier ihr Leben lassen mußten.

Ich trage die unendlich langen zwanzig Monate der Lagerzeit – auch wenn ich es gar nicht möchte – ständig in meinem tiefsten Innern.

Ich habe vergeben, aber das grausame Morden und Vernichten meiner ganzen Familie in den Lagern Bergen-Belsen und Auschwitz kann ich nicht vergessen. Es gibt kein Lexikon der Welt, mit dessen Wortschatz es möglich wäre, einem normalen Menschen diese unmenschlichen Qualen durch die SS-Mannschaft zu schildern – sowohl die Frauen als auch die Männer waren Bestien in menschlicher Gestalt, im wahrsten Sinne des Wortes.

Das alles glaubwürdig darzustellen, ist niemals möglich.

Ich habe mich im neuen Deutschland völlig integriert, habe mir einen großen Freundeskreis erworben. Aber mein Schmerz der Gegenwart ist, daß vierzig Jahren nach der Befreiung viele jüdische Mitbürger Angst um ihre Identität haben. Deren Schicksal liegt in den Händen der Jugend.«

Davon bin ich noch heute überzeugt.

Es ist mir nicht leicht zu lesen, es ist mir nicht leicht. Je älter ich werde!

Entschuldigen Sie, ich bringe ein Taschentuch.

Wenn man das liest, braucht man nicht mehr viel zu fragen.

> Ich würde Sie gerne fragen: Nach diesem Leid durch die Deutschen in Auschwitz und Bergen-Belsen, war das denn für Sie nach dem Krieg klar, daß Sie in diesem Land bleiben würden?

Das kann ich in zwei Worten beantworten: Ich habe hier gleich nach der Befreiung meinen Mann getroffen, einen Hannoveraner, der sehr schwer beschädigt und sehr krank von Auschwitz und den anderen Lagern, in denen er war, zurückkam. Nach einer Zeit haben wir beschlossen, zusammenzubleiben.

Nach Israel konnte er in seinem Gesundheitszustand nicht gehen. Er war sehr glücklich, daß er wieder in seine Heimatstadt zurückgekommen ist. Er wollte von hier nicht weg. Also, stellte sich für mich die Frage: Bleibst Du mit diesem Mann? – Was ich nie bereue, ich bin sehr glücklich verheiratet gewesen, seit zwanzig Jahren lebt er nicht. Ich habe mich gut integriert, bereue nicht einen Moment, daß ich hier geblieben bin. Ich habe hier auch meine Art, Menschen zu helfen, weiter praktiziert, – bis heute, bis in mein hohes Alter.

Ich bin mit den Menschen hier sehr gut ausgekommen.

> Praktizieren Sie noch als Zahnärztin?

Fast nicht mehr.

> Können Sie sich noch daran erinnern, wie Sie aus dem Lager auf

freien deutschen Boden getreten
sind?

Diese Frage kann keiner von uns gut beantworten.
Wir haben getaumelt.
Es war für uns gar nicht klar aufzunehmen, wir waren nicht
in der Lage zu begreifen, daß wir frei waren.
Essen Sie doch ein Stückchen Selbstgebackenes.

Danke.
Gab es Gespräche zwischen den Häftlingen im Lager, was man machen
würde, wenn man erst frei ist?

Das kam gar nicht zur Sprache, bei mir nicht. Wir waren gar
nicht fähig zu denken, daß das einmal ein Ende haben könnte.

Hatten Sie nach Kriegsende die
Idee, nach Polen zu fahren um zu
sehen, was passiert war?

Nein. Nein.

Polen haben Sie nie wieder betreten?

Nein.

Warum nicht?

Ich wollte mit meinem Mann nach Israel, aber seine Gesund-
heit hat das nicht erlaubt.
Ich bin hiergeblieben, weil ich gesehen habe, daß ich mit
meinem Mann gut auskomme. Wir haben uns gut verstanden.
Ich habe gesehen, daß ich mich hier integrieren kann. Das
habe ich auch getan.

Auch später hatten Sie nie Lust,
noch einmal in Ihre Heimatstadt zu
fahren?

Nein. Mir ist nicht danach.

Warum?

Sie wissen ja: Juden fühlen sich nirgends zu Hause. So war das
geprägt von Kindheit auf. Ich habe dort keinen mehr in Polen,

zu wem sollte ich fahren? Meine Eltern, meine Geschwister? Nur mein Bruder hat überlebt, vor fünfzehn Jahren ist er an Folgen der Lagerhaft gestorben.

Wo hat Ihr Bruder gelebt?

In Israel. Für uns kam nur in Frage: entweder nach Israel oder hierbleiben. Mein Bruder ist '47 nach Israel. Wir waren zusammen in Bergen-Belsen, als es schon in ein DP-Lager umgewandelt war.

Nach der Befreiung.

Ja, da habe ich auch meine Ambulanz aufgemacht.

Sie haben vorhin gesagt, jetzt, wo Sie älter werden, käme die Erinnerung stärker. In welcher Form?

Verfolgungswahn manchmal. Wahn ist vielleicht nicht das richtige Wort – es verfolgt mich. Wenn ich höre von Neo-Nazis, da entstehen die alten Bilder wieder.

Bergen-Belsen ist nicht weit. Sind Sie manchmal dorthin gefahren nach der Befreiung?

Ja. Ich habe es vielen Besuchern gezeigt.

Wissen Sie, ich habe fast alles von vor dem Krieg vergessen. Aber Auschwitz, Bergen-Belsen, diese Torturen kann man nicht vergessen. Es geht nicht. Es ist nicht auszuradieren.

Inhalt

Veza Canetti
Die Gelbe Straße
Roman

Mit einem Vorwort von Elias Canetti
und einem Nachwort von Helmut Göbel
Band 10914

In der Wiener *Arbeiter-Zeitung*, zu ihrer Zeit Österreichs am sorgfältigsten redigierte Tageszeitung, veröffentlichte Veza Canetti regelmäßig Geschichten, vor allem in der Wochenend-Beilage. Zum guten Teil handelten diese Beiträge vom Leben in der Ferdinandstraße im II. Wiener Gemeindebezirk. Dort wohnte, bis zum Beginn der Nazi-Zeit, die Mehrzahl der Wiener Juden; die Ferdinandstraße war bekannt dafür, daß dort vor allem Lederhändler, en gros und en détail, ihre Geschäfte hatten. In und vor den Geschäften stapelten sich Taschen, Koffer, Zaumzeug, Lederwaren aller Art - die Straße soll ganz gelb gewesen sein. Speziell aus dieser Straße, in der sie selbst lange gewohnt hat, berichtet Veza Canetti in ihrem Roman, über große und kleine Katastrophen - verunglückte Ehen, tyrannische Ehemänner, Mitgiftjäger, geldgierige Hausherren und ähnliche Prüfungen mehr. Der kleine Kosmos *Gelbe Straße* steht für die Welt. Knapp und pointiert, an Karl Kraus geschult, berichtet Veza Canetti - immer auf Seiten der Opfer - von den im Maßstab noch kleinen Brutalitäten, die geradewegs in die große Katastrophe des Zweiten Weltkriegs und der sogenannten Endlösung führen. Die Münchner *Abendzeitung* nannte das Buch »eine notwendige Entdeckung«.

Fischer Taschenbuch Verlag

fi 617 / 3

Elias Canetti
Die Blendung
Roman

Band 696

Dieser Roman, 1935 in Wien zum erstenmal veröffentlicht, aber von ungünstigen Zeitumständen in seiner Wirkung behindert, ist auf Umwegen über England, Amerika und Frankreich, in die deutsche Literatur zurückgekehrt, in der er heute einen wichtigen Platz einnimmt. Wie Joyces *Ulysses,* mit dem die Kritik Canettis Buch immer wieder verglichen hat, ist *Die Blendung* im Grunde eine mächtige Metapher für die Auseinandersetzung des Geistes mit der Wirklichkeit, für Glanz und Elend des einsam reflektierenden Menschen in der Welt. Protagonist der Handlung ist Kien, ein berühmter Sinologe, der in seiner 25 000 Bände umfassenden Bibliothek ein grotesk eigensinniges Höhlenleben führt. Seine Welt ist im Kopf, aber sein Kopf ist ohne Sinn für die Welt. Als Kien, von seiner Haushälterin zur Ehe verführt, mit den Konventionen und Tatsachen des alltäglichen Lebens konfrontiert wird, rettet er sich gewissermaßen in den Irrsinn.

Fischer Taschenbuch Verlag

fi 598 / 3

Valentin Senger
Die Buchsweilers
Roman
Band 11382

Valentin Senger, der mit seiner autobiographischen Überlebensgeschichte ›Kaiserhofstraße 12‹ (1978) viel Anerkennung gefunden hat, nimmt sich in seinem Roman ›Die Buchsweilers‹ eines Themas an, das bislang von der Literatur noch nicht behandelt worden ist: die Wanderjuden im Deutschland des vergangenen Jahrhunderts. Sie mußten Tag für Tag von einer Judenherberge zur anderen ziehen, durften nie länger als eine Nacht in einer Stadt zubringen. Im Falle David Buchsweiler kam noch eine Verschärfung hinzu. Er war mit einem marodierenden Soldaten in Streit geraten und wurde, obwohl unschuldig, zu Kerker verurteilt. Nach Verbüßen seiner Strafe verlor er auch die geringsten sozialen Rechte. Mit Gleichgesinnten schließt er sich zu einer Judenbande zusammen, die ihre Familienangehörigen durch Raub und Diebstahl durchbringt. Gestützt auf ausgiebiges Quellenstudium, zeichnet Senger ein facettenreiches Zeitgemälde, in dem von Stetl-Romantik nicht viel zu entdecken ist. Es geht ums nackte Überleben unter entwürdigenden Umständen. Weite Passagen lesen sich freilich wie Teile eines besonders farbigen Abenteuerromans.

Fischer Taschenbuch Verlag

fi 596 / 3

János Nyiri
Die Juden-Schule

Aus dem Englischen von
Hilde Linnert und Uta Szyszkowitz

Band 11054

Der Titel dieses Romans ist doppelsinnig, sein Inhalt eindeutig. Gemeint ist einmal eine Schule für Juden (wozu auch die Synagoge, die schul, gehört), zum anderen die harte Lebensschule, die jeder Jude in einer antisemitischen Umwelt durchlaufen muß. Thema ist der Holocaust, die systematische Ausrottung der Juden. Erzählt wird die Geschichte aus der Perspektive des kleinen József Sondor, den der Leser vom Kindergarten (kurz vor Ausbruch des Zweiten Weltkriegs) bis zur Befreiung Budapests erlebt. József ist so etwas wie ein ungarisch-jüdischer Oskar Matzearth, der permanent seine Familie, Lehrer und sonstige Umwelt in Atem hält, sich aller Disziplin (und allen Disziplinierungsversuchen) entzieht und voller verrückter Ideen steckt. Er ist außergewöhnlich frühreif und sprachbegabt. Obwohl das Buch überwiegend von Angst und Überlebensnot handelt, fehlt ihm alles gefühlige Pathos; Nyiri bringt seine Leser zum Lachen, das im Hals stecken bleibt und begreifen hilft. Der *Observer* schrieb: »Wir suchen in der Kunst nicht nur nach Verständnis, sondern auch nach Glück. János Nyiris *Juden-Schule* erfüllt beide Wünsche. Der beste Roman über den Holocaust.«

Fischer Taschenbuch Verlag

Israel J. Singer

*Von einer Welt,
die nicht mehr ist*

Erinnerungen

Aus dem Amerikanischen
von Gertrud Baruch

Band 11340

Israel J. Singer erinnert sich an seine Jugend in einer kleinen
polnischen Provinzstadt: an den bücherlesenden, in jeder
Not unverbesserlich optimistischen Vater und die realisti-
sche, praktische Mutter, die Tanten, Handwerker und kleinen Händler. Mit den Augen des heranwachsenden Knaben
gesehen, aber mit der Kunst des reifen Schriftstellers darge-
stellt, entsteht so die Welt des jüdischen Schtetl, einer Welt,
geprägt von einer starren hierarchischen Ordnung und be-
herrscht von den strengen Ritualen einer archaischen Religion. Von diesem bescheidenen, gläubigen, friedfertigen, der
Not abgerungenen Leben, das für die Kinder dennoch ein
glückliches und reiches war, von dieser Welt, die nicht mehr
ist, da sie grausam vernichtet wurde, berichtet Singer ganz ohne Sentimentalität, ja heiter – wenn auch in dem Bewußtsein,
daß sie unwiederbringlich ist.

Fischer Taschenbuch Verlag

Lebensbilder
Jüdische Erinnerungen und Zeugnisse

Herausgegeben von Wolfgang Benz

Fischer Taschenbuch Verlag

Die Zeit des Nationalsozialismus

Eine Buchreihe
Herausgegeben von Walter H. Pehle

Götz Aly/
Susanne Heim
**Vordenker der
Vernichtung**
Auschwitz und die
deutschen Pläne für
eine neue europäi-
sche Ordnung
Band 11268

Ralph Angermund
**Deutsche Richter-
schaft 1919 - 1945**
Band 10238

Avraham Barkai
**Das Wirtschafts-
system des Natio-
nalsozialismus**
Ideologie, Theorie,
Politik 1933-1945
Band 4401

Herausgegeben von
Ute Benz/
Wolfgang Benz
**Sozialisation und
Traumatisierung**
Kinder in der
Zeit des National-
sozialismus
Band 11067

Wolfgang Benz(Hg.)
**Herrschaft und
Gesellschaft im
nationalsozia-
listischen Staat**
Band 4435

Herausgegeben von
Wolfgang Benz/
Hans Buchheim/
Hans Mommsen
**Der National-
sozialismus**
Band 11984

Herausgegeben von
Wolfgang Benz/
Angelika Schardt
**Deutsche Kriegs-
gefangene im
Zweiten Weltkrieg**
Erinnerungen
Band 11918

Herausgegeben von
Dirk Blasius/
Dan Diner
**Zerbrochene
Geschichte**
Leben und
Selbstverständnis
der Juden in
Deutschland
Vom Mittelalter
bis zur Gegenwart
Band 10524

Fischer Taschenbuch Verlag

Die Zeit des Nationalsozialismus

Eine Buchreihe
Herausgegeben von Walter H. Pehle

Fischer Taschenbuch Verlag

fi 1710 / 6 b

Die Zeit des Nationalsozialismus

Eine Buchreihe
Herausgegeben von Walter H. Pehle

H. Graml (Hg.)
**Widerstand im
Dritten Reich**
Probleme, Ereig-
nisse, Gestalten
Band 12236

Günter Grau (Hg.)
**Homosexualität in
der NS-Zeit**
Band 11254

Sebastian Haffner
**Anmerkungen
zu Hitler**
Band 3489

Jost Hermand
Als Pimpf in Polen
Erweiterte Kinder-
landverschickung
1940-1945
Band 11321

Raul Hilberg
**Die Vernichtung
der europäischen
Juden.** Band 4417
Drei Bände in Kass.

Wieslaw Kielar
Anus Mundi
Fünf Jahre
Auschwitz. Bd. 3469

Ernst Klee
**Persilscheine und
falsche Pässe**
Wie die Kirchen
den Nazis halfen
Band 10956
**Was sie taten -
Was sie wurden**
Ärzte, Juristen und
andere Beteiligte
am Kranken- und
Judenmord. Bd. 4364

Ernst Klee
**»Euthanasie«
im NS-Staat**
Band 4326
**»Die SA
Jesu Christi«**
Die Kirche im
Banne Hitlers
Band 4409

Ernst Klee (Hg.)
**Dokumente zur
»Euthanasie« im
NS-Staat.** Bd. 4327

A. Königseder/
Juliane Wetzel
**Lebensmut
im Wartesaal**
Die jüdischen DPs
im Nachkriegs-
deutschland
Band 10761

Fischer Taschenbuch Verlag

fi 1710 / 6 c

Die Zeit des Nationalsozialismus

Eine Buchreihe
Herausgegeben von Walter H. Pehle

Herausgegeben von
Eugen Kogon/
Hermann Langbein/
A. Rückerl u.a.
**Nationalsozialisti-
sche Massentötun-
gen durch Giftgas**
Eine Dokumenta-
tion. Band 4353

Helmut Krausnick
**Hitlers Einsatz-
gruppen**
Die Truppe des
Weltanschauungs-
krieges 1938 - 1942
Band 4344

Hermann Langbein
**...nicht wie die
Schafe zur
Schlachtbank**
Band 3486

Georg Lilienthal
**Der »Lebensborn
e. V.«**
Ein Instrument
nationalsozialisti-
scher Rassenpolitik
Band 11061

Karl Löwith
**Mein Leben in
Deutschland vor
und nach 1933**
Band 5677

Herausgegeben von
A. Mitscherlich/
Fred Mielke
**Medizin ohne
Menschlichkeit**
Dokumente der
Nürnberger
Ärzteprozesse
Band 2003

George L. Mosse
**Die Geschichte
des Rassismus
in Europa**
Band 10237

Rolf-Dieter Müller
**Hitlers Ostkrieg
und die deutsche
Siedlungspolitik**
Band 10573

Rolf-Dieter Müller/
Gerd R. Ueberschär
Kriegsende 1945
Die Zerstörung
des deutschen
Nationalstaates
Band 10837

Fischer Taschenbuch Verlag

fi 1710 / 6 d

Die Zeit des Nationalsozialismus

Eine Buchreihe
Herausgegeben von Walter H. Pehle

Fischer Taschenbuch Verlag

fi 1710 / 5 e